La Vente

POUR
LES NULS

Tom Hopkins

FIRST

Editions

La Vente pour les Nuls
Titre de l'édition originale : Selling for Dummies
Publié par
Wiley Publishing, Inc.
111 River Street
Hoboken, NJ 07030 – 5774
USA

Copyright © 2003 Wiley Publishing, Inc.

Pour les Nuls est une marque déposée de Wiley Publishing, Inc.
For Dummies est une marque déposée de Wiley Publishing, Inc.

© Éditions générales First, 2004 pour l'édition française. Publiée en accord avec Wiley Publishing, Inc.

ISBN 2-87691-950-8
Dépôt légal : 3ème trimestre 2004
Nous nous efforçons de publier des ouvrages qui correspondent à vos attentes et votre satisfaction est pour nous une priorité. Alors, n'hésitez pas à nous faire part de vos commentaires :

Éditions Générales First
27, rue Cassette
75006 Paris – France
e-mail : firstinfo@efirst.com
Site internet : www.efirst.com

Traduction : Anne-Carole Grillot
Production : Emmanuelle Clément
Mise en page : KN Conception
Imprimé en France

En avant-première, nos prochaines parutions, des résumés de tous les ouvrages du catalogue. Dialoguez en toute liberté avec nos auteurs et nos éditeurs. Tout cela et bien plus sur Internet à : www.efirst.com

Sommaire

Introduction *1*

    À propos de ce livre 1

    À qui s'adresse ce livre ? 2

    Comment utiliser ce livre ? 3

    Aperçu des différentes parties de ce livre 3

        Première partie : L'art de la vente 3

        Deuxième partie : Le travail de préparation 4

        Troisième partie : L'anatomie d'une vente 4

        Quatrième partie : Les ficelles du métier 4

        Cinquième partie : La gestion de l'échec 4

        Sixième partie : La Partie des Dix 5

    Icônes utilisées dans ce livre 5

    Par où commencer ? 6

Première partie : L'art de la vente *7*

Chapitre 1 : Oubliez le costume trois-pièces 9

    Qu'est-ce que la vente ? 9

    Comment vend-on ? 11

        Télémarketing 11

        Publipostage direct 12

        Courrier électronique 13

        Internet 14

        Vente de personne à personne 16

    Quel est l'intérêt des techniques de vente ? 16

Chapitre 2 : Les sept étapes du cycle de vente ... .19

    Étape n° 1 : la prospection 19

    Étape n° 2 : la prise de contact 22

    Étape n° 3 : la qualification des prospects 24

    Étape n° 4 : la présentation du produit 25

    Étape n° 5 : le traitement des objections 26

    Étape n° 6 : la conclusion de la vente 27

    Étape n° 7 : l'obtention de références clients 27

Deuxième partie : Le travail de préparation 29

Chapitre 3 : Ne jamais rien laisser au hasard 31

Pourquoi est-il important de se documenter ? 32
Connaître vos clients sous tous les angles 34
Identifier les différents types d'acheteurs 36
Acheteur n° 1 : Fabrice le Fidèle 36
Acheteur n° 2 : Christine la Combine 37
Acheteur n° 3 : Rita la Responsable des Achats 37
Acheteur n° 4 : Isabelle l'Indécise 38
Acheteur n° 5 : Régis le Rabat-Joie 38
Acheteur n° 6 : Michael le Méthodique 39
Acheteur n° 7 : Dominique la Dominatrice 39
Acheteur n° 8 : Didier le Dictateur 40
Acheteur n° 9 : Cécile la Cynique 40
Tenir compte des différences culturelles 41
Bien prononcer le nom de votre prospect 42
Donner rendez-vous à un prospect 43
Remettre votre carte de visite 44
Respecter l'espace vital de votre prospect 45
Rencontrer et saluer votre prospect 45
Présenter votre offre 45
Offrir des cadeaux 46
Porter une tenue convenable 48
Bien vous comporter à un repas d'affaires 48
Apaiser les craintes de vos clients 49
La peur des vendeurs 49
La peur de l'échec 50
La peur de devoir de l'argent 51
La peur d'être dupé 52
La peur de l'embarras 53
La peur de l'inconnu 53
La peur de réitérer les erreurs du passé 54
La peur générée par les autres 54
Bien choisir vos mots 54
Utiliser des termes positifs 55
Employer uniquement le jargon que vos clients
connaissent 59
Développer votre vocabulaire pour exceller
dans la vente 60
Savoir écouter vos clients 63

Chapitre 4 : Connaître votre produit 65

Ce que vous devez savoir 65
Comment trouver les informations qu'il vous faut 67
  Suivre une formation et se documenter sur le produit 68
  Dialoguer avec vos clients 69
  Demander conseil à vos collègues 69
  Aller chercher les informations à la source 70
  Garder un œil sur la concurrence 71

Troisième partie : L'anatomie d'une vente........73

Chapitre 5 : Identifier vos clients potentiels 75

Par où commencer ? 76
  Rechercher des prospects parmi vos amis et les membres de
  votre famille 78
  Prospecter de tous côtés dans le monde entier 79
  Faire appel aux services de professionnels 80
  Exploiter les listes dressées par votre société 80
  Utiliser tous les outils à votre disposition :
  téléphone, courrier, e-mail et sollicitation en personne.......81
Trouver les bonnes personnes :
des stratégies qui ont fait leurs preuves 85
  Contacter les personnes que vous connaissez déjà 86
  Exploiter votre réseau de relations d'affaires 87
  Discuter avec les commerciaux dont vous êtes client(e) 89
  Faire fructifier vos expériences de consommateur...............89
  Profiter de la durée de vie moyenne de votre produit 91
  Utiliser votre liste de clients 93
  Surfer sur la vague du progrès technologique 93
  Lire le journal 94
  Connaître le personnel de l'assistance technique et
  du service clients 96
  Pratiquer la « prospection rapprochée » 97

Chapitre 6 : Obtenir un rendez-vous et
mettre vos clients à l'aise 101

Assimiler les principes de base de la prise de contact 102
Joindre vos prospects par téléphone 103
  Étape n° 1 : les salutations 104
  Étape n° 2 : les présentations 104
  Étape n° 3 : la gratitude 105
  Étape n° 4 : l'objet de votre appel 106
  Étape n° 5 : le rendez-vous 107

Étape n° 6 : les remerciements par téléphone 108
Étape n° 7 : les remerciements par écrit 108
Joindre la personne qui a le pouvoir de décision 110
Contacter le réceptionniste 110
Travailler avec l'assistant du décideur 111
Faire preuve de créativité pour rencontrer le décideur.....111
Faire bonne impression 112
Porter une tenue appropriée 113
Être attentif au langage de votre corps 113
Établir le contact avec vos clients 114
Gagner l'estime et la confiance
de vos clients 115
Étape n° 1 : souriez avec sincérité 116
Étape n° 2 : regardez votre prospect dans les yeux 116
Étape n° 3 : saluez votre prospect 116
Étape n° 4 : serrez la main de votre prospect 118
Étape n° 5 : présentez-vous 118
Bien vous comporter dans un commerce de détail 119
Trouver un substitut à : « Puis-je vous aider ? » 119
Identifier les signaux émis par votre client 120
Trouver un terrain d'entente 121
Gardez un ton léger mais avancez 122
Faites des compliments 123
Évitez la polémique 124
Adaptez-vous au débit de votre prospect 124

Chapitre 7 : Qualifier vos prospects 127

Dans la peau d'un détective 128
Ne vous mettez pas en avant 129
Prenez toujours des notes 129
Montrez à votre prospect l'importance que
vous lui accordez en tant qu'individu 129
Posez des questions banales et innocentes 130
Prêtez attention aux réponses verbales et non verbales 130
Servez-vous des réponses de votre prospect 130
Désamorcez la tension que vos questions peuvent créer....131
Employez un langage rassurant et un ton agréable 131
Faites savoir à votre prospect que vous resterez
en contact avec lui 132
Les fondements de la qualification 132
A comme Aujourd'hui 133
A comme Atouts 133
A comme Attentes 133
A comme Acheteur 134
A comme Apports 135

Savoir poser les bonnes questions 136
La technique de l'entonnoir 137
La technique de l'alternative 138
La technique de l'implication 138

Chapitre 8 : Réussir vos présentations 141

Obtenir l'attention de vos prospects 141
Identifiez la personne qui a le pouvoir de décision 142
Faites preuve de brièveté et de concision 142
Sachez reprendre le fil après une pause 143
Découvrir les principes fondamentaux de la présentation 144
Soyez polyglotte 144
Modulez votre débit 145
Employez des expressions qui impliquent
l'achat de votre produit 145
Déchiffrez le langage corporel 146
Réussissez vos présentations à distance 147
Laisser la vedette au produit 148
Sortez du champ 148
Gardez le contrôle 149
Maîtriser les supports visuels 149
Utilisez les supports visuels de votre société 150
Élaborez vos propres supports visuels 151
Faire une démonstration 152
Éviter les scénarios « catastrophe » 153
Cherchez les prises électriques et assurez-vous
d'y avoir accès 153
Vérifiez que vos supports visuels sont dans l'ordre 153
Testez votre équipement à l'avance 154
Personnalisez votre présentation 154
Veillez à ne pas détériorer le mobilier de vos clients........154

Chapitre 9 : Répondre aux objections 157

Décrypter les signaux qu'envoie votre prospect 158
Utiliser des techniques de traitement des objections 159
Contourner les objections de votre prospect 159
Aider votre prospect à voir son propre intérêt 160
Aller au-devant des objections de votre prospect 161
Recommandations et mises en garde 163
Reconnaissez la légitimité de l'objection 163
Conduisez le prospect à réfuter lui-même
son objection 164
Ne vous disputez pas avec votre prospect 165
Ne minimisez pas l'importance d'une objection 165

Réfuter une objection en six étapes 165
    Étape n° 1 : écoutez votre prospect 166
    Étape n° 2 : reformulez les propos de votre prospect 167
    Étape n° 3 : interrogez votre prospect 167
    Étape n° 4 : répondez à votre prospect 167
    Étape n° 5 : confirmez votre réponse 167
    Étape n° 6 : à propos... 168

Chapitre 10 : Conclure la vente 169

Ne pas hésiter à demander 170
    Donnez une alternative à votre prospect 171
    Tirez une conclusion erronée 172
    Utilisez la technique du hérisson 173
Utiliser des stratégies de conclusion éprouvées 174
    La conclusion orale de base 174
    La conclusion écrite de base 175
    La conclusion présumée 176
    La conclusion impliquant un client de référence 178
Aider votre prospect à surmonter ses appréhensions 180
    Peser le pour et le contre 180
    Identifier l'objection qui se trouve derrière
    une simple hésitation 184
    Réfuter une objection d'ordre financier 185
    Réduire une dépense à un montant dérisoire 186
    Faire une comparaison indirecte 187
    Décrire une situation similaire 188
    Miser sur l'avantage concurrentiel 188

Quatrième partie : Les ficelles du métier 191

Chapitre 11 : Assurer le suivi de votre clientèle ...193

Identifier les clients devant faire l'objet d'un suivi 193
Trouver la meilleure méthode de suivi 195
    Téléphone 195
    Courrier postal 197
    Courrier électronique 198
Rédiger des lettres de remerciements 199
Optimiser les résultats de votre suivi 203
    Soyez organisé(e) 203
    Ne soyez pas envahissant(e) 204
    Gardez une trace de vos succès 206

Chapitre 12 : Augmenter vos ventes grâce à Internet 209

L'effet positif d'Internet sur la profession 209
  Mieux que le journal 210
  Mieux que le bouche-à-oreille 210
  Mieux que les conjectures 210
Exploiter Internet 211
  La prospection en ligne 211
  La présentation et la vente en ligne 213
  Le suivi en ligne 215

Chapitre 13 : Surmonter l'échec et le rejet 217

Rechercher ce qui vous motive 218
  L'argent 218
  La sécurité 219
  La réussite 219
  La reconnaissance 220
  L'approbation des autres 220
  L'acceptation de soi 221
Reconnaître ce qui vous décourage 221
  L'insécurité 222
  Le manque de confiance en soi 222
  La peur de l'échec 223
  Le changement 223
Bien réagir face à l'échec 225
  L'échec comme expérience d'apprentissage 225
  L'échec comme indicateur du besoin de changement 226
  L'échec comme opportunité de développer
  votre sens de l'humour 227
  L'échec comme opportunité d'améliorer
  vos performances 227
  L'échec comme règle du jeu 227

Cinquième partie : La Partie des Dix 229

Chapitre 14 : Les dix principales erreurs du vendeur 231

Mal comprendre ce qu'est la vente 231
Penser que les choses s'arrangent d'elles-mêmes 232
Trop parler et ne pas assez écouter 232
Employer des termes rédhibitoires 233
Ne pas savoir quand conclure la vente 233
Ne pas savoir comment conclure la vente 234

Manquer de sincérité 234
Ne pas prêter attention aux détails 235
Se laisser aller 235
Ne pas garder le contact 235

Chapitre 15 : Dix façons d'améliorer vos techniques de vente **237**

Préparez-vous 237
Faites bonne impression 237
Déterminez rapidement la pertinence de votre offre
pour votre prospect 238
Investissez-vous pleinement
dans chacune de vos présentations 238
Tenez compte des objections de votre prospect 238
Confirmez toutes les informations 239
Demandez à votre prospect de prendre une décision 239
Parlez de vos clients à votre prospect 239
Cherchez sans cesse à progresser 239
Soyez un produit de votre produit 240

Chapitre 16 : Dix moyens de maîtriser l'art de la vente **241**

Soyez avide de faire de nouvelles découvertes 241
Ayez des attentes réalistes 242
Soyez ouvert(e) au changement 243
Répétez, pratiquez et analysez vos nouvelles techniques 244
Personnalisez vos nouvelles techniques de vente 245
Soyez discipliné(e) 245
Évaluez vos résultats 246
Tenez un journal de vos succès 246
Tirez la leçon de chaque situation de vente 248
Prenez un engagement 248

Chapitre 17 : Les dix qualités du bon vendeur **251**

Besoin impérieux de faire ses preuves 251
Intérêt sincère pour les autres 252
Assurance 252
Empathie 252
Cohérence avec les objectifs définis 252
Aptitude à respecter un planning 252
Enthousiasme inébranlable 253
Attitude positive 253
Priorité à l'aspect humain 253
Soif d'apprendre 253

Chapitre 18 : Dix bonnes façons de conclure 255

Si j'avais su… 255
Le facteur productivité 255
La satisfaction à long terme 256
Le refus à soi-même 256
La sortie feinte 257
Le consentement par défaut 257
La vraie valeur de l'investissement 257
L'anticipation de la rétractation 258
Le prétexte budgétaire 258
La remise en question du prospect 259

Index alphabétique *261*

Introduction

● ●

*B*ienvenue dans *La Vente pour les Nuls*. Ce livre ne traite pas seulement des produits et des services destinés à la vente dans les sociétés ou auprès des consommateurs. Il expose également les qualités nécessaires pour réussir dans la vente. Par exemple, savoir s'entendre avec les autres est une qualité indispensable, que chacun doit acquérir le plus tôt possible dans sa vie.

Pour être un bon vendeur, vous devez être capable de coopérer, d'écouter et de faire passer les besoins des autres avant les vôtres. Par conséquent, en améliorant vos techniques de vente, vous serez plus efficace dans votre profession mais aussi plus épanoui dans votre vie.

À propos de ce livre

La Vente pour les Nuls va vous aider à gagner le respect, l'approbation et la reconnaissance d'autrui, à mieux gérer les négociations et, bien sûr, à augmenter vos ventes et vos revenus. Ce livre est un ouvrage de référence. Il est inutile de le lire du début à la fin. Vous pouvez consulter directement la partie qui correspond à vos besoins. *La Vente pour les Nuls* vous accompagnera tout au long de votre carrière.

En tant qu'ancien Nul de la vente, j'étais tout désigné pour écrire ce livre. J'ai débuté ma carrière dans l'immobilier à l'âge de 19 ans. L'immobilier était un bon choix pour faire mes premières armes mais, à l'époque, je n'avais ni costume ni voiture. Je n'avais qu'un scooter et je devais demander aux acheteurs potentiels de me suivre jusqu'aux propriétés à vendre en espérant qu'ils ne me perdraient pas en cours de route. Les plus méfiants, qui craignaient sans doute que je ne sois pas un véritable agent immobilier, continuaient tout droit lorsque je tournais à une intersection. Bref, ce n'était pas une mince affaire.

Mais, je me suis accroché car je savais qu'il y avait beaucoup d'argent à gagner dans ce secteur – à condition de connaître les ficelles du métier. J'ai acquis de l'expérience à mes dépens, en tirant les leçons de mes propres erreurs. Au début de ma carrière, un agent expérimenté m'a dit qu'il fallait que je m'améliore en matière de suivi – suivi de la vente, cela va sans dire. Et j'ai répondu : « Je sais que les clients ont du mal à me suivre mais je n'ai qu'un scooter. » Quand je vous dis que j'étais Nul...

Heureusement, j'ai parcouru du chemin depuis et je me réjouis de pouvoir vous faire profiter de mes erreurs et des succès qui ont suivi. Car, oui, j'ai connu des succès. Je suis devenu l'un des agents immobiliers les plus riches du pays à l'âge de 27 ans. Tout cela pour vous dire que, même si vous êtes complètement Nul aujourd'hui, vous avez encore toutes les chances de réussir demain. Ce livre vous aidera à vous en sortir dans toutes les situations, à maîtriser les techniques de vente et à développer des qualités indispensables, comme l'art de la persuasion.

À qui s'adresse ce livre ?

La Vente pour les Nuls s'adresse non seulement aux vendeurs qui veulent en savoir plus sur leur profession mais aussi aux personnes qui souhaitent améliorer leurs relations avec les autres grâce aux techniques de vente. Si vous vous trouvez dans l'un des cas suivants, ce livre est pour vous :

- ✔ Vous débutez une carrière de vendeur ou souhaitez développer vos compétences.

- ✔ Vous êtes sans emploi et cherchez du travail ou bien vous voulez changer de carrière pour mieux gagner votre vie.

- ✔ Vous êtes un adolescent prêt à tout pour impressionner les adultes ou bien un adulte qui a besoin d'acquérir de l'assurance en matière de négociation.

- ✔ Vous êtes un professeur avide de se faire comprendre de ses élèves ou un parent à la recherche de nouveaux moyens de communiquer avec ses enfants.

- ✔ Vous avez une idée qui pourrait être bénéfique à autrui ou souhaitez améliorer vos relations avec les autres.

Autrement dit, ce livre s'adresse à tout le monde. De nombreuses personnes ayant assisté à mes séminaires m'ont assuré que les stratégies et les techniques qu'elles ont apprises leur ont permis d'obtenir facilement l'accord des membres de leur famille au sujet d'une décision importante. Certaines ont utilisé la technique de l'interrogation pour obtenir de leur conjoint (e) ou de leur enfant qu'il fasse quelque chose qu'il remettait toujours à plus tard. D'autres ont mis leurs connaissances à profit en cherchant un travail plus satisfaisant. D'autres encore ont pu demander et recevoir un meilleur service tout simplement parce qu'elles ont acquis davantage d'assurance. D'une manière générale, appliquées à la vie de tous les jours, les techniques de vente rendent les relations interpersonnelles plus agréables.

Comment utiliser ce livre ?

Ce livre présente les principes de base de la vente selon plusieurs étapes. Ces différentes étapes sont énumérées au chapitre 2 et développées plus en détail dans la troisième partie. Vous pouvez opter pour une lecture linéaire ou vous reporter au sommaire pour localiser les informations qui vous intéressent.

Vous trouverez des exemples tirés de situations réelles, dans lesquelles les qualités humaines ont joué un rôle clé sur le chemin du succès. Vous vous souviendrez de ces anecdotes lorsque, à votre tour, vous serez dans la même situation.

L'efficacité des méthodes décrites dans ce livre a été prouvée dans le monde entier. Si vous voulez vraiment apprendre à convaincre et à vendre, pourquoi ne pas essayer des stratégies et des techniques qui ont déjà marché pour d'autres ?

Aperçu des différentes parties de ce livre

La Vente pour les Nuls comporte cinq parties qui se divisent en plusieurs chapitres. Voici un résumé de chaque partie, ce qui vous permettra d'identifier puis de consulter directement celle qui vous intéresse.

Première partie : L'art de la vente

Dans cette partie, vous allez découvrir ce qu'est la vente et ce que les techniques de vente peuvent vous apporter dans tous les domaines de votre vie. Après avoir passé en revue les sept étapes du cycle de vente, vous comprendrez que l'art de la vente est une question d'état d'esprit.

Deuxième partie : Le travail de préparation

La préparation est la clé du succès, dans le monde de la vente comme dans beaucoup d'autres. Cette partie traite tous les aspects de la préparation – de l'étude de la clientèle à l'étude des produits – qui feront de vous un vendeur hors pair.

Troisième partie : L'anatomie d'une vente

Cette partie consacre un chapitre à chaque étape du cycle de vente en insistant sur les termes à utiliser ou à éviter. Vous développerez vos compétences dans les domaines suivants : identifier vos clients potentiels, obtenir un rendez-vous et faire bonne impression, évaluer les besoins de vos prospects, faire de bonnes présentations, réfuter les objections et conclure la vente... pour pouvoir reprendre le processus depuis le début.

Quatrième partie : Les ficelles du métier

Si vous souhaitez véritablement vous lancer dans les affaires ou faire décoller votre carrière, ne manquez pas cette partie. Le vendeur moyen fait ses présentations, connaît quelques succès et quelques échecs, et continue son chemin. Mais un bon vendeur considère chacune de ses présentations comme une opportunité d'augmenter ses ventes. Si vous voulez jouer dans la cour des grands, vous allez devoir rester en contact avec tous vos clients et utiliser Internet pour élargir votre champ d'action afin de toujours rester disponible pour vos clients. Un bon vendeur privilégie les relations personnelles car il sait que c'est l'aspect humain qui lui donnera le plus de satisfaction sur le long terme.

Enfin, sachez que l'échec fait partie de la vie. Vous devez le prendre en compte, l'accepter et le surmonter. Lorsqu'un prospect rejette votre produit ou votre service, cela ne signifie pas qu'il vous rejette en tant que personne. Cela dit, dans l'univers de la vente, il est facile de se laisser miner par un échec. Ce chapitre a donc pour objectif de vous aider à rester serein en toutes circonstances. Souvenez-vous : chaque échec n'est qu'une étape vers le succès.

Cinquième partie : La Partie des Dix

Cette partie comporte de courts chapitres remplis d'idées sur la vente et la persuasion que vous pourrez feuilleter dès que vous aurez une minute devant vous. Vous y apprendrez à vous préparer psychologiquement pour faire une présentation ou passer un appel téléphonique et à développer une attitude positive.
Souvenez-vous : personne ne s'intéressera à ce que vous avez à vendre si vous ne vous y intéressez pas vous-même.

Icônes utilisées dans ce livre

Les icônes que vous pourrez voir dans la marge tout au long de ce livre ont pour but d'attirer votre attention sur des points importants. En voici la liste :

Anecdotes tirées de ma propre expérience de vendeur ou rapportées par des personnes ayant assisté à mes séminaires. Vous ne serez pas déçu(e)...

Exemples d'arguments pouvant être échangés entre vous et vos prospects. Si vous savez ce que vous avez à dire, la conversation se déroulera plus aisément et vous deviendrez un très bon vendeur.

Recommandations destinées à vous aider à conclure la vente, comme l'illustre cette poignée de main.

Conseils pour trouver les prospects qui vous conduiront vers le succès. La prospection de clients s'apparente à la prospection des sols – comme le chercheur d'or, le vendeur suit un plan pour trouver des clients.

Informations cruciales et compétences indispensables pour réussir dans la vente. Pour mettre toutes les chances de votre côté, soyez à l'affût du drapeau rouge !

Idées à retenir – en faisant un nœud à votre mouchoir – et à exploiter tout au long de votre carrière de vendeur.

Pièges à éviter et erreurs couramment commises par les vendeurs. Pour atteindre le succès, il suffit parfois d'éliminer les obstacles.

Par où commencer ?

Jetez un coup d'œil au sommaire pour trouver la partie, le chapitre ou la section qui correspond le plus à vos attentes. Vous n'êtes pas obligé(e) de commencer par le début.

Pour exploiter au mieux cet ouvrage, faites votre auto-évaluation et identifiez vos points faibles. Il n'est pas toujours facile de reconnaître ses défauts mais c'est en ciblant et en comblant vos lacunes que vous parviendrez à faire de véritables progrès.

La plupart des vendeurs manquent de compétences en matière de qualification des prospects. Ils perdent leur temps à présenter leurs produits ou leurs services à des personnes qui n'ont pas de pouvoir de décision. Si vous êtes dans ce cas, commencez par le chapitre 7, qui traite de l'étape de la qualification.

Pour réussir dans la vie, il faut être en constante évolution. Si vous avez choisi de lire ce livre, vous êtes sur la bonne voie – car ce qui compte n'est pas ce que vous savez mais ce que vous êtes encore capable de découvrir.

En décidant de développer vos talents dans l'art de la vente, vous prouvez votre confiance en vous, votre capacité à vous remettre en question et votre volonté d'améliorer votre mode de vie et celui des autres. Je vous souhaite bonne chance !

Première partie

L'art de la vente

« Harry a commencé par vendre des boules de bowling, alors il m'emmenait au bowling. Ensuite, il a vendu des clubs de golf, alors on s'est mis au golf. Maintenant, il vend des instruments de chirurgie et je ne ferme pratiquement plus l'œil de la nuit. »

Dans cette partie...

Vous identifierez les sept étapes de la vente et découvrirez comment les franchir. Vous comprendrez également l'importance de l'attitude dans le monde de la vente – en vous comportant de la même façon que dans vos loisirs. Que vous fassiez vos premiers pas ou que vous connaissiez cet univers depuis des lustres, vous trouverez dans cette partie une foule d'informations pour rester optimiste et progresser.

Chapitre 1

Oubliez le costume trois-pièces

· ·

Dans ce chapitre :

▶ Définition de la vente

▶ Méthodes couramment utilisées par les vendeurs pour faire passer leurs messages

▶ Exploitation des technologies de pointe

▶ Plus de ventes pour une meilleure qualité de vie

· ·

*L*a vente fait partie de votre quotidien. Chaque jour, la plupart des gens (même ceux qui ne sont pas vendeurs professionnels) exercent cette activité sous une forme ou une autre. Vos journées sont d'ailleurs à chaque instant marquées par le concept de vente. Dans ce chapitre, vous découvrirez ce qu'est la vente, comment elle s'effectue et comment mettre à profit vos qualités de vendeur pour améliorer votre niveau de vie et évoluer professionnellement.

Qu'est-ce que la vente ?

Au sens strict du terme, la vente est un processus consistant à transférer des biens et des services des producteurs vers les personnes qui profiteront le plus de leur utilisation. L'activité de vente requiert des talents d'orateur de la part du vendeur. Celui-ci est aidé en cela par des messages publicitaires diffusés dans les journaux, à la radio et à la télévision qui suscitent chez le consommateur l'envie d'acquérir un article particulier ou une marque.

Force est de constater qu'il ne se passe jamais rien tant que personne ne vend rien à personne. Si l'activité de vente n'existait pas, les produits qui ont été fabriqués resteraient dans des entrepôts jusqu'à la fin des temps, les personnes travaillant pour les fabricants seraient licenciées, les services de fret et de transport de

Le triangle de la vente

Lorsque j'anime des séminaires sur la maîtrise de la vente, j'utilise un triangle équilatéral (voir ci-dessous) pour symboliser les trois principaux éléments de la vente. Sur le premier côté, se trouve la connaissance du produit, que j'aborde dans le chapitre 4, et sur le second la tactique et les stratégies de vente, que nous examinerons dans la troisième partie. Attitude, enthousiasme et objectifs sont les thèmes que je place sur la base et que je développerai dans la cinquième partie.

Les trois côtés du triangle de la vente ont la même importance. Si seule la connaissance du produit comptait, les concepteurs, les fabricants et les assembleurs seraient les meilleurs vendeurs. Il va de soi que ces personnes connaissent leur produit sur le bout des doigts. Mais dans la mesure où ils ne sont pas formés aux techniques de vente et n'ont pas conscience de l'importance de l'état d'esprit du vendeur dans la conclusion d'une vente, leur façon d'aborder cette activité repose à 99 % sur la description du produit et à 1 % seulement sur ce que peut apporter le produit au consommateur – ce qui ne permet généralement pas de conclure une vente.

D'un autre côté, si malgré d'excellentes techniques de vente vous ne connaissez pas le produit et manquez d'enthousiasme, il y a fort à parier que vous n'irez pas loin non plus. Même si vous êtes à l'aise avec tout le monde et avez consacré énormément de temps à l'élaboration d'un argumentaire susceptible de convaincre vos clients potentiels, si vous n'avez pas une idée précise de ce que le produit, le service ou le concept peut apporter aux consommateurs, comment parviendrez-vous à les persuader ?

Enfin, si, bien que la vente vous motive, vos connaissances ou votre expérience de la tactique et des stratégies de vente sont limitées, votre enthousiasme vous permettra tout au plus d'entrouvrir les portes. Mais celles-ci se refermeront brutalement lorsque vous commencerez à vanter les mérites de votre produit (car vanter les mérites d'un produit n'a jamais permis de vendre quoi que ce soit).

Souvenez-vous : un professionnel qui néglige l'un des côtés du triangle ne parviendra pas à exploiter pleinement son potentiel. Il décevra ses clients, qui exigent de la part d'un vendeur un certain niveau de compétence. Faites de votre mieux pour développer les trois domaines de votre métier de vendeur et vos efforts porteront leurs fruits.

connaissance du produit

tactique et stratégies de vente

attitude, enthousiasme et objectifs

marchandises seraient inutiles et nous vivrions tous en autarcie en essayant de subsister grâce au moindre petit bout de terre en notre possession. Mais pourrions-nous seulement être propriétaires d'un terrain si personne n'était là pour nous le vendre ? Essayez d'y réfléchir.

Maintenant, regardez autour de vous. Vous voyez probablement des centaines, si ce n'est des milliers d'objets qui ont été vendus pour se retrouver là où ils sont. Même si vous êtes complètement nu(e), au fin fond d'une forêt, ce livre n'a pas atterri dans vos mains sans que vous n'ayez pris part à une quelconque opération de vente. Si vous avez pris le parti d'ignorer les biens matériels, penchez-vous sur vous-même. En quoi croyez-vous ? Et pourquoi ? Quelqu'un – vos parents ou vos amis par exemple – ne vous a-t-il pas « vendu » tout un ensemble de valeurs lorsque vous étiez enfant ? Est-ce que ce sont vos professeurs qui vous ont convaincu, après démonstration, que 2 + 2 = 4 ? Ou êtes-vous parvenu à cette conclusion tout seul ? Que vous viviez dans un monde matériel ou que vous ayez renoncé à la quasi totalité de vos biens, vous avez participé à un acte de vente d'une façon ou d'une autre.

Le paragraphe précédent devrait vous avoir convaincu de réviser votre conception de la vente sans vous inonder de chiffres. Un bon vendeur ne doit pas forcer la main de son client mais l'intéresser progressivement au produit par des questions et l'amener à revoir sa façon de penser.

Comment vend-on ?

Bien que la vente soit relativement simple à définir, il existe de nombreuses façons de l'aborder. Dans cette section, vous découvrirez quelques-unes des principales techniques de vente employées aujourd'hui, suivies de quelques conseils relatifs à leur utilisation.

Télémarketing

Avec le téléphone, vous avez la possibilité de joindre n'importe qui dans le monde entier. Et ce que vous direz lorsque votre client potentiel répondra, s'il répond, est capital. Dans certains secteurs, le vendeur tente de convaincre son interlocuteur d'acheter le produit dès le premier appel. Dans d'autres, l'objectif est d'intéresser l'interlocuteur au produit de sorte qu'il ait envie de se rendre dans le magasin où celui-ci est vendu ou qu'il accepte de rencontrer le vendeur chez lui ou à son bureau. Quelle que soit la méthode, n'oubliez pas que c'est aussi l'image de votre entreprise que vous vendez par téléphone.

Même si le télémarketing reste une méthode efficace pour entrer en relation avec les consommateurs potentiels, les télémarketeurs ont de plus en plus de difficultés à joindre leurs prospects. Si vous envisagez de recourir à cette méthode, soyez prêt(e) à laisser sur la boîte vocale du destinataire de votre appel un message susceptible d'éveiller sa curiosité afin d'établir un contact avec lui. De nombreuses personnes filtrent leurs appels téléphoniques grâce aux dispositifs d'identification de l'appelant et aux systèmes de messagerie vocale. À moins que votre numéro ne soit répertorié dans l'annuaire sous la rubrique « Loterie et tombola », préparez-vous à tomber régulièrement sur un répondeur. Si vous entendez quelqu'un vous dire « Allô ! » à l'autre bout du fil, vous aurez déjà une bonne raison de vous réjouir – soyez également prêt(e) à cette éventualité.

En dépit des problèmes que rencontrent les télémarketeurs pour se mettre en contact avec des personnes prêtes à les écouter, le télémarketing est largement répandu et reconnu comme un métier de la vente à part entière. Il exige de la diplomatie, de la pratique, ainsi que la faculté de formuler un message clair dans un délai très court et de se présenter comme une personne chaleureuse et soucieuse des besoins des autres. Beaucoup d'entreprises se rendent compte que les télémarketeurs, lorsqu'ils sont talentueux, peuvent contribuer à la commercialisation d'un produit ou d'un service de façon beaucoup plus efficace et rentable qu'auparavant.

Publipostage direct

Chaque document publicitaire que vous recevez par La Poste, qu'il s'agisse d'une lettre commerciale, d'un coupon-réponse ou d'un catalogue, est conçu dans un seul but : vous vendre quelque chose. Les entreprises prennent le pari qu'un nombre suffisant de personnes prendront le temps de regarder et même de commander leurs produits avant de jeter leur courrier à la poubelle.

Aussi incroyable que cela puisse paraître, le taux de réponse moyen à un publipostage direct est de 1 %. Cela signifie que seul 1 catalogue sur 100 peut conduire à une commande. Les 99 autres catalogues se retrouvent directement à la poubelle sans jamais rapporter le moindre centime à l'entreprise qui les a envoyés. Lorsque l'on sait en plus que la production et la distribution de chacun de ces catalogues peuvent coûter très cher, surtout si ceux-ci contiennent un grand nombre de photos en couleurs, on peut se demander pourquoi le publipostage est si répandu. La raison est simple : lorsque vous passez une commande, il est probable que vous recommencerez par la suite. Vous devenez donc un client de l'entreprise – et les bonnes entreprises se donnent beaucoup de mal pour que vous leur restiez fidèle.

Courrier électronique

Beaucoup d'entreprises délaissent le télémarketing et le publipostage direct au profit de l'envoi de lettres commerciales par e-mail. Pourquoi ? Parce que même si le publipostage direct permet de faire parvenir votre message à la bonne adresse, rien ne permet d'affirmer que celui-ci atterrira dans les bonnes mains. Les secrétaires, les réceptionnistes, les conjoint(e)s ou les enfants bien intentionnés prennent souvent la liberté de jeter ce qu'ils considè-

Prenez part à la révolution informatique

Si vous envisagez de faire carrière dans la vente, vous devez vous intéresser un minimum à l'informatique. Même si la cible du produit que vous vendez est restreinte, vous devez être en mesure d'assurer le suivi de votre clientèle le plus efficacement possible pour optimiser vos ventes. En outre, Internet met à votre disposition une quantité phénoménale d'informations. Si vous ne vous familiarisez pas avec l'informatique et n'avez pas conscience de son utilité, c'est comme si vous vous retrouviez à la porte de votre entreprise avec rien de plus qu'une carte de visite en poche.

Tenez-vous également au courant des derniers progrès technologiques afin de pouvoir soutenir une conversation avec des clients qui s'y intéressent. Vous perdrez très vite votre crédibilité vis-à-vis d'une cliente qui utilise un organiseur de poche ou un téléphone WAP si vous sortez vos petites fiches pour noter ses coordonnées. Mettez à profit les logiciels de gestion de la relation client ou les systèmes d'automatisation de la force de vente (SFA), qui vous permettent de gérer des listes de clients, des données relatives aux prospects, des calendriers, des coordonnées, ainsi que tout un ensemble d'informations liées à la vente que les vendeurs conservaient autrefois dans des boîtes à chaussures sous leur bureau. Il semblerait que ACT! et GoldMine soient d'excellents programmes, bien que je n'aie pas eu l'occasion de les utiliser. De nombreuses sociétés, telles que Siebel.com, proposent également des gestionnaires de contacts après inscription en ligne. Discutez avec des professionnels de votre secteur pour connaître le logiciel qui propose les fonctions qui vous seront les plus utiles. Ou essayez de savoir si votre entreprise a pris des dispositions pour utiliser un programme spécifique.

rent comme une « publicité sans intérêt ». Or, si le message est envoyé par courrier électronique, il y a plus de chances qu'il parvienne directement à la personne que vous souhaitez atteindre.

Même si les secrétaires et les réceptionnistes reçoivent une copie des courriers électroniques, il y a peu de risques qu'elles suppriment les messages de l'ordinateur de leur patron. En revanche, la confidentialité des e-mails personnels reçus chez soi n'est peut-être pas autant respectée. Malgré tout, il y a de grandes chances que ces messages électroniques soient lus par les destinataires visés.

Afin de vous assurer que le destinataire visé lira bien votre message, tapez son nom dans la ligne Objet (par exemple : « Message personnel à l'intention de Jean Martin »).

Si vous utilisez le courrier électronique pour entrer en contact avec des clients potentiels, vous pouvez inclure votre texte dans le corps du message ou l'envoyer sous la forme d'une pièce jointe qui pourra ressembler à l'un de vos imprimés publicitaires ou contenir un lien vers votre site Web. Une autre solution consisterait à joindre à votre courrier électronique une présentation PowerPoint personnalisée en fonction du client potentiel visé.

Le courrier électronique, lorsqu'il est correctement utilisé, est un outil de communication très adapté à la diffusion d'un message publicitaire. Vous devez toutefois prendre connaissance des conventions qui régissent l'utilisation de ce mode de communication. L'envoi de messages de relance et de documents publicitaires ne va pas à l'encontre des règles de bonne conduite mais, si vous prévoyez de recourir au courrier électronique dans le cadre d'une campagne publicitaire de plus grande envergure, vous devez au préalable obtenir la permission des destinataires du message ou une liste d'adresses e-mail établie après inscription volontaire des personnes concernées. J'aborderai les listes de diffusion plus en détail au chapitre 5.

Internet

Mettez-vous dans la peau d'un consommateur qui meurt d'envie d'avoir le dernier gadget à la mode dans une couleur framboise tape-à-l'œil. Si vous voulez voir ce bibelot sur-le-champ pour être certain que sa couleur s'harmonise avec celle de vos autres bibelots, quelle est la meilleure solution qui s'offre à vous ? Vous pouvez appeler un fabricant et attendre qu'un commercial vous contacte, puis vous envoie une brochure ou un catalogue. Ou vous pouvez visiter le site Web du fabricant et, en quelques clics de souris, voir le bibelot en question dans toute sa splendeur. Pour un consommateur affairé comme vous, quelle est la meilleure façon d'optimiser votre temps ? Se connecter à Internet et visiter le site Web, bien entendu. De cette manière, vous économisez non seulement votre temps, mais également celui du vendeur s'il s'avère que la couleur n'était pas celle que vous recherchiez.

Ne pensez-vous pas que vos clients aimeraient profiter de cet avantage ? Si vous ne leur offrez pas cette possibilité, vos concurrents le feront probablement.

En matière de technologie, vous devez être efficace et exploiter toutes les ressources à votre disposition pour améliorer votre efficacité tout en restant facilement accessible à votre clientèle. L'essentiel, c'est de ne pas passer plus de temps à vous former aux nouvelles technologies qu'à exercer l'activité pour laquelle vous êtes rémunéré(e) – c'est-à-dire la vente de produits et de services.

Coca-Cola, c'est ça !

Vous savez que les spots publicitaires diffusés à la radio et à la télévision sont faits pour vous vendre des produits, mais vous ne vous rendez peut-être pas compte que leurs slogans s'ancrent profondément dans votre mémoire. Par exemple, vous n'êtes peut-être pas amateur de Coca-Cola. Mais, si vous entendez la musique de l'un des spots de la marque, vous êtes sans doute capable d'entonner les paroles de la chanson. Mieux encore pour les publicitaires : vous êtes probablement capable de visualiser la conception graphique de la pub. Même si vous ne consommez pas de Coca-Cola, si quelqu'un vous demandait de passer au supermarché pour lui acheter un pack de 6 canettes, combien de temps vous faudrait-il pour repérer le produit dans les rayons ? Pas très longtemps. Et pourquoi cela ? En partie parce que la marque dispose d'un linéaire de présentation de premier ordre dans la plupart des supermarchés, et surtout parce que vous savez exactement à quoi ressemble l'emballage du produit Coca-Cola.

Grâce à l'utilisation de moyens technologiques phénoménaux et au talent de directeurs artistiques dont la créativité n'est plus à démontrer, certains spots publicitaires sont aujourd'hui plus plaisants à regarder ou à écouter que les programmes eux-mêmes. Même si le produit ne vous intéresse pas, vous êtes sûrement en mesure de décrire la dernière publicité de son fabricant si celle-ci a su retenir votre attention. La publicité est une composante importante du processus de vente de produits et de services.

Internet ressemble à une gigantesque bibliothèque. Vous y trouvez pratiquement toutes les informations que vous recherchez – et il en est de même pour vos clients potentiels. Les gens ne passent pas beaucoup de temps à la bibliothèque pour rechercher des informations. En revanche, ils sont nombreux à se connecter à Internet pour se renseigner sur votre produit (ou votre service) et sur celui de vos concurrents.

Vos clients potentiels n'ont jamais eu accès à autant d'informations sur les produits (ou services) qu'aujourd'hui. Vous avez donc intérêt à connaître vos produits mieux qu'eux (reportez-vous au chapitre 4 pour plus de détails sur ce sujet important). Consultez les mêmes sources d'information qu'eux. Vous pouvez d'ailleurs leur demander comment ils se sont renseignés sur votre produit. Essayez de savoir où ils trouvent leurs informations et, si vous en avez la possibilité, d'apporter votre contribution à leurs sources.

Vente de personne à personne

La majorité des ventes sont conclues de personne à personne. Nous commandons nos repas en personne dans nos restaurants préférés. Nous nous présentons en personne à la réception d'un hôtel ou au comptoir d'enregistrement d'une compagnie aérienne à l'aéroport. Les occasions de vente ne manquent pas dans les magasins de vente au détail et des millions de vendeurs s'assoient chaque jour à un bureau, une table de conférence ou une table de cuisine pour gagner de nouveaux clients. La vente de personne à personne est le type de vente le plus répandu à travers le monde et constitue, par conséquent, le thème principal de cet ouvrage.

Dans la vente de personne à personne, vous pouvez observer le « langage corporel » de votre prospect et utiliser le vôtre. Vous pouvez fournir des informations à votre interlocuteur et l'inviter à manipuler votre produit ou à tester votre service sur place. Faites appel à tous ses sens. Demandez-lui de goûter, de toucher, de sentir, d'écouter... afin qu'il appréhende tout l'intérêt de votre produit (des méthodes spécifiques sont décrites au chapitre 6).

Quel est l'intérêt des techniques de vente ?

Les techniques de vente peuvent vous apporter ce que le maniement de la langue a apporté à Cyrano de Bergerac ou à Molière – ce que le sex-appeal a apporté à Marilyn Monroe, si vous préférez. Elles constituent le passage obligé entre vous satisfaire de l'ordinaire et obtenir ce dont vous rêvez.

Les vendeurs sont partout – même là où vous les attendez le moins

Celui qui ne vend pas ne vit pas. Réfléchissez : chaque jour, vous êtes le témoin d'une vente. Il se peut que vous lui donniez un autre nom ou que vous pensiez qu'il ne s'agit pas d'un acte de vente, mais c'est pourtant bien ce dont il s'agit. Voici une liste de personnes qui vous vendent des produits ou des services que vous achetez :

🖋 **Comédiens et comédiennes** : lorsque vous regardez un film ou une pièce de théâtre, si vous vous êtes laissé prendre par l'histoire, vous vous êtes trouvé dans une situation de vente. L'actrice a été crédible – elle vous a vendu son interprétation d'un personnage.

🖋 **Serveurs et serveuses** : le serveur vous présente tout un choix de boissons, d'entrées, de plats et de desserts. Il ne se contente pas de prendre votre commande. Pourquoi ? Parce qu'en utilisant certaines techniques de vente, il est presque assuré de recevoir un meilleur pourboire.

🖋 **Médecins** : les médecins tirent profit des techniques de vente. Bien sûr, votre médecin est bien placé pour vous convaincre de suivre ses conseils professionnels, mais il peut aussi se constituer une clientèle grâce à vous car, si vous êtes satisfait de ses conseils, vous le recommanderez à vos proches et lui enverrez de nouveaux patients.

🖋 **Avocats et avocates** : les avocats ont besoin des techniques de vente à tous les niveaux de leur profession. Ils doivent vendre non seulement pour trouver des clients, mais également pour

convaincre les juges et les jurés de l'innocence de leurs clients.

🖋 **Hommes et femmes politiques** : d'où viennent les attentes de l'opinion vis-à-vis des candidats politiques ? Comment les hommes politiques sont-ils élus ? Ils parviennent à convaincre la majorité des électeurs qu'ils prendront les mesures souhaitées par l'opinion s'ils sont élus.

🖋 **Parents** : au moyen de paroles ou d'exemples, les parents vendent en permanence des valeurs et des croyances à leurs enfants. Ils leur disent ce qu'ils doivent porter ou manger, comment ils doivent se comporter, quels amis ils peuvent avoir, ce qu'est l'amitié, et des tas d'autres choses que les enfants ont besoin d'apprendre pour devenir des adultes heureux et équilibrés.

🖋 **Enfants** : peu d'enfants sont capables de résister à la tentation devant les produits que les commerçants placent délibérément en bas des gondoles. (Quelle intention louable de leur part !). Écoutez ce que les enfants disent et ce qu'ils font pour essayer de persuader papa ou maman de leur acheter ce dont ils ont envie. On ne fait pas mieux en matière de vente !

🖋 **Futurs époux** : si vous vous mariez un jour, vous délivrerez l'un des argumentaires de vente les plus importants de votre vie pour tenter de persuader votre tendre moitié de passer le reste de sa vie à vos côtés. Et si vous êtes déjà marié, la difficulté consiste à continuer de convaincre votre conjoint(e) de rester avec vous.

Les vendeurs sont partout – même là où vous les attendez le moins

✔ **Amis et amies :** si vos amis ont aimé un film, ils voudront probablement vous en parler et essaieront de vous pousser à aller le voir. Ils peuvent aussi vous conseiller un restaurant ou vous convaincre de les accompagner à un concert ou à une manifestation sportive. Il s'agit, encore une fois, de situations de vente, mais aussi d'exemples de la façon dont vos amis entretiennent vos relations. Plus vous partagez de souvenirs, plus vous serez proches – et il en va de même avec l'art de la vente.

Au quotidien, rien ne peut vous exclure des situations de vente – même si vous ne rencontrez aucun vendeur professionnel – et il se peut même que vous ne vous rendiez pas compte de la conclusion d'une vente. « Il faut vendre pour survivre » : si cette liste ne vous a pas convaincu du bien-fondé de cette devise, alors rien n'y fera (si au contraire elle vous a convaincu, alors j'ai réussi à vous vendre mes idées).

Si vous êtes un bon vendeur, il y a de grandes chances que vous gagniez bien votre vie et que vous soyez comblé(e) sur le plan personnel. En revanche, si vous n'êtes pas satisfait(e) du niveau de vos revenus et de votre vie privée, faites de la formation aux techniques de vente une priorité et vous ne tarderez pas à récolter les fruits de vos efforts.

Posséder de bonnes techniques de vente, c'est avoir un tuyau sur les prochains numéros gagnants du loto. Il vous suffit d'essayer de mettre en pratique, dans votre vie quotidienne, ces techniques dont l'efficacité n'est plus à démontrer. Avant même que vous vous en rendiez compte, elles feront tellement partie de vous que personne, pas même vous, ne soupçonnera qu'il s'agit de techniques de vente.

Chapitre 2

Les sept étapes du cycle de vente

Dans ce chapitre :

▶ Trouver les personnes à qui vendre et vendre aux personnes que vous trouvez

▶ Faire bonne impression

▶ Mettre en avant les points forts du produit

▶ Traiter les objections du client

▶ Conclure la vente : la cerise sur le gâteau

Nous pouvons considérer la vente comme un cycle car, si elle a été effectuée dans les règles de l'art, la dernière étape vous ramènera à la première. Votre nouveau client, s'il est satisfait, vous donnera le nom d'autres personnes qui, selon lui, auraient un intérêt à utiliser votre produit ou votre service. Et vous obtiendrez le nom de nouveaux clients potentiels à contacter.

Les sept étapes décrites dans ce chapitre vous donneront un aperçu général des thèmes traités dans la troisième partie. N'oubliez pas qu'elles sont d'égale importance. Rarement pourrez-vous vous permettre d'en négliger une et de conclure la vente malgré tout. Chacune joue un rôle essentiel et, à condition d'avoir été correctement exécutée, vous conduira à l'étape suivante de façon naturelle et logique.

Étape n° 1 : la prospection

Prospecter signifie rechercher des acheteurs potentiels pour les produits que vous vendez. Lorsque vous étudiez votre produit ou votre service, posez-vous la question suivante : « Quelles personnes auraient le plus intérêt à utiliser mon produit ? » Si l'utilisateur final est une société commerciale, vous devez prendre des contacts au sein d'entreprises. En règle générale, un acheteur est chargé de prendre les décisions d'achat pour le compte de l'entreprise. À vous de trouver un moyen de vous mettre en relation avec cette personne. Si votre utilisateur final est une famille composée d'enfants d'âge scolaire, vous devez vous rendre là où vont les familles (matchs de football, cours de danse, parcs, etc.). Une autre solution consiste à obtenir une liste auprès d'une source sûre (reportez-vous au chapitre 4 pour plus d'informations), puis à prendre contact directement avec les prospects.

Afin de choisir en connaissance de cause les prospects à solliciter, vous devez vous renseigner sur les personnes ou les entreprises que vous avez sélectionnées comme clients potentiels. Effectuez des recherches sur les entreprises en allant à la bibliothèque ou en vous connectant à Internet. Ce travail préalable est en quelque sorte une étape de présélection dans le processus de prospection. Vous effectuerez d'autres tâches de sélection lorsque vous rencontrerez un client potentiel – mais pourquoi perdre du temps pour un rendez-vous avec une entreprise ou une personne qui n'aura nullement besoin de ce que vous lui proposerez ? La présélection de prospects vous aide de la même manière que les études de marché aident les entreprises à déterminer quelles sont leurs meilleures cibles. D'ailleurs, le service marketing de votre entreprise est certainement l'un des meilleurs endroits où débuter vos recherches. En effet, ce service a effectué des études lors de l'étape de développement du produit afin de déterminer les attentes des consommateurs par rapport au produit ou au service que vous proposez. Examinez les résultats de ces enquêtes et vous saurez où commencer votre prospection.

Si votre entreprise fait de la publicité pour promouvoir vos produits, vous recevrez probablement des *indications de clients* – c'est-à-dire une liste de personnes qui se sont renseignées sur le produit auprès de l'entreprise. Ce type d'information vaut de l'or ! Les premières personnes à contacter sont celles qui ont déjà cherché à vous joindre pour obtenir des renseignements.

Les amis, la famille et les relations d'affaires constituent également des sources d'information précieuses. Dites-leur quel type de produit ou de service vous vendez et voyez s'ils ont des noms à vous suggérer. Qui sait, l'un d'eux connaît peut-être des personnes qui travaillent dans l'une des entreprises que vous prospectez et seraient heureuses de vous rencontrer.

Le conseil suivant vaut pour toutes les situations de vente : n'entamez jamais un cycle de vente avant d'avoir envisagé la situation du point de vue de l'acheteur. Mettez-vous à la place de votre interlocuteur et réfléchissez à ce qui vous pousserait à sacrifier un peu de votre temps pour lire un courrier sur un produit ou prendre l'appel d'un vendeur. Si aucune des réponses qui vous viennent à l'esprit ne vous semble satisfaisante, il est probable que les informations dont vous disposez sur le produit sont insuffisantes pour que vous puissiez commencer à le vendre. Ou alors vous ne connaissez pas assez votre cible potentielle pour lui proposer le produit. Si tel est le cas, il est temps de plancher de nouveau sur votre sujet. Travaillez jusqu'à ce que vous vous sentiez à l'aise dans la peau de l'acheteur. En d'autres termes, ne commencez pas à prospecter avant d'avoir quelque chose de valable à partager avec vos prospects – quelque chose qui vaille la peine d'être considéré et, espérons-le, d'être acheté.

Il est possible que vous deviez adopter une méthode inhabituelle pour attirer l'attention de vos clients potentiels ou obtenir d'eux une réponse positive. Voici quelques idées qui ont été mises en pratique par mes étudiants :

✔ **Joignez une photographie vous mettant en valeur.** Si votre objectif est de rencontrer les personnes que vous prospectez à leur domicile, il faut qu'elles puissent établir un rapport avec vous autrement que par le biais de la signature que vous avez apposée sur votre lettre.

✔ **Joignez une bande dessinée illustrant des situations dans lesquelles vos clients potentiels peuvent se retrouver s'ils n'utilisent pas votre produit ou votre service.** Le prospect se rendra compte plus tôt de l'utilité ou des avantages de votre produit.

✔ **Ajoutez une citation ou une anecdote accrocheuse en bas de votre lettre d'accompagnement.** Vous trouverez des livres répertoriant des citations pour pratiquement toutes les occasions. Consultez le site Uinspire.com (www.uinspire.com) pour trouver en ligne la citation qui correspond à votre produit. Dénicher ce genre d'accroche prend du temps mais peut faire sortir votre lettre du lot.

✔ **Remplacez par des lettres les chiffres de votre numéro de téléphone pour que celui-ci soit plus facile à mémoriser.** Si vous vous prénommez Paul et avez le numéro de téléphone suivant : 01 48 07 72 85, vous pouvez utiliser les lettres du clavier téléphonique et demander à vos prospects de composer le 01 48 07-PAUL. Si vous vous appelez Jean-François, cette méthode ne marchera pas pour vous.

Si vous vendez des jets, ces conseils risquent de vous paraître déplacés. En revanche, ils ont marché pour certains de mes étudiants qui commercialisaient des produits et des services courants destinés au consommateur moyen. L'idée est de mobiliser son esprit créatif afin de mettre en œuvre des moyens inhabituels pour entrer en contact avec les clients potentiels et retenir leur attention.

Pour être sûr que votre client potentiel lira votre nom plus d'une fois, envoyez-lui un message de remerciements le jour même de votre premier entretien avec lui. Ce type de message ne passe pas inaperçu et, si le prospect n'a pas encore parcouru votre lettre et/ou votre brochure au moment où il recevra votre message, il ira peut-être rechercher votre nom dans sa pile de courrier. La première impression que vous aurez laissée aura été positive et vous obtiendrez plus facilement un rendez-vous par la suite.

Étape n° 2 : la prise de contact

Vous avez trouvé les bonnes personnes. Vous allez maintenant les rencontrer pour la première fois. Pour persuader un client potentiel de vous accorder quelques précieuses minutes de son temps, vous devez lui proposer quelque chose d'utile. Pour qu'il vous laisse entrer chez lui, vous devez lui offrir un devis gratuit ou un cadeau en échange de son opinion sur la présentation que vous avez faite du produit. Dans le cadre d'une relation commerciale entre professionnels, obtenir un rendez-vous peut s'avérer un peu plus facile dans la mesure où vous travaillerez souvent avec un acheteur dont la fonction est de rencontrer des gens comme vous. Si votre produit est semblable à ceux qu'utilise l'entreprise, l'acheteur aura le devoir de s'informer sur ce que vous proposez.

Votre objectif est de faciliter la prise de rendez-vous. Il est vivement conseillé de proposer au client potentiel deux possibilités en ce qui concerne la date et l'heure du rendez-vous. Dites, par exemple : « J'ai un créneau mardi prochain à 9 h 30, à moins que mercredi à 15 h ne vous convienne mieux ? » Cette technique oblige votre interlocuteur à consulter son agenda pour voir si ce que vous lui proposez lui convient. En revanche, si vous lui posez une question ouverte du genre : « Quand peut-on se rencontrer ? », il risque d'hésiter à s'engager en constatant qu'il a déjà un planning très chargé.

Lorsqu'un client potentiel accepte de vous rencontrer, récapitulez tous les détails du rendez-vous et demandez-lui comment vous rendre au lieu de rendez-vous. Même s'il s'agit d'un endroit que vous connaissez, n'hésitez pas à vous renseigner car, si la rue du prospect est en travaux, vous devrez suivre un itinéraire inhabituel. Demandez également à votre interlocuteur de vous confirmer le nombre de personnes qui seront présentes au rendez-vous. Dans le cas d'un couple, si vous pensez qu'il vous faudra l'accord des deux conjoints, assurez-vous qu'ils seront présents tous les deux. Si votre client potentiel est une personne jeune et célibataire, il se peut qu'il souhaite avoir un parent ou une autre personne à ses côtés pour l'aider à prendre une décision.

Vous avez franchi le premier obstacle et votre prospect vous a invité à lui rendre visite. Soyez sûr(e) d'être à l'aise afin qu'il le soit également avec vous. Si vous êtes mal à l'aise, à moins que vous ne sachiez bien jouer la comédie, votre gêne sera visible – et vous risquez fort de la transmettre à votre interlocuteur.

Toute tension à ce stade du cycle de vente nécessitera un minimum d'efforts de la part des deux parties pour être surmontée. Si vous ne parvenez pas à éliminer ce sentiment de malaise, vous risquez de transformer une situation gagnant-gagnant en une situation perdant-perdant. Vous ne conclurez pas la vente et le client potentiel ne profitera ni de vos talents ni de votre produit.

Avant toute chose, soignez votre apparence. Vous n'aurez jamais une seconde chance de faire une bonne première impression. Lorsque vous avez un doute sur ce que vous devez porter pour un rendez-vous, optez pour quelque chose de classique. Vous devez vous mettre en valeur tout en étant à l'aise dans vos vêtements. Si vos nouvelles chaussures sont trop serrées ou si elles crissent, vous y penserez et vous ne parviendrez pas à focaliser votre attention sur le rendez-vous.

Si vous négligez votre tenue, votre client potentiel pensera que vous négligez également votre travail.

Réfléchissez à deux fois avant de vous asperger de votre eau de toilette préférée. Restez sobre. Vous ne pouvez jamais être certain que votre prospect ne sera pas allergique à votre parfum. S'il ouvre la fenêtre, se met à éternuer frénétiquement ou tourne carrément de l'œil, vous avez sans doute eu la main lourde – et perdu un client.

Les femmes doivent faire particulièrement attention aux bijoux qu'elles portent. Certains peuvent détourner l'attention. Ne gravez pas dans la mémoire de votre prospect l'image d'une « femme qui portait d'immenses boucles d'oreilles » mais celle d'une professionnelle compétente.

À chaque fois que vous rencontrez un nouveau prospect, vous devez apprendre à le connaître pour pouvoir établir le contact. Soyez prêt(e) à serrer des mains, à attirer le regard et à inspirer confiance. Les consommateurs achètent aux personnes qu'ils apprécient et en qui ils ont confiance. Ils doivent le plus tôt possible sentir que vous êtes une personne digne de confiance.

Étape n° 3 : la qualification des prospects

Lorsque vous rencontrez enfin le prospect, vous devez chercher à savoir s'il répond aux critères du client idéal. En termes de vente, qualifier les prospects signifie découvrir qui ils sont, ce qu'ils font, ce qu'ils ont et ce dont ils ont besoin.

Ne vous précipitez pas sur tous les clients susceptibles de s'intéresser à votre produit ou à votre service. Si M. Plein Aux As pouvait devenir votre plus gros client, vous lui consacreriez probablement beaucoup de temps. Mais, si après votre première rencontre, il s'avère que vous ne pouvez pas le supporter, demandez-vous si vous serez à même de répondre à ses attentes. Si ce n'est pas le cas, cédez la place à quelqu'un d'autre.

Si vous avez fait votre travail et recherché des informations sur le prospect, vous saurez quelles questions lui poser. Vous devrez de toute façon en apprendre beaucoup sur lui si vous concluez la vente. Alors, renseignez-vous dès à présent. Plus vos questions seront précises, plus le client potentiel sera impressionné par vos compétences. En montrant un intérêt sincère à ce stade du cycle, vous prouverez que vous n'êtes pas obnubilé(e) par la vente et envisagez votre relation sur le long terme.

Vos prospects vous qualifient également. La plupart recherchent des personnes fiables, loyales, dignes de confiance, intelligentes, compétentes et même plutôt drôles. Pensez-vous donner cette image ? Si vous avez besoin de faire passer un trait de caractère qui est difficile à percevoir chez vous, essayez d'y parvenir lorsque vous répondez aux questions du prospect ou lorsque vous lui faites des propositions en fonction de ses besoins.

L'objectif de votre qualification est de déterminer si votre produit ou votre service correspond à la situation de votre prospect. Posez-lui des questions pour l'amener à vous dire ce qu'il possède actuellement, si ses besoins sont satisfaits et quel est le budget dont il dispose pour améliorer la situation. Ces questions sont les mêmes que vous proposiez votre produit à un particulier ou à une entreprise.

Étape n° 4 : la présentation du produit

La présentation de votre produit, de votre service ou de votre concept est l'étape qui vous demandera le plus de préparation. Entraînez-vous à répondre à des questions courantes avec un membre de votre famille ou un ami proche. Dressez la liste des avantages qui, selon vous, constituent les points forts de votre produit et devraient convaincre les prospects. Essayez ensuite de vous servir de ces points forts pour répondre aux questions que l'on vous pose.

Par exemple, imaginez que vous vendiez un tout nouveau service permettant aux personnes débordées de composer un simple numéro de téléphone pour connaître toutes les promotions de la semaine au rayon épicerie de leur magasin préféré. Ces personnes pourraient ensuite commander les produits souhaités (qu'ils soient en promotion ou non) et être livrées à domicile. Étant donné qu'il s'agit d'un nouveau service, vous ne pouvez vous appuyer sur aucun résultat montrant qu'il a fait ses preuves. Voici les arguments que vous pourriez avancer :

PROSPECT : – C'est vrai que l'idée semble bonne, mais vous n'avez aucune preuve de son efficacité. Je n'aimerais pas servir de cobaye et devoir au bout du compte faire mes courses moi-même parce que le service ne fonctionne pas.

VENDEUR : – Parce qu'il s'agit d'un nouveau service, nous prêtons une attention toute particulière aux commandes que nous recevons. D'ailleurs, deux personnes écoutent l'enregistrement de chaque appel afin de vérifier que votre demande correspond bien à la liste de produits offerts. L'une d'elles vous rappellera pour vous confirmer la réception de votre commande et convenir avec vous d'une heure de livraison.

Le fond du problème n'a rien à voir avec la nouveauté du service mais avec le temps que le client perdrait s'il s'avérait que le service ne fonctionne pas. En montrant que vous avez pris toutes les mesures nécessaires pour garantir un traitement efficace des commandes, vous avez répondu à la question du contrôle de la qualité qui préoccupait en réalité le prospect.

Pour prouver à votre prospect qu'il peut compter sur vous, racontez-lui une anecdote concernant un autre client ou même une de vos activités extra-professionnelles qui donnera de vous une image positive – l'image d'une personne droite qui respecte ses engagements.

Vos clients n'achètent pas seulement vos produits – ils vous achètent, vous.

Des choses extraordinaires peuvent se produire lors d'un premier contact. Au cours d'un rendez-vous, une commerciale a remarqué une figurine de joueur de golf sur le bureau d'un prospect. Elle lui a demandé s'il aimait pratiquer le golf – une question relativement générale et sans danger. La réponse brève de son interlocuteur ne lui a pas permis d'engager la conversation sur cette voie. Mais elle s'est souvenue d'un nouveau type de club dont son mari lui avait parlé. Elle a alors demandé au prospect s'il en avait entendu parler tout en lui expliquant brièvement pourquoi elle lui posait cette question : son mari en parlait avec un tel enthousiasme qu'elle envisageait de lui en offrir un jeu pour son anniversaire. Et il s'est trouvé que le fils du prospect était précisément le cofondateur de la société qui réalisait et commercialisait ces clubs de golf. Subitement, le client potentiel a souhaité connaître l'opinion du mari sur les clubs de golf et la conversation a pris une tout autre tournure.

Étape n° 5 : le traitement des objections

Comment gérer les objections émises par le prospect pendant ou après votre présentation du produit ? Répondez en des termes simples et neutres et soyez prêt(e) à faire des suggestions. Imaginez que votre produit soit disponible uniquement dans certains coloris et qu'aucun d'eux ne corresponde exactement à la décoration du bureau de votre prospect. Suggérez dès le départ la couleur qui passera le mieux : « Il me semble que le bleu ciel se marierait bien avec les tons de votre bureau. » De cette façon, vous anticiperez les éventuelles objections du prospect.

Si vous vous contentez de contourner les obstacles au stade de la présentation, ceux-ci resurgiront après la conclusion de la vente. Trouvez un moyen de répondre aux attentes du prospect au moment opportun. N'attendez pas que des motifs d'insatisfaction viennent mettre un terme à la relation que vous avez su nouer avec lui. Abordez toutes ses préoccupations et assurez-vous qu'il comprend et approuve votre façon d'y répondre.

De nombreux clients potentiels demandent à réfléchir pour gagner du temps. C'est un problème épineux mais courant. Toutefois, si votre prospect vous fait cette requête, c'est que votre proposition l'intéresse. Alors battez le fer pendant qu'il est encore chaud. Essayez de savoir exactement ce à quoi il doit réfléchir. Dans la majorité des cas, vous découvrirez qu'il s'agit d'une question d'argent. À moins que vous ne vendiez votre produit ou votre service à un prix nettement inférieur à sa valeur, le prospect essaiera de marchander ou se montrera hésitant pour voir ce que vous lui proposerez pour le convaincre. Ce point est développé plus en détail dans les chapitres 9 et 10.

Étape n° 6 : la conclusion de la vente

Si vous avez fait les recherches nécessaires sur votre prospect, consacré suffisamment de temps à la phase de préparation et négocié toutes les étapes précédentes de façon professionnelle, vous conclurez certainement la vente. Mais si le prospect ne prend pas immédiatement son stylo pour vous faire un chèque, ne paniquez pas. N'exercez aucune pression pour obtenir ce que vous voulez. Il suffit parfois de dire : « Quand commençons-nous ? » À ce stade, si vous pensez être en mesure de donner au prospect ce qu'il attend, appropriez-vous le marché verbalement.

Vous préférerez peut-être faire des comparaisons, citer des personnes célèbres ou faire référence à l'actualité pour persuader votre interlocuteur d'aller de l'avant et de ne pas remettre à demain ce qu'il peut faire aujourd'hui. Dans ce cas, donnez-lui des exemples de clients qui ont décidé d'utiliser votre produit ou votre service et ne regrettent pas de l'avoir fait. Préparez-vous à lui prouver qu'il peut se permettre d'acheter votre produit s'il hésite pour des raisons financières. Démontrez-lui par A + B que celui-ci ne lui coûtera pas grand-chose en comparaison de ce qu'il lui rapportera.

Au moment de conclure la vente, vous devez avoir vaincu toute résistance du prospect de sorte qu'il ne vous reste plus qu'à vous mettre d'accord avec lui sur la date de livraison et/ou les modalités de paiement (voir chapitre 10).

Étape n° 7 : l'obtention de références clients

Une fois la vente conclue, essayez d'obtenir des références clients : « Étant donné que vous êtes satisfait de la décision que vous avez prise aujourd'hui, puis-je me permettre de vous demander des noms d'autres personnes susceptibles d'être intéressées par ce produit ? » Si votre client mentionne d'autres membres de sa famille, demandez-lui : « Qui dans votre famille apprécierait les avantages de notre service de jardinage à domicile ? » ou « Lequel de vos voisins est le plus fier de son jardin ? »

Si votre client représente une société, demandez-lui si d'autres services de l'entreprise pourraient avoir besoin de votre produit et s'il existe d'autres agences. Essayez également d'obtenir des noms de partenaires travaillant pour des sociétés non concurrentes.

Demandez toujours au client s'il accepterait de vous présenter à votre nouveau prospect. S'il se montre réticent, essayez au moins d'obtenir une courte lettre de recommandation que vous pourrez utiliser lors de la prise de contact.

Si pour une raison ou une autre votre client potentiel et vous-même pensez que ce n'est pas le meilleur moment pour conclure la vente, ne partez pas sans l'avoir ajouté à votre réseau de contacts – ne manquez aucune occasion de renforcer ce réseau. Immédiatement après avoir quitté les lieux, adressez-lui un message de remerciements afin qu'il garde votre entretien en mémoire pendant au moins quelques jours. Pendant ce laps de temps, peut-être pensera-t-il à une personne susceptible de s'intéresser à votre produit et, si vous lui avez fait bonne impression, vous fournira-t-il cette référence.

Deuxième partie

Le travail de préparation

« Essaie d'obtenir des noms ! »

Dans cette partie...

Dans le cadre de la vente, le travail de préparation est absolument indispensable. Dans cette partie, vous allez découvrir tout ce que vous devez savoir sur vos clients potentiels et sur votre produit avant d'essayer de le vendre.

Chapitre 3

Ne jamais rien laisser au hasard

Dans ce chapitre :

▶ Faire des recherches sur vos clients avant de les rencontrer

▶ Réagir efficacement en fonction de la personnalité et du milieu socioculturel de vos clients

▶ Remplacer certains termes courants de la vente par d'autres plus positifs

▶ Être attentif aux mots que vous employez et à ceux que vous entendez

*P*arfois, face à une situation nouvelle, on est tenté de se fier aux vieux adages du genre : « Moins on en sait, mieux on se porte. » Mais l'ignorance n'a jamais été l'alliée de ceux qui essaient de convaincre les autres d'acheter ce qu'ils ont à offrir. Elle peut véritablement nuire à une carrière de vendeur.

Lorsque l'on voit un bon vendeur à l'œuvre, on ne se rend pas compte du temps qu'il a passé dans les coulisses. Mais ce sont précisément les heures passées à travailler dans l'ombre qui font la différence. Pour que la vente devienne une seconde nature, il faut consacrer beaucoup de temps à la préparation.

Ce chapitre décrit différentes méthodes de préparation visant à mieux servir les intérêts de vos clients. Tous les aspects de la vente sont abordés, des recherches à effectuer sur le prospect avant d'avoir fixé un rendez-vous aux moyens de répondre à ses attentes lorsque vous le rencontrez. Vous découvrirez également des stratégies de vente particulières à appliquer avec des clients qui n'ont pas la même nationalité ni la même culture que vous. Dans le milieu de la vente, la préparation est un élément clé. Ce chapitre lève le voile sur des aspects que vous n'avez peut-être pas encore pris en considération.

Il va de soi qu'il est impossible de tout connaître sur tout. Si vous pensez tout savoir, préparez-vous à être déçu. Un véritable professionnel se reconnaît à son aptitude à s'instruire alors qu'il est censé tout connaître. Souvenez-vous que la connaissance est l'ennemi de l'apprentissage. Admettre qu'il vous reste des choses à apprendre vous fera franchir la première étape vers la réussite.

Pourquoi est-il important de se documenter ?

Pourquoi est-il indispensable que vous fassiez des recherches sur vos clients potentiels et leurs activités commerciales ? Pour que, lorsque vous présentez votre produit ou lorsque vous êtes sur le point de conclure la vente, votre ignorance ne vous fasse pas passer pour un vendeur incompétent. Toutes les recherches que vous effectuez vous préparent à l'instant où le prospect accepte d'acheter votre produit et vous donne l'espoir d'une relation à long terme avec lui ou son entreprise.

Par exemple, imaginez que vous vendiez un dispositif de purification de l'air à des particuliers et à des sociétés. Si vous apprenez qu'une société lambda doit fabriquer ses produits conformément à une réglementation très stricte, l'information est capitale pour vous. Pourquoi ? Parce que cette société se soucie sans doute des questions d'hygiène. Votre appareil de filtration de l'air peut donc lui être utile.

Adaptez votre message au discours de vos clients

Si vous avez encore des doutes sur le pouvoir de l'information, réfléchissez à la quantité de données que les sites Web recueillent sur les Internautes. Par exemple, Amazon.com ne se contente pas de vendre des produits. Ce site vous permet de dresser la liste des articles que vous aimeriez acheter (ou recevoir comme cadeaux). À quoi sert cette liste ? Elle renseigne Amazon sur vos centres d'intérêt. Les articles que vous notez sur la liste, ainsi que vos achats et les pages que vous consultez lui permettent de personnaliser vos visites suivantes en vous suggérant des produits qui correspondent à vos centres d'intérêt. C'est donc vous qui informez Amazon de vos achats potentiels.

Vous pouvez vous aussi appliquer cette stratégie. Si votre société collecte des informations de ce type et les diffuse à son équipe de vente, vous avez tous les atouts en main. En revanche, si elle ne le fait pas pour vous, vous devez vous faire vous-même des fiches sur les besoins et les centres d'intérêt de vos clients afin d'inciter ceux-ci à acheter davantage de produits et de services.

Si vous apprenez qu'une société en pleine croissance n'a pas agrandi ses locaux, vous pouvez raisonnablement en déduire que les employés travaillent très près les uns des autres, ce qui peut constituer un facteur favorisant la propagation des microbes et des virus. Comme vous le savez, aucun employeur n'a intérêt à ce que les membres de son personnel prennent beaucoup de jours de congé maladie. Votre dispositif de filtration de l'air pourrait donc bien intéresser cette société.

Si les résultats financiers d'une société font état d'une croissance régulière et laissent entrevoir des projets de grande envergure, vous pouvez en conclure que les dirigeants de l'entreprise seront ouverts à de nouvelles idées. Montrez-leur que votre système d'épuration de l'air est à la pointe de la technologie et vous éveillerez sans aucun doute leur curiosité.

Plus vous en savez sur votre prospect, plus vous lui donnerez l'impression d'être compétent et plus vous serez en position de force au moment de présenter votre produit.

Le principe est le même lorsque vous vous adressez à des particuliers : plus vous en savez sur leur milieu socioculturel, plus vos chances de réussite sont grandes. Vous briserez la glace plus vite si vous discutez de leurs loisirs, de leur métier et de leurs enfants que si vous ne connaissez d'eux que leur adresse et leur numéro de téléphone. Par exemple, si vous apprenez que l'un des enfants d'une famille a de l'asthme ou des allergies, cette information vous donnera un avantage supplémentaire au moment de présenter votre système de filtration de l'air.

Vous vous demandez peut-être comment vous pourriez savoir que l'enfant a de l'asthme. Il existe plusieurs façons d'obtenir ce type d'informations. Vous pouvez par exemple effectuer une enquête par téléphone pour savoir si un membre de la famille souffre d'allergies ou de maladies provoquées par la mauvaise qualité de l'air.

Vous pouvez vous adresser à un loueur d'adresses pour disposer d'une liste de personnes qui consomment certains produits en rapport avec ce type de maladies. Ces courtiers savent si vos prospects possèdent un animal domestique, s'ils passent beaucoup d'appels nationaux et quels nettoyants ménagers ils utilisent. Comment se procurent-ils toutes ces informations ? Réfléchissez un instant. N'avez-vous jamais répondu à un questionnaire sur un produit pour recevoir des bons de réduction ? Les sociétés qui traitent vos réponses ne se contentent pas de vous envoyer des bons, elles stockent toutes les informations que vous leur avez fournies sur vos habitudes d'achat et les réutilisent ultérieurement.

Connaître vos clients sous tous les angles

Pour réussir dans la vente, vous devez être constamment à la recherche d'informations sur votre produit, votre société, vos concurrents et surtout vos prospects. Quelques clics suffisent pour naviguer sur Internet – vous n'avez donc aucune raison valable de ne pas être informé. Une foule d'informations est à portée de main et il vous sera facile d'acquérir les connaissances qui vous mettront en position de force.

Pouvoir se mettre à la place d'une autre personne offre un avantage considérable. Ce que vous proposez à votre prospect ne peut être d'aucune utilité tant que vous n'avez pas véritablement compris qui il est et quels sont ses besoins.

Par où devez-vous commencer pour pouvoir vous mettre dans la peau de votre prospect ? Renseignez-vous simplement sur lui, sur son activité professionnelle et sur ses objectifs. Voici quelques conseils :

- ✔ **Rassemblez le maximum d'informations sur la société à laquelle vous envisagez de faire une proposition commerciale**. Il est dans votre intérêt d'être préparé le mieux possible avant de prendre contact avec la société. De cette façon, vous mettez tous les atouts de votre côté dès le début.

- ✔ **Visitez le site Web de la société**. Étudiez le catalogue de produits consultable sur le site (le cas échéant) et parcourez les communiqués de presse en ligne afin d'avoir les dernières informations sur la société. Prêtez attention aux liens du type « Qui sommes-nous ? » qui vous permettront d'en savoir plus sur les membres de l'équipe dirigeante et sur leur parcours professionnel. Peut-être aurez-vous la surprise de constater que vous connaissez directement ou non l'une de ces personnes.

- ✔ **Procurez-vous le catalogue des produits de la société**. Adressez-vous à un conseiller du service client pour savoir ce que la société propose. Si les produits de votre prospect n'ont plus aucun secret pour vous, vous serez mieux armé(e) pour lui vendre vos produits.

- ✔ **Allez dans une bibliothèque ou sur Internet pour consulter d'anciens articles de presse sur la société**. Si vous savez ce qui s'est passé au sein de la société au cours des derniers mois, vous saurez utiliser ces informations dans les conversations que vous aurez avec les employés qui y travaillent. Les prospects auront l'impression que vous avez fait votre travail de recherche sur leur société et en déduiront que vous vous êtes documenté(e) avec le même sérieux sur vos propres produits. Et c'est exactement l'image que vous devez donner.

✔ **Consultez l'état financier de la société, s'il est disponible**. Recherchez le nom du président de la société et celui des principaux membres de la direction, puis apprenez à les prononcer et à les épeler correctement. Pour ce qui est de la prononciation, il vous suffit de téléphoner à la société et de vous renseigner auprès du réceptionniste.

L'exemple même d'un travail de recherche minutieux

Je connais un vendeur – je l'appellerai Pierre – qui est allé tellement loin dans son étude de la concurrence qu'il en est arrivé à connaître les pratiques du vendeur qui couvrait la même région que lui. Les deux hommes étant en concurrence directe, il a suffi à Pierre de parler aux prospects qu'ils avaient en commun pour en savoir un peu plus sur son concurrent. C'est ainsi qu'il a appris son nom, ses méthodes et son style de présentation. Grâce à ce travail minutieux, il a permis à sa société d'être au premier rang dans la région. Il est rare qu'un vendeur s'investisse à ce point mais ces efforts ont largement porté leurs fruits.

Pierre m'a un jour montré une photo de ce concurrent qu'il avait trouvée dans un document officiel de la société qui l'employait. Il la portait toujours sur lui. Chaque fois qu'il avait envie de tout laisser tomber ou de prendre un raccourci, il sortait cette photo et se rappelait que son concurrent serait le prochain interlocuteur de ses clients s'il ne leur donnait pas entière satisfaction.

Exploitez tous les documents dont vous disposez sur votre client potentiel. Votre travail de recherche finira par porter ses fruits. À condition de bien les utiliser, les informations que vous avez récoltées vous mettront dans une position de force. Veillez à toujours aborder votre travail de documentation dans cet état d'esprit.

S'il est essentiel de se renseigner sur un client potentiel, il est souvent difficile de savoir si les informations dont on dispose sont suffisantes ou non. En réalité, c'est à vous d'en décider. Mais si lors de votre présentation le client soulève une question à laquelle vous ne savez pas répondre et si ce que vous ignorez risque de vous empêcher de conclure la vente, cela signifie que vous ne vous êtes pas suffisamment documenté(e). L'expérience vous sera de bon conseil. En attendant, mieux vaut être trop préparé que pas assez.

Identifier les différents types d'acheteurs

Lorsque vous travaillez avec des sociétés, il est primordial de savoir qui est le véritable décideur. Il peut s'agir du chef de bureau, d'un acheteur ou d'un chef de service. Vous pouvez généralement obtenir cette information en demandant au réceptionniste le nom du responsable du service auquel vos produits ou vos services se rapportent. Pour en savoir plus, posez une question précise : « Mme Janson est donc la responsable des achats, c'est bien cela ? » S'il se trouve que Mme Janson appartient au service mais doit obtenir l'autorisation d'une autre personne, par exemple le contrôleur, pour faire des achats, vous devez le savoir avant votre premier rendez-vous.

Une fois que vous connaissez le nom du responsable des achats, essayez de mieux le connaître. Il existe neuf grands types d'acheteur (vous les découvrirez dans les paragraphes suivants). Si vous parvenez à déceler le type de personnalité de l'acheteur auquel vous souhaitez proposer vos produits ou vos services, vous saurez adopter l'attitude qui convient.

Vous devez apprendre à adapter votre discours à chaque type de personnalité. Ne vous contentez jamais d'un seul style de présentation car cela limiterait sérieusement le nombre de clients auxquels vous pourrez être utile. Il ne s'agit pas cependant de développer plusieurs personnalités. Mais, si vous n'appréciez pas la personnalité du décideur que vous avez en face de vous, n'oubliez pas qu'il représente un client potentiel.

Remarque : les personnalités suivantes sont évidemment caricaturales et ne sont pas limitées au sexe que suggère le prénom auquel elles sont identifiées. Elles ont pour but de vous montrer les principaux traits de caractère des acheteurs, même si les personnes que vous rencontrerez dans le cadre de votre activité ne correspondront pas nécessairement à des catégories aussi précises.

Acheteur n° 1 : Fabrice le Fidèle

Fabrice le Fidèle est déjà client de votre société ou de votre marque. Il sait ce qu'elle peut lui offrir et apprécie son sérieux. Il est facile de travailler avec lui et, une fois que vous l'aurez convaincu de votre compétence, il continuera à acheter votre produit. Si vous ne parvenez pas à le convaincre, il n'hésitera pas à contacter votre société pour demander à rencontrer un autre commercial.

Comment séduire Fabrice ? Ne précipitez pas la vente du produit sous prétexte qu'il est déjà convaincu de sa qualité. Vous devez faire montre d'une excellente connaissance du produit afin de gagner sa confiance. Il pensera alors que vous saurez répondre à ses attentes. Si vous proposez un service de qualité et restez en contact régulier avec lui, vous aurez de fortes chances de conclure la vente et de le compter parmi vos clients fidèles.

Acheteur n° 2 : Christine la Combine

Christine est la reine de la combine. C'est le genre de cliente qui n'accepte rien tant qu'elle n'est pas convaincue d'être en position de force et que vous ne consentez pas à lui faire un petit cadeau. Des Christine, vous en rencontrerez beaucoup. Si vous accédez à la demande de ce type d'acheteur pour assurer la vente, il est fort probable qu'il fera le fanfaron auprès d'autres personnes auxquelles vous n'auriez pas accordé les mêmes avantages.

Comment vous comporter face à Christine ? Faites-lui comprendre que vous l'estimez beaucoup et que vous admirez son sens des affaires. Si vous pensez que Christine est une bonne cliente à laquelle on peut accorder une petite faveur, consultez votre responsable sur la meilleure façon de gérer la situation. Il n'est sans doute pas nécessaire que vous lui promettiez monts et merveilles pour l'inciter à acheter. Pour la séduire, envoyez-lui simplement des messages de remerciements ou passez-lui quelques coups de fil pour lui montrer que vous la considérez comme une cliente importante.

Acheteur n° 3 : Rita la Responsable des Achats

Rita la Responsable des Achats est une personne distante, terre à terre, qui a beaucoup de responsabilités. Comme beaucoup de personnes chargées des achats, elle a très peu d'occasions de rencontrer des gens pendant la journée en dehors des contacts qu'elle a avec les vendeurs qui passent dans son bureau. Elle ne peut pas prendre le risque de trop s'attacher à vous car elle peut être amenée à vous remplacer par l'un de vos concurrents à n'importe quel moment.

Lorsque vous négociez avec Rita, faites une présentation sans faute. Évitez d'être trop familier. Tenez-vous en aux faits et aux chiffres. Elle vous jaugera du début à la fin. En restant discret, vous vous démarquerez des autres commerciaux trop prévisibles qu'elle rencontre – et c'est pour cette raison qu'elle se souviendra de vous. Faites-lui savoir que vous comprenez l'importance des responsabilités de sa fonction. Envoyez-lui des messages de remerciement. Exposez tous les chiffres de la manière la plus professionnelle qui soit, par écrit de préférence – Rita apprécie le caractère officiel du document écrit.

Acheteur n° 4 : Isabelle l'Indécise

Isabelle l'Indécise est l'acheteur qui vous pose le plus de problèmes. Elle ne vous rappelle pas et reporte vos rendez-vous ou en change l'heure à la dernière minute. Elle aime comparer les prix avec ceux de la concurrence et n'hésite pas à vous faire attendre. Elle ne rate pas une occasion de mettre votre patience à rude épreuve.

Si vous vous retrouvez face à Isabelle, assurez-vous du concours de sa secrétaire ou de ses collaborateurs. Peut-être pourront-ils vous dire ce que vous devez faire pour qu'elle devienne une cliente fidèle. Sinon, vous devrez inciter Isabelle à se décider rapidement en lui montrant ce qu'elle risque de perdre si elle ne prend pas de décision. Par exemple, proposez-lui une réduction en lui précisant que cette offre n'est valable que peu de temps ou que les premiers arrivés seront les premiers servis.

Acheteur n° 5 : Régis le Rabat-Joie

Régis le Rabat-Joie trouve toujours quelque chose à redire. Ce n'est certainement pas la personne que vous choisiriez pour vous tenir compagnie sur une île déserte.

Si vous avez affaire à Régis le Rabat-Joie, essayez de savoir si ce qu'il peut vous apporter financièrement vaut l'énergie que vous perdez lors des négociations. S'il ne fait pas partie de vos principaux clients potentiels, vous avez peut-être intérêt à établir des relations d'affaires moins éprouvantes. ***Souvenez-vous*** : aucun client ne vaut la peine que vous risquiez votre santé physique et mentale.

La meilleure chose que vous puissiez faire pour Régis, c'est de l'écouter et de faire preuve d'empathie. Pour éviter de vous laisser gagner par son pessimisme, téléphonez-lui de préférence quelques minutes avant l'heure du déjeuner ou en fin de journée pour qu'il ne vous ennuie pas trop longtemps. S'il vous contacte à d'autres moments de la journée et vous fait perdre un temps précieux, trouvez une façon polie de mettre un terme à la conversation.

Décrochez et dites-lui simplement :

« Régis ! C'est gentil d'appeler. J'étais sur le point de partir en réunion. J'ai encore cinq minutes à vous accorder ; dites-moi ce que je peux faire pour vous. »

Restez agréable et serviable. Si vous ne savez pas comment vous y prendre avec Régis, la solution la plus simple et la moins préjudiciable pour vous sera de lui conseiller de s'adresser à un de vos collègues. Cette personne parviendra peut-être à s'entendre avec lui.

Acheteur n° 6 : Michael le Méthodique

Michael le Méthodique sait exactement ce qu'il veut – et il veut que ce soit écrit noir sur blanc. Il est pointilleux et aime avoir le sentiment de tout contrôler.

Lorsque vous avez affaire à Michael, soyez très organisé(e). Il apprécie, ou plutôt il adore, l'organisation. Mettez tous les détails par écrit. Soyez ponctuel(le). Vérifiez toutes les données deux fois et montrez-lui que vous le faites. Lorsqu'il saura qu'il peut compter sur vous, il n'hésitera pas à faire appel à vos services. Confirmez-lui vos rendez-vous par écrit et faxez-lui le compte rendu de chacune de vos rencontres. Faxez-lui également à l'avance les documents que vous apporterez avec vous lors de votre prochain rendez-vous. Autrement dit, comportez-vous avec lui comme il se comporte avec les autres. Chacun souhaite s'entourer de personnes qui lui ressemblent.

Michael déteste le désordre sous toutes ses formes. Alors ne le décevez pas si vous voulez qu'il devienne un client fidèle.

Acheteur n° 7 : Dominique la Dominatrice

Dominique la Dominatrice est une personne volontaire et pleine d'énergie qui vise probablement un poste plus prestigieux au sein de la société qui l'emploie. En règle générale, vous ne savez pas clairement ce qu'elle recherche, car elle part du principe que vous connaissez déjà ses besoins si vous avez fait votre travail correctement.

Lorsque vous vous adressez à Dominique, n'hésitez pas à la flatter et à lui rappeler que ses compétences sont d'une valeur inestimable pour son employeur. **Souvenez-vous** : les personnes qui la côtoient sont certainement stupéfaites par sa soif de pouvoir. La plupart des gens évitent dans la mesure du possible de travailler avec des personnes aussi autoritaires que Dominique. Mais vous n'avez pas cette possibilité. De plus, Dominique peut vous être d'une grande utilité si vous cherchez à vendre votre produit à un autre service ou à une succursale de la société. Si elle croit en vous et en votre produit, elle sera votre meilleure alliée.

Acheteur n° 8 : Didier le Dictateur

Pour Didier le Dictateur, il faut faire les choses à sa façon ou ne pas les faire du tout. Il s'autoproclame spécialiste de tous les domaines et ne sait pas déléguer ses responsabilités. Il veut tout savoir et avoir tout le monde sous ses ordres. Il arrive souvent qu'il fasse preuve d'impolitesse ou qu'il vous interrompe pour répondre au téléphone ou donner des instructions à sa secrétaire.

Lorsque vous avez affaire à Didier, vous devez vous préparer consciencieusement et faire preuve de courtoisie et de concision. Dites-lui que vous appréciez qu'il vous consacre quelques minutes de son temps. Si les interruptions deviennent trop gênantes, la meilleure solution n'est certainement pas de sortir vos sandwichs. Proposez plutôt à Didier de vous revoir un autre jour dans un autre endroit – par exemple, pour un déjeuner d'affaires – pour être certain d'avoir toute son attention. Vous pouvez également demander poliment à la secrétaire ou à l'assistante de Didier qu'elle vous interrompe le moins souvent possible lors de votre rendez-vous. À moins que Didier ait l'habitude de prendre tous les appels qui lui sont destinés et de recevoir toutes les personnes qui souhaitent le rencontrer, il y a de fortes chances pour que vous soyez assuré(e) de son concours.

Acheteur n° 9 : Cécile la Cynique

Cécile la Cynique est la première à dire : « Mais on a *toujours* fait comme ça avant. » Elle exècre le changement, se méfie de tout et remet en question tout ce que vous faites. Elle fait très certainement partie de la vieille garde dans l'entreprise où elle travaille.

Remerciez Cécile lorsqu'elle vous fait part de ses objections. Impressionnez-la en glissant dans la conversation le nom de personnes et de sociétés qu'elle estime. Pour lui faire baisser sa garde, dites-lui quelles sont les autres personnes qui utilisent vos produits ou vos services. Aussi surprenant que cela puisse paraître, les hésitations de Cécile peuvent tout à fait devenir un avantage pour vous. En effet, si vous éprouvez énormément de difficultés à réfuter ses objections, vous pouvez en déduire que vos concurrents n'essaieront pas de la convaincre pendant des heures. Une fois qu'elle aura compris qu'elle a intérêt à devenir votre cliente, il y a fort à parier que la concurrence ne parviendra pas à la faire changer de camp. Et n'oubliez pas que c'est la fidélité des clients que vous recherchez avant tout.

Tenir compte des différences culturelles

Si vous envisagez de commercialiser vos produits ou vos services à l'étranger, vous devez chercher à connaître les spécificités culturelles des pays que vous ciblez. Ce principe vaut également si votre offre commerciale s'adresse à divers groupes culturels dans votre pays. Même si vous ne traitez pas activement avec l'étranger, si vous créez un site Web qui peut être visité par des milliers de personnes de nationalités et de cultures différentes, vous devez être attentif aux termes et aux expressions qui n'ont pas d'équivalent dans d'autres cultures ou qui peuvent être considérés comme injurieux.

Savoir respecter les usages culturels : les ressources à votre disposition

Si vous souhaitez vous documenter sur une culture différente de la vôtre, il existe un certain nombre de ressources qui vous permettront d'apprendre tout ce que vous devez savoir. Rendez-vous dans une bibliothèque ou dans une librairie pour avoir un aperçu des ouvrages sur le sujet.

Il existe aussi des sites Web très complets dans lesquels vous trouverez une foule de conseils, d'articles, de bulletins d'information et de magazines. Vous pourrez même interroger des conseillers en matière d'usages culturels.

Dans les pages suivantes, vous allez découvrir différentes traditions culturelles que vous devrez connaître si vous avez affaire à des clients étrangers. Voici pour commencer quelques recommandations importantes :

> ✔ **Faites preuve de patience pour gagner la confiance de votre prospect ou établir de nouvelles relations.** Vos interlocuteurs étrangers auront généralement besoin de beaucoup de temps avant de vous faire confiance. Soyez extrêmement courtois(e) lorsque vous faites la connaissance d'un client potentiel.
>
> ✔ **Parlez plus lentement que d'habitude, mais n'élevez pas la voix.** Hausser le ton n'a jamais permis de mieux se faire comprendre.
>
> ✔ **Évitez les expressions argotiques, les termes à la mode, les tournures idiomatiques et le jargon.** Tous ces mots et expressions peuvent être mal compris par des personnes dont la langue maternelle est différente de la vôtre.
>
> ✔ **Si vous faites appel à un interprète, veillez à ce qu'il rencontre à l'avance les personnes pour lesquelles il servira d'intermédiaire linguistique.** De cette façon, l'interprète aura le temps de se familiariser avec les expressions, la terminologie et toutes les conventions couramment employées par ces personnes. Tous ces détails permettront une meilleure compréhension de ce qui sera dit.
>
> ✔ **Méfiez-vous des signes non verbaux.** Par exemple, dans la culture asiatique, le mot oui ou un signe de tête affirmatif signifie généralement « Oui, je vous entends » et non « Oui, je suis d'accord ».

Chaque individu est autant influencé par sa culture que par ses expériences personnelles. Dès lors, il paraît évident que vous devez vous intéresser aux coutumes et aux traditions de vos clients. De cette façon, ni vous ni vos prospects ne vous retrouverez dans des situations embarrassantes. *Souvenez-vous* : le savoir fait la force.

Bien prononcer le nom de votre prospect

Ne négligez pas le nom de vos prospects. On peut tout perdre dans la vie, sauf son nom. Si votre prospect remarque que vous n'écorchez pas son nom, il se dira que vous avez fait l'effort d'apprendre à bien le prononcer. Si vous souhaitez obtenir sa considération et sa confiance, vous êtes sur la bonne voie. En revanche, si vous oubliez son nom ou si vous l'écorchez, il vous faudra redoubler d'efforts pour gagner sa confiance (à moins qu'il ne soit déjà trop tard).

Sachez par exemple que le nom de famille des hispanophones est généralement composé du nom du père et de celui de la mère. Le nom du père, qui arrive en premier lieu, est celui par lequel vous devez appeler la personne. Ainsi, si vous êtes en relation avec une personne qui s'appelle Luis Mendoza Trujillo, *Luis* est son prénom, *Mendoza* le nom de famille de son père, *Trujillo* le nom de famille de sa mère, et vous devez l'appeler Señor Mendoza.

Les Allemands préfèrent qu'on mentionne leur titre plutôt qu'on utilise l'équivalent de Monsieur ou Madame. Appeler quelqu'un « Monsieur le vice-président Schmidt » est, par conséquent, tout à fait approprié. En Italie, il est d'usage de présenter une personne ou de parler de celle-ci en ajoutant sa profession devant son nom (par exemple, « notre ingénieur, M. Puccini »). .

Dans tous les pays, il est fortement déconseillé d'appeler une personne par son prénom, à moins qu'elle ne vous invite à le faire, et encore moins par son diminutif – Christophe s'appelle Christophe et pas Chris.

Donner rendez-vous à un prospect

Lorsque vous négociez avec une personne d'une autre culture, la tâche la plus compliquée s'avère souvent de trouver un endroit neutre, ou tout du moins convenable, pour lui donner rendez-vous. Évitez de faire des gaffes avant d'établir le premier contact.

Commencez par déterminer la meilleure approche pour obtenir un rendez-vous. En Inde, par exemple, la distribution du courrier est souvent perturbée. Par conséquent, si vous avez un message important à transmettre, tel qu'une demande de rendez-vous, adressez-le par télécopie, courrier électronique ou téléphone. Essayez de savoir si le pays dans lequel vous envisagez de commercialiser votre produit nécessite que vous preniez ce genre de précautions.

Il vous reste ensuite à identifier l'environnement le plus propice à la négociation commerciale. Même si de nombreuses personnes préfèrent le cadre formel de la salle de réunion, d'autres préfèrent discuter affaires dans des endroits où l'ambiance est plus détendue. Dans la culture chinoise, par exemple, le feng-shui de l'endroit peut jouer un rôle important sur l'issue des discussions. Prêter attention à des détails de ce genre peut faire toute la différence dans une négociation avec des clients chinois. (Pour plus d'informations sur le feng-shui, reportez-vous à *Feng Shui pour les Nuls*, Éditions First.).

Lorsque vous obtenez un rendez-vous, n'oubliez pas d'en confirmer tous les détails à votre prospect. Réfléchissez à l'avance à ce que vous allez porter, aux documents que vous prendrez avec vous et à la méthode la plus appropriée pour présenter votre offre commerciale. Soyez toujours à l'heure, mais ne vous attendez pas à ce que votre prospect le soit. Dans de nombreuses cultures, les gens attachent beaucoup plus d'importance aux relations qu'à l'heure qui passe. Appréciez le temps qui vous est accordé à sa juste valeur et ne comptez surtout pas les minutes.

Remettre votre carte de visite

Il est judicieux de faire imprimer un certain nombre de cartes de visite dans la langue de vos clients étrangers. Si votre carte présente vos coordonnées dans votre langue maternelle sur une face et dans la langue de votre client sur l'autre face, assurez-vous que le côté visible est bien celui qui est imprimé dans la langue de votre client lorsque vous la lui remettez. Laissez-lui le temps de lire la carte avant de passer à l'aspect suivant de votre présentation. Si c'est vous qui êtes chargé de faire imprimer vos cartes, faites appel à un professionnel afin que les informations qui y figurent dans la langue de votre client soient correctes. Ne prenez pas le risque de demander à une personne de votre entourage d'effectuer une traduction littérale de votre carte de visite. L'ordre de présentation des informations contenues dans ce type de document n'est pas le même dans tous les pays.

Dans certains pays, l'utilisation des cartes de visite est soumise à certaines règles de bienséance qu'il convient de respecter. Ainsi, au Japon, il est d'usage de remettre une carte à toutes les personnes auxquelles on vous présente. Les Japonais attachent par ailleurs beaucoup d'importance aux diplômes universitaires obtenus. Si vous êtes titulaire d'une maîtrise, n'oubliez pas de faire figurer cette information sur votre carte de visite. Enfin, ne sortez qu'une carte à la fois. Au Japon, tenir plusieurs cartes dans la main est considéré comme un manquement à l'étiquette. *Souvenez-vous* : renseignez-vous sur les règles en usage dans le pays où vous devez vous rendre.

Dans n'importe quel pays, il est conseillé de prendre le temps de lire la carte de visite qu'une personne vient de vous remettre avant d'accepter celle d'une autre personne. Ne mettez pas rapidement une carte de côté, cela reviendrait à congédier la personne qui vous l'a donnée pour passer à la personne suivante. Pensez à ranger les cartes dans un étui prévu à cet effet. C'est une marque de respect pour les personnes qui vous les ont remises. En revanche, il est maladroit de glisser une carte dans sa poche ou dans son agenda.

Respecter l'espace vital de votre prospect

Chaque individu, quel que soit le pays dont il est ressortissant, a besoin d'un *espace vital* (distance qui le sépare de son interlocuteur). Mais la quantité d'espace dont les individus ont besoin varie selon les cultures. Ainsi, les Britanniques ont besoin de plus d'espace vital que les Français (la prochaine fois que vous aurez une photo de la reine d'Angleterre sous les yeux, faites attention aux personnes qui l'entourent. Celles-ci ne seront certainement pas coude à coude). En revanche, les Russes et les Arabes ont besoin de moins d'espace vital que la plupart des Français.

Si vous voulez être certain que vos clients se sentent à l'aise (chose indispensable dans le monde des affaires), n'empiétez jamais sur leur espace vital. Si vous travaillez avec des clients étrangers habitués à avoir moins d'espace vital que vous, veillez à ne pas reculer s'ils empiètent sur votre espace. Ils pourraient mal interpréter ce mouvement et en déduire que vous les craignez ou ne leur faites pas confiance. Évitez ce genre de situations qui pourraient vous être préjudiciables.

Rencontrer et saluer votre prospect

Dans certains pays, notamment les pays arabes, on s'étreint pour se dire bonjour et au revoir. Il faut que vous sachiez à l'avance si vous devez étreindre votre prospect ou lui serrer la main. Dans les cultures arabes, interroger une personne sur sa santé est perçu comme une marque d'attention. Si vous devenez proches, ne vous étonnez pas si elle vous embrasse sur la joue.

Ne tendez jamais la main à une femme arabe à moins qu'elle ne vous tende la sienne en premier.

Prenez le temps de vous documenter en profondeur sur la façon dont les gens se saluent dans le pays où vous devez vous rendre. Ce détail peut faire pencher la balance en votre faveur au moment de rencontrer vos clients potentiels.

Présenter votre offre

Dans certains pays, il est primordial d'en venir à l'essentiel le plus rapidement possible. Dans d'autres, vous devez raconter en détail l'histoire de votre entreprise et laisser plus de temps aux clients pour qu'ils s'habituent à vous et à votre produit. Dans d'autres encore, il est essentiel de souligner les avantages de votre offre sur les plans personnel et émotionnel. Dans certaines cultures, les gens aiment toucher les échantillons d'un produit, alors que dans d'autres ils préfèrent se contenter de lire des analyses détaillées contenant des graphiques et des témoignages de clients satisfaits.

Connaître les habitudes locales

Si vous vous rendez au Canada, en Belgique ou en Suisse, vos interlocuteurs auront un accent différent du vôtre et emploieront des termes qui ne font pas partie de votre vocabulaire.

Essayez de surveiller votre débit et prêtez attention à la façon dont s'expriment vos clients. Dans la mesure du possible, adap-

tez-vous à leur mode d'expression – ainsi, ils se sentiront plus à l'aise et se concentreront plus sur ce que vous dites que sur votre façon de le dire.

Attention ! Si vous allez en voyage d'affaires en Belgique, veillez à ne pas prendre l'accent belge. Votre client pourrait penser que vous vous moquez de lui !

Lorsque vous présentez votre produit dans un pays étranger, soyez toujours très organisé(e). Appuyez-vous sur des documents à l'aspect professionnel pour expliquer tous les détails de votre offre et prévoyez un exemplaire de chaque document pour toutes les personnes présentes dans la pièce. Oublier quelqu'un serait une erreur grossière.

Dans certains pays, la négociation est le moment le plus intéressant de la partie. Elle peut consister à taper du poing sur la table ou à garder le silence. Dans d'autres pays, vous présentez votre offre, puis vos interlocuteurs l'acceptent ou la rejettent avant de passer à autre chose sans que vous ayez eu le temps de réitérer certains points essentiels ou de récapituler vos atouts. Dans ce cas, vous devez vous surpasser dès votre premier essai.

Il est *impossible* d'être trop préparé pour un rendez-vous avec un client étranger. Attendez-vous à ce que l'on vous pose une foule de questions sur votre entreprise, votre produit, votre service, ainsi que sur vous-même. Soyez prêt(e) à toutes les éventualités.

Offrir des cadeaux

Dans la plupart des entreprises, les décideurs ont conscience des avantages que peuvent leur apporter les cadeaux offerts aux clients et ils fixent généralement les conditions dans lesquelles il convient d'en offrir. Si votre entreprise n'a établi aucune politique en la matière, demandez à vos supérieurs comment ils souhaitent que vous procédiez. Mieux encore, suggérez-leur un certain nombre de critères d'attribution des cadeaux en fonction de la valeur potentielle de chaque client pour l'entreprise. Si vous êtes le principal interlocuteur du client, vous avez intérêt à ce qu'il ait une bonne opinion de vous lorsqu'il recevra son cadeau. Par conséquent, n'hésitez pas à faire valoir vos idées auprès de vos supérieurs.

Plus une relation avec un client est solide, plus vos cadeaux doivent être personnalisés. Il ne serait pas très heureux d'offrir à un client de longue date représentant 20 % de votre chiffre d'affaires un agenda de pacotille. Si vous êtes en contact avec un client depuis longtemps, vous devez connaître ses goûts et adapter vos cadeaux en conséquence.

Il peut arriver que des cadeaux, qui seraient tout à fait appropriés dans votre pays, soient considérés comme un manquement grave aux règles de bonne conduite dans le pays où vous vous rendez. Par exemple, au Japon et en Amérique latine, votre client pensera que vous souhaitez mettre un terme à votre relation d'affaires si vous lui offrez un coupe-papier, car cet objet ressemble à un couteau. En Inde, vous choquerez votre client si vous lui offrez un cadeau fabriqué en cuir puisque la vache est un animal sacré dans ce pays. Au Japon, le blanc est la couleur des funérailles. Par conséquent, n'enveloppez pas vos cadeaux avec du papier blanc et n'offrez pas de fleurs blanches. En Allemagne, on n'offre jamais de roses rouges dans le cadre d'une relation d'affaires. Et dans de nombreux pays asiatiques, faire remarquer une personne en lui offrant un cadeau ou en lui faisant un compliment peut être choquant. Renseignez-vous sur les usages et coutumes du pays dans lequel vous allez vendre afin d'éviter les gaffes et de permettre à vos prospects de se concentrer sur votre offre commerciale et non sur une éventuelle bévue de votre part.

Assurez-vous que la personne qui reçoit votre cadeau ne trouve pas votre geste déplacé. Par exemple, offrir une Rolex à un client dont la commande n'était que de 450 euros ne serait pas judicieux, ni sur le plan financier ni pour l'avenir de votre relation commerciale. Si votre cadeau semble gêner votre client, il est peut-être en train de se demander s'il ne s'agit pas d'une tentative de corruption – et c'est exactement l'inverse de la réaction que vous souhaitez.

Avant d'envoyer un cadeau à un client, essayez de savoir si la société qui l'emploie a établi des règles précises en la matière. En effet, de nombreuses entreprises interdisent à leurs employés d'accepter des cadeaux. Dans ce cas, si vous en offrez un à votre client, vous risquez de le mettre dans une situation délicate car il se verra dans l'obligation de le refuser ou de le renvoyer. Si la société n'autorise pas ses employés à recevoir des cadeaux, vous ne pourrez pas envoyer un porte-stylos à une personne particulière mais peut-être une boîte de bonbons à l'ensemble du service.

Porter une tenue convenable

Vos prospects se feront une première opinion de vous en fonction de votre apparence. Aussi, ne négligez pas la tenue que vous allez porter pour un rendez-vous d'affaires ou une manifestation commerciale. Si vous avez des doutes, optez pour une tenue plus classique et plus habillée que celle que vous porteriez pour un rendez-vous avec un client de votre région.

Dans de nombreux pays, comme la Malaisie et certains pays arabes, il est déplacé pour une femme de porter un pantalon. Renseignez-vous avant de faire vos valises, sinon vous risquez de devoir dire adieu à vos prospects avant même de leur avoir serré la main !

Bien vous comporter à un repas d'affaires

En moyenne, les Asiatiques consacrent plus de temps aux activités professionnelles que les Français, ce qui signifie que les dîners après les heures de bureau font souvent partie de la journée de travail type. Par conséquent, si vous devez rencontrer un client asiatique pour affaires, attendez-vous à ce qu'il vous emmène dîner et n'oubliez pas de lui rendre l'invitation avant de repartir.

Faire des cadeaux entièrement gratuits

Si des taxes ou des droits de douane sont appliqués sur les marchandises à leur entrée sur le territoire dans lequel vous traitez, acquittez-vous-en afin que le cadeau que vous envoyez soit réellement gratuit.

Pour connaître la législation douanière et fiscale du pays, renseignez-vous auprès du consulat le plus proche. Vous avez aussi la possibilité de commander votre cadeau auprès d'un grand fournisseur du pays en question.

Dans certaines cultures, il est tout à fait acceptable d'éructer, de faire du bruit en buvant et même de boire dans le verre d'une autre personne au cours d'un repas. Dans d'autres, pas du tout. Lors d'un voyage d'affaires dans un pays étranger, vous n'êtes pas obligé(e) d'adopter des comportements qui vous embarrassent, mais vous devez au moins en connaître l'existence afin de ne pas paraître choqué. Identifiez en priorité les comportements considérés comme impolis et évitez-les à tout prix lors des repas.

Assurez-vous de connaître les habitudes alimentaires de votre prospect. Lorsque vous l'invitez pour un repas d'affaires, vérifiez que le restaurant où vous l'emmenez lui convient. Prenez également en compte les pratiques culturelles ou religieuses que cette personne pourrait observer. Il se peut par exemple que vous deviez réserver quelques instants à la bénédiction du repas ou laisser votre prospect manger très lentement et prendre de nombreux plats.

Dans n'importe quel pays, le savoir-vivre consiste à se comporter de telle façon que tout le monde se sente à l'aise. Comme le dit le proverbe : « À Rome, il faut vivre comme les Romains. » Et lorsque vous invitez des clients dans votre pays, faites tout votre possible pour qu'ils se sentent comme chez eux.

Apaiser les craintes de vos clients

La peur, sous toutes ses formes, est le principal obstacle que vous rencontrerez lorsque vous tenterez de convaincre des clients potentiels. La tâche la plus difficile consiste à aider les prospects à reconnaître leurs peurs et à les surmonter pour que vous puissiez établir des relations d'affaires avec eux. La peur est la raison pour laquelle vous vous heurtez fréquemment à un mur de résistance. Si vous souhaitez vous engager sur le chemin du succès, vous devez apprendre à franchir ce mur.

Il existe huit appréhensions courantes. Votre rôle sera d'aider vos prospects à les surmonter. Une fois que vous aurez compris que ces craintes vous empêchent de servir au mieux les intérêts de vos clients, vous serez en mesure d'abattre le mur de résistance auquel vous vous heurtez. Ce processus prendra du temps, mais il vous permettra de gagner la confiance de vos clients potentiels

Votre objectif est de séduire vos prospects et de gagner leur confiance. Vous y parviendrez en vous montrant chaleureux et faisant preuve d'empathie.

La peur des vendeurs

Au départ, votre prospect aura peur de vous. Pourquoi ? Parce que vous êtes vendeur et que vous voulez obtenir quelque chose de lui. De plus, ce que vous voulez nécessite de la part du prospect une certaine dose de changement et, comme vous le savez, la plupart des gens craignent le changement, au moins jusqu'à un certain degré. Même lorsque vous faites une proposition commerciale à une personne que vous connaissez (un ami ou même un membre de votre famille), certaines peurs surgissent inévitablement lorsque c'est le vendeur professionnel qui parle. Si vous proposez vos produits ou vos services à vos parents ou à vos grands-parents, la situation sera sans doute différente simplement parce que ceux-ci ont confiance en vous quoi qu'il arrive. Ils voient d'abord en vous vos qualités personnelles et non votre rôle professionnel.

En tant que vendeur, lorsque vous rencontrez une personne qui, comme la majorité des gens, essaie désespérément de ne pas lâcher l'argent qu'elle a durement gagné, vous pouvez en déduire sans trop vous avancer qu'elle éprouve une certaine appréhension. Admettez-le : rares sont les personnes de plus de 20 ans qui passent leur temps à essayer de dépenser leur argent. Elles ne s'en séparent que pour acheter des produits ou bénéficier de services qui leur paraissent indispensables. Votre rôle est de les aider à se rendre compte qu'elles ont besoin de votre produit, de sorte qu'elles aient peur de ce qui pourrait se passer si elles ne vous laissaient pas les aider.

La plupart des gens, lorsque vous les rencontrez pour la première fois, manifestent leur peur à travers leur langage corporel. Ils croisent leurs bras ou se penchent en arrière dans leur fauteuil. Dans un magasin, il se peut qu'ils reculent au moment où vous vous approchez d'eux. Une stratégie possible consiste à les inviter cordialement à rester près de vous pendant que vous leur décrivez les avantages de votre produit. De cette façon, vous étudiez la situation ensemble. Encouragez-les à toucher le produit, à appuyer sur des boutons, à allumer des voyants, etc. Au fur et à mesure qu'ils s'intéressent, leur crainte se dissipe. Après tout, c'est grâce à vous s'ils passent du bon temps avec le produit que vous leur avez fait découvrir !

La peur de l'échec

La peur de l'échec est une appréhension que vous remarquerez certainement chez vos clients dans la mesure où elle est extrêmement fréquente. Pourquoi ? Parce que tout le monde commet des erreurs et nourrit des regrets. Que nous nous soyons trompés dans la teinte de notre shampooing colorant ou que nous ayons acheté le mauvais vélo, nous connaissons tous la déception qui résulte d'un mauvais choix. Quelque part au fond de nous, nous ressentons une certaine appréhension, pas nécessairement à cause de notre mauvaise décision, mais parce que dans notre esprit cette erreur est associée à un vendeur.

Aucun vendeur n'a intérêt à conclure une transaction qui risque de ne pas donner entière satisfaction au client. Croyez-moi, la commission que vous vous faites sur la vente n'en vaut pas la peine. Vous devez toujours identifier correctement les besoins du client. Et si vous êtes convaincu(e) que l'acquisition de votre produit est dans son intérêt, il est alors de votre devoir de spécialiste de le convaincre que la décision d'achat est la bonne. Prenez le temps de répondre à toutes ses préoccupations et laissez-lui le temps de prendre une décision dont il sera satisfait.

Vous devez vendre en fonction des besoins du client, pas des vôtres.

La peur de devoir de l'argent

Les prospects éprouvent également une peur immense à l'idée de devoir beaucoup d'argent – à vous, à votre société ou à une société de crédit à la consommation. Le prix que vous demandez constitue presque toujours un point de litige avec vos clients potentiels – pas simplement parce que ceux-ci sont opiniâtres mais parce qu'ils ont peur de devoir trop d'argent.

La plupart des gens n'essaient pas de négocier le prix lorsqu'ils ont affaire à une société mais, étant donné que vous êtes un vendeur, les clients ne vous perçoivent pas comme une institution. Vous ne ressemblez pas à un immeuble austère en béton. Vous êtes une personne chaleureuse, humaine. Et c'est pour cette raison que les clients tenteront souvent de négocier avec vous. Selon leurs aptitudes pour la négociation, attendez-vous à ce qu'ils essaient l'une ou l'autre des stratégies suivantes :

- ✔ **Ils préfèrent remettre leur décision à plus tard, ce qui vous oblige à les faire parler.** Vous découvrirez comment réagir dans cette situation au chapitre 9.

- ✔ **Ils vous annoncent de but en blanc que le prix les préoccupe.** Dans ce cas, vous devez les convaincre de la valeur du produit ou du service que vous proposez.

- ✔ **Ils expriment de façon détournée ce qui les gêne.** Par exemple, un client peut avancer l'argument suivant : « Je suis en contact avec une autre société qui demande beaucoup moins pour ce genre de produit. »

Si un client émet des réserves au sujet du prix de votre produit ou de votre service, voici ce que vous pouvez lui répondre :

> « Vous savez, au fil des années, j'ai appris que les gens dépensent leur argent à trois conditions. Ils veulent la meilleure qualité, le meilleur service et, bien entendu, le prix le plus bas. J'ai également appris qu'aucune entreprise n'est capable de remplir ces trois conditions en même temps. Alors la question que vous devez vous poser est la suivante : pour votre satisfaction sur le long terme, auquel de ces trois éléments seriez-vous prêt à renoncer ? À la qualité ? Au service ? Ou au prix ? »

La majorité des prospects vous répondront que la qualité et le service sont les deux facteurs auxquels ils accordent le plus d'importance, ce qui vous permettra de vaincre leurs réticences au sujet du prix. Vous devrez ensuite leur dire une nouvelle fois tout ce que vous ferez pour eux. Insistez sur la valeur du produit que vous proposez.

Si vous vous trouvez face à face à un client dont le principal souci est réellement de dénicher le prix le plus bas et si vous ne pouvez pas lui offrir ce qu'il recherche, il ne vous restera probablement qu'à tirer votre révérence. Faites-le avec dignité et restez en contact avec lui. La qualité du produit qu'il aura acquis sera conforme au prix payé et il finira par se rendre compte qu'il est dans son intérêt de débourser davantage d'argent pour bénéficier d'un produit ou d'un service de qualité tel que celui que vous proposez.

La peur d'être dupé

Les clients ont également peur qu'on leur mente. En règle générale, ceux qui craignent d'être dupés mettront en doute tout ce que vous pourrez leur dire au sujet de votre offre commerciale et de ses avantages.

Lorsque vous vous trouvez face à un client de ce type, vous devez lui fournir les preuves de ce que vous avancez. Sortez par exemple la liste de tous vos clients satisfaits pour le rassurer. Si vous débutez et n'avez pas ce genre d'argument à faire valoir, dites à votre prospect que vous avez mis un point d'honneur à choisir sa société parce qu'elle jouit d'une excellente réputation. Vous pouvez aussi vous appuyer sur l'intégrité et les références de vos collègues. Pour certains produits, il existe un vendeur (vous), mais aussi un conseiller technique dont le rôle est de vérifier les détails techniques liés à la fabrication ou à l'installation du produit, l'installateur lui-même et l'équipe du service après-vente.

Vous n'avez *aucune* raison valable de mentir à un client. Si vous êtes honnête avec vos clients et leur dites toujours la vérité, même lorsqu'elle n'est pas bonne à dire, ils vous respecteront et vous accorderont le bénéfice du doute. L'honnêteté et l'intégrité sont des qualités essentielles.

La peur de l'embarras

De nombreuses personnes ont peur de se retrouver dans une situation embarrassante en raison d'une mauvaise décision. Ne vous est-il jamais arrivé de prendre une décision malheureuse et de surcroît suffisamment importante pour que tous vos proches soient au courant (et ne cessent de vous en parler) ? Peut-être voulaient-ils simplement vous mettre en boîte. Il n'empêche que vous vous êtes senti(e) embarrassé(e) et humilié(e). Les mauvais choix nous donnent l'impression de retomber en enfance – nous manquons d'assurance et nous nous sentons impuissants. Beaucoup de clients potentiels hésitent pour cette raison.

Si vous avez affaire à plusieurs personnes ayant toutes un pouvoir de décision (un couple ou des associés, par exemple), il est fort probable qu'aucune d'elles ne voudra courir le risque de se sentir gênée devant les autres. Elles ont peut-être eu des désaccords par le passé et ne souhaitent pas revivre ce genre de situation désagréable.

Sachant que cette appréhension peut vous empêcher de conclure une vente, vous devez faire le maximum pour tranquilliser vos clients. Expliquez-leur que vous n'avez pas les pleins pouvoirs – vous ne faites qu'agir pour leur compte en fournissant un produit ou un service dont ils ont besoin.

La peur de l'inconnu

La peur de l'inconnu est une autre forme d'appréhension couramment observée chez les acheteurs. Si la société que vous prospectez ne comprend pas bien ce que peut lui apporter votre produit ou votre service, elle a de bonnes raisons de repousser sa décision. Si votre société est connue à l'échelle nationale, le client sera moins inquiet. Mais si vous travaillez pour une société locale, je vous conseille d'unir vos forces à celles du reste de l'équipe de vente. Au fil des années, votre société acquerra une bonne réputation, ce qui vous permettra de gagner énormément de temps lors des négociations.

Les anciens enseignants (tout du moins ceux qui sont de bons péda-gogues) font souvent les meilleurs vendeurs. En effet, la vente consiste à expliquer aux gens l'intérêt qu'ils ont à devenir vos clients. Si vous parvenez à leur faire surmonter leur peur de l'inconnu, ils se diront qu'ils ont eu raison de faire des affaires avec vous.

Prenez tout le temps nécessaire pour expliquer l'utilité et les avan-tages de votre produit lorsque vous êtes en relation avec un client qui ne connaît pas du tout votre offre – et a peur de l'inconnu.

La peur de réitérer les erreurs du passé

Lorsque des clients ont connu des mésaventures par le passé, ils craignent que celles-ci ne se renouvellent. S'ils ont déjà utilisé des produits semblables à ceux que vous proposez, demandez-leur ce qu'ils en ont pensé. S'ils hésitent à vous répondre, ils n'en gardent probablement pas un bon souvenir et vous devrez faire face à davantage d'appréhension que s'ils n'avaient jamais utilisé un pro-duit comme le vôtre.

Proposez à votre prospect de tester un exemplaire de démonstra-tion ou de prendre le produit à l'essai. Donnez-lui également le nom de clients satisfaits qui pourront témoigner de la qualité de votre offre commerciale (demandez d'abord à ces clients s'ils acceptent d'être contactés par vos prospects).

La peur générée par les autres

Votre prospect peut ressentir une peur qui lui a été transmise par son entourage. Par exemple, une personne qu'il admire ou qu'il respecte lui a peut-être donné des informations négatives sur votre société, sur votre type de produit ou même sur un de vos collègues. Quoi qu'il en soit, cette tierce personne fera obstacle entre vous et votre prospect jusqu'à ce que vous parveniez à convaincre celui-ci que vous pouvez l'aider davantage que cette personne dans la mesure où c'est vous le spécialiste. Vous devrez faire beaucoup d'efforts pour obtenir la confiance du prospect. Si nécessaire, assurez-vous le concours de clients satisfaits qui seront à même de le renseigner.

Bien choisir vos mots

Lors de votre premier contact avec un client potentiel, vous utili-sez des mots qui ont une certaine résonance. Chaque mot que vous prononcez crée une image dans l'esprit de votre interlocu-teur. Vous devez donc être attentif à votre langage.

Chaque mot fait naître dans notre esprit un symbole ou une image. Par ailleurs, chaque symbole est lié à des émotions particulières. Les mots – par exemple, printemps, été, automne et hiver – peuvent donc susciter des émotions positives ou négatives. Si vous aimez le jardinage, l'air tiède du printemps évoque pour vous la floraison, la préparation du sol en vue des futures plantations, etc. En revanche, si vous êtes allergique au pollen, l'image mentale que vous associez au mot printemps est d'une tout autre nature.

Il en va de même avec les mots que vous employez lors de vos rendez-vous d'affaires. Mais vous ne savez pas à l'avance quels mots concernant votre produit, votre société ou vous-même susciteront des émotions positives chez vos clients. C'est pourquoi vous devez être très attentif aux termes que vous utilisez.

Utiliser des termes positifs

De nombreux termes couramment employés dans la vente et les situations commerciales peuvent faire naître des images négatives ou des craintes chez vos clients. D'après l'expérience de milliers de professionnels, il est essentiel de remplacer ces termes par d'autres plus positifs et rassurants (voir Tableau 4-1).

Tableau 4-1 Termes à éliminer de votre vocabulaire commercial

Au lieu de...	Employez...
Vendre	Susciter l'intérêt ou aider à acquérir
Contrat	Document, accord ou formulaire
Coût ou prix	Investissement ou montant
Acompte	Investissement initial ou montant initial
Paiement mensuel	Investissement mensuel ou montant mensuel
Acheter	Posséder
Affaire	Occasion ou transaction
Objection	Préoccupation
Difficulté	Défi
Vanter	Présenter ou montrer
Commission	Honoraires
Rendez-vous	Visite (comme dans « rendre visite »)
Signer	Approuver, autoriser, adhérer ou donner son accord

Le premier terme à supprimer de votre vocabulaire est le verbe *vendre* sous toutes ses formes. Beaucoup de vendeurs annoncent à leurs prospects le nombre d'exemplaires de leur produit qu'ils ont *vendus*. Quelle image mentale ce terme évoque-t-il ? Personne n'aime l'idée qu'on lui vende quelque chose. Dans l'esprit des prospects, ce verbe est associé à des stratégies commerciales oppressantes qui les rebutent. Il leur donne l'impression d'une négociation unilatérale au cours de laquelle le client n'a pas son mot à dire. Alors quels termes utiliser à la place de *vendre* ? Vous pouvez par exemple dire à vos prospects que vous avez *aidé des clients à acquérir* vos produits ou que vous *avez suscité leur intérêt* pour vos produits – en résumé, préférez des formules qui donnent l'impression d'une relation équitable entre un vendeur serviable et un client actif.

Le terme *contrat* est aussi couramment employé dans le milieu des affaires. Pour la plupart des clients, il évoque des images négatives – des situations contre lesquelles leurs parents les ont un jour mis en garde. Les contrats représentent des documents légaux faisant naître des obligations dont il est difficile de se défaire. En effet, où doit-on aller pour faire annuler un contrat ? Au tribunal, et cette perspective n'est guère réjouissante. C'est pourquoi je vous conseille de ne pas parler de contrat à moins que vous n'y soyez obligé(e). Employez plutôt les termes *document, accord* ou *formulaire*.

Que dire des termes *coût* et *prix* ? Lorsque les clients les entendent, ils imaginent l'argent gagné à la sueur de leur front quitter leurs poches. Mieux vaut donc utiliser les termes *investissement* ou *montant*. Le terme *investissement* crée une image rassurante, celle de la rentabilité de l'argent investi. S'il ne convient pas au produit que vous vendez, préférez-lui le terme *montant* – que la plupart des consommateurs trouvent moins inquiétant que *coût* ou *prix*.

Le même concept se cache derrière les termes *acompte* et *paiement mensuel*. La plupart des clients voient l'*acompte* comme une grosse somme d'argent dépensée à titre de versement initial, qui les engage, ensuite, à régler de nombreux *paiements mensuels* pendant une éternité ou tout du moins pendant plusieurs mois ou même quelques années. Ils s'imaginent déjà en train de faire un chèque tous les mois, ce qui est loin d'être une pensée agréable. Parlez plutôt de *montant initial* ou d'*investissement initial* et de *montant mensuel* ou d'*investissement mensuel*. Pour persuader un client de se séparer de son argent, il est indispensable de savoir utiliser ces termes correctement.

Le verbe *acheter* évoque lui aussi l'argent durement gagné en train de se volatiliser. Préférez le verbe *posséder*, associé à des images positives. Les clients imaginent ce qu'ils posséderont, l'endroit où ils installeront le produit, la fierté qu'ils éprouveront lorsqu'ils montreront leur dernière acquisition à leur entourage, etc.

Le terme *affaire* est largement galvaudé dans le milieu de la vente. Il fait penser à quelque chose que l'on a toujours voulu, mais que l'on n'a jamais trouvé. Un bon vendeur ne propose jamais une *affaire* à ses clients. Il leur fait profiter d'une occasion ou les fait participer à une transaction.

Les clients ne formulent pas des *objections* par rapport à votre offre commerciale, ils expriment plutôt des préoccupations. Un bon vendeur ne rencontre jamais de *difficultés* dans le cadre de son activité. En revanche, de temps à autre, il est confronté à des *défis*. Il ne *vante* jamais son produit, il le *présente* ou *montre* comment il fonctionne.

En tant que spécialiste du produit ou du service que vous proposez, vous ne touchez pas de *commissions*. Vous percevez des *honoraires* en échange des services que vous rendez. Si un client vous demande un jour à combien s'élève la *commission* que vous touchez sur une vente, essayez d'élever le niveau de la conversation de la manière suivante :

« Madame Robert, j'ai la chance que la société qui m'emploie ait prévu de me verser des honoraires pour le service que je rends lors de chaque transaction. C'est de cette façon qu'elle me rémunère pour le service de qualité que je fournis à chacun de mes clients et c'est bien ce que vous recherchez, n'est-ce pas ? »

Le terme *rendez-vous* peut aussi se révéler inquiétant. Dans le cadre d'une relation d'affaires entre professionnels, ce n'est pas vraiment le cas, mais un particulier risque d'avoir l'impression que le rendez-vous viendra chambouler son programme même s'il n'a encore rien de prévu à la date et à l'heure que vous proposez. Afin qu'il ne compare votre rencontre à un rendez-vous chez le médecin ou le dentiste, employez le terme *visite*, qui est beaucoup plus agréable :

« J'aimerais pouvoir vous rendre visite. Quel jour vous conviendrait le mieux, mercredi soir ou jeudi après-midi ? »

Mieux encore, proposez à votre interlocuteur de « passer lui rendre visite ». Il pensera que vous n'avez l'intention que de passer en coup de vent et que vous ne resterez pas très longtemps.

Dans le monde des affaires, ce genre de formulation peut véhiculer l'image d'une rencontre brève au cours de laquelle on échange des informations dans un couloir sans qu'il soit nécessaire de s'asseoir autour d'une table de conférence.

Le dernier terme, mais certainement pas le moins important, qu'il est indispensable d'abandonner est le verbe *signer*. Si vous ne deviez supprimer qu'un seul terme de votre vocabulaire commercial, ce serait celui-ci. Ne demandez plus jamais à un client de *signer* un accord, un formulaire ou un document – il deviendrait méfiant. Pour savoir ce qu'il signe, il se mettrait à parcourir les pages du document à la recherche de clauses imprimées en petits caractères. Depuis sa plus tendre enfance, on ne cesse de lui répéter qu'il ne faut jamais *signer* quoi que ce soit à la va-vite. Alors pourquoi voudriez-vous mettre dans l'embarras un client que vous souhaitez simplement intéresser à votre produit ou à votre service ? Au lieu de lui demander de signer, demandez-lui plutôt s'il est prêt à *approuver*, à *autoriser*, à *adhérer* ou à *donner son accord*. Tous ces verbes véhiculent les images positives que vous souhaitez faire naître dans l'esprit de vos clients.

Pourquoi demander une signature quand on peut avoir un autographe ?

Je connais un homme qui aide les gens à faire l'acquisition de camping-cars. Il sait qu'un camping-car représente un gros investissement. Alors, lorsque le moment de vérité arrive, il présente le formulaire à ses clients et leur dit : « Christophe et Nathalie, votre moment de gloire est arrivé, puis-je avoir un autographe ? » Et tout en prononçant ces mots le sourire aux lèvres, il leur tend un stylo. Plutôt sympa, non ?

Vous concentrer sur des détails qui a priori n'ont pas énormément d'importance peut vous sembler stupide, mais ce sont ces petits détails qui peuvent faire toute la différence. Le langage est l'unique outil du vendeur – point à la ligne. Le vendeur qui manie les mots dans l'intérêt de ses clients est un vendeur qui vend encore et encore. Les termes que vous employez ne sont absolument pas insignifiants. Ils sont l'essence même de votre métier. Par conséquent, lorsque vous rédigez et travaillez votre présentation, relisez-la et vérifiez que les termes que vous avez choisis mettent en avant les aspects qui intéressent le client. Après tout, dans ce métier, il s'agit avant tout de répondre aux besoins des clients – et le message que vous transmettez est le seul moyen dont vous disposez pour que ce soit vous, et non vos concurrents, qui ayez la possibilité de les satisfaire.

Employer uniquement le jargon que vos clients connaissent

Les différents jargons et les terminologies spécifiques ne cessent de se développer. Le *jargon* est l'ensemble des termes et des locutions propres à un domaine d'activité. Si vous vendez du matériel médical à des médecins, vous devez connaître le jargon médical utilisé par les professionnels et ne pas hésiter à l'employer. En revanche, si le matériel médical que vous vendez s'adresse au grand public, limitez au strict minimum le vocabulaire technique que vous employez tant que vous n'êtes pas en mesure d'évaluer les connaissances médicales de vos prospects. Évitez à tout prix de vous aliéner vos clients en utilisant des acronymes et des termes qu'ils ne connaissent pas. *Souvenez-vous* : votre objectif est de valoriser vos clients – et il est difficile de se sentir important lorsqu'on a l'impression de ne pas être très intelligent.

Si votre offre commerciale est en rapport avec Internet, c'est à vous de savoir dans quelles situations vous devez utiliser ou non le vocabulaire spécifique de ce domaine. Même si vous pensez qu'aujourd'hui tout le monde sait ce qu'est Internet, il est toujours plus sage de s'en tenir au plus petit dénominateur commun qui existe entre vous et vos clients potentiels. De cette façon, vous ne submergerez pas vos prospects de termes et d'acronymes qu'ils connaissent mal et éviterez de les embrouiller.

Une personne n'est capable d'assimiler rapidement les informations qu'elle reçoit que si elle en comprend le sens. Si vous parlez à Monsieur Tout-le-monde de bits et d'octets alors qu'il ne comprend pas la notion que recouvrent ces termes, il va chercher en vain à mettre une image sur ce que vous lui dites. La plupart des gens ne vous interrompront pas pour vous demander des explications car ils auront peur de montrer leurs lacunes et de se sentir gênés. D'autres saisiront peut-être confusément vos propos, mais auront du mal à vous suivre et passeront à côté des informations clés que vous leur fournirez. En résumé, vous les aurez perdus. En général, les clients que vous perdez sont récupérés par des vendeurs qui savent vulgariser leur discours.

Un bon vendeur sait prendre le temps de se mettre à la portée de ses clients.

Développer votre vocabulaire pour exceller dans la vente

Pour rendre votre présentation remarquable et mémorable, vous disposez de tout un éventail de mots pour véhiculer votre message. Les mots que vous employez sont le reflet de la personne que vous êtes. Vous devez analyser en profondeur les choix que vous faites.

Développer votre vocabulaire consiste à prendre le temps d'établir une liste de termes et d'expressions spécifiques de votre domaine qui soient à la fois convaincants et faciles à comprendre. Testez ensuite les locutions que vous avez retenues avec un ami ou un membre de votre famille – une personne qui ne soit pas un prospect qualifié. Si cette personne ne les comprend pas clairement, préparez des définitions dans un langage accessible à des non spécialistes. La première fois que vous employez un terme de votre jargon avec un nouveau client, apprêtez-vous à lui en donner la définition si nécessaire, en particulier si ce terme est susceptible de revenir fréquemment au cours de la discussion.

Vous devez trouver le juste milieu entre parler le langage de vos clients et familiariser ceux-ci avec les termes qu'ils devront connaître s'ils décident d'utiliser votre produit. Le secret est de n'avoir aucune idée préconçue au sujet des connaissances terminologiques de vos clients – et d'être prêt à expliquer tous les termes qu'ils ne comprennent pas.

Étudiez les deux exemples suivants. Remarquez les différences de langage qui existent entre les deux vendeurs. Même si vous ne pouvez pas voir ces deux personnes, concentrez-vous un instant sur l'idée que vous vous faites d'elles et de leurs techniques de vente.

Voici la situation : depuis deux mois, le gérant de la société Soins Capillaires (SC) tente de convaincre M. Leblond, directeur d'une grande chaîne de salons de coiffure. Les salons de M. Leblond proposent à la vente les produits de l'un des concurrents de SC, mais les dirigeants de la chaîne ont accepté de rencontrer l'un des commerciaux de cette société. Le gérant décide alors de convoquer les commerciaux auxquels il songe pour cette mission. Celui ou celle qui parviendra à le convaincre qu'il ou elle est la bonne personne pour représenter la société SC sera récompensé(e) par une augmentation de salaire significative. D'après vous, quelle est la bonne personne ?

LE GÉRANT : – Maintenant que vous savez ce que l'on attend de vous, dites-moi comment vous présenteriez nos produits ?

GÉRARD : – J'aimerais simplement avoir la possibilité de dire à M. Leblond que nos produits sont nettement supérieurs à ceux qu'il utilise actuellement. J'irais le voir dès demain matin. Je sais que je peux le convaincre de renoncer à la gamme de produits qu'il utilise pour la nôtre.

LE GÉRANT : – Et ensuite, que feriez-vous ?

GÉRARD : – Eh bien, après avoir recueilli toutes les informations nécessaires, j'expliquerais à M. Leblond ce que nous pouvons faire pour lui et j'essaierais de le mettre de mon côté avant de présenter les produits à son équipe pour qu'il puisse m'aider à convaincre les coiffeurs.

LE GÉRANT : – Je serais curieux de savoir comment vous vous y prendriez, Gérard.

GÉRARD : – En fait, je suppose que je lui expliquerais qu'il peut économiser beaucoup d'argent et en gagner encore plus en vendant nos produits.

La personne qui s'entretient maintenant avec le gérant de SC et espère être retenue s'appelle Isabelle :

LE GÉRANT : – Maintenant que vous savez ce que l'on attend de vous, dites-moi comment vous présenteriez nos produits ?

ISABELLE : – La première étape consisterait, je crois, à prendre contact avec M. Leblond et à demander à le rencontrer à sa convenance. Ensuite, avec votre approbation, j'examinerais vos dossiers sur le salon afin d'être prête pour la présentation de nos produits.

LE GÉRANT : – Et ensuite, que feriez-vous ?

ISABELLE : – Je demanderai à M. Leblond de me faire visiter ses salons. Je chercherai à connaître les besoins de M. Leblond, les besoins de ses coiffeurs et ceux de sa clientèle. Ensuite, je donnerai à M. Leblond l'occasion d'utiliser les produits Soins Capillaires et lui demanderai la permission de les présenter à son équipe de coiffeurs.

LE GÉRANT : – Je serais curieux de savoir comment vous vous y prendriez, Isabelle.

ISABELLE : – Bien qu'il soit important de prendre en considération les avantages que nous pouvons lui apporter sur le plan financier, j'encouragerai M. Leblond à examiner les effets bénéfiques des produits Soins Capillaires sur la santé des cheveux. M. Leblond aura des clients plus satisfaits, car leurs cheveux seront plus beaux, et il réalisera, par conséquent, davantage de bénéfices. Pensez-vous qu'il soit possible que j'emmène avec moi quelques-uns de nos modèles pour la présentation ?

Ces deux entretiens ont permis au gérant de se faire une idée précise sur la capacité de chacune de ces deux personnes à mener à bien les discussions avec M. Leblond. Qui selon vous sera choisi pour représenter la société SC ? Isabelle, bien sûr. En effet, elle respire l'enthousiasme et la tranquillité et fait preuve de beaucoup de sérieux dans ses réponses. Mais c'est le fait qu'elle emploie le futur qui fera réellement pencher la balance en sa faveur. Isabelle s'exprime comme si elle était certaine d'être choisie alors que Gérard est beaucoup plus approximatif dans ses réponses et semble être moins confiant que sa collègue, comme en atteste son emploi du *conditionnel*. La différence n'est peut-être pas évidente, mais elle a son importance. Et il ne faudra pas longtemps au gérant pour qu'il se décide à envoyer Isabelle et les modèles de la société rencontrer M. Leblond.

Isabelle est une commerciale dont les compétences sont *supérieures à la moyenne* et qui fait preuve d'une solide maîtrise du langage. Elle sait faire naître dans l'esprit de son interlocuteur une image positive à chaque mot qu'elle prononce. Voici en revanche les termes que pourrait employer un vendeur *moyen*. Réfléchissez à ce qu'ils représentent pour vous.

> VENDEUR : – Tous les enfants de votre quartier vont adorer jouer dans votre nouvelle piscine.
>
> PROSPECT : – J'aurai sûrement du mal à en faire sortir mes enfants, alors.
>
> VENDEUR : – Quand devons-nous commencer à creuser ? Préférez-vous samedi ou lundi prochain ?

Qu'est-ce qui ne va pas dans ce dialogue entre le vendeur et le prospect ? Quelle image vous viendrait à l'esprit si l'on vous disait que « tous les enfants du quartier vont adorer jouer dans votre nouvelle piscine » ? Vous imaginez sûrement des tas d'enfants en train de sauter, de s'éclabousser, de courir dans tous les sens et de crier à tue-tête. Pas terrible comme tableau, non ?

Réfléchissez aux images que véhiculent vos paroles. Quelques mots malheureux suffisent à réduire tous vos efforts à néant. Dans l'exemple ci-dessus, le vendeur aurait mieux fait de dire quelque chose comme : « La plupart de nos clients nous disent à quel point ils apprécient les moments de détente qu'ils passent en famille dans leur nouvelle piscine. » L'image créée dans l'esprit du prospect est beaucoup plus agréable et les paroles du vendeur peuvent être interprétées de multiples façons. Ainsi, en fonction de ce qu'il préfère, le prospect peut aussi bien imaginer une bande de gamins en train de jouer dans sa piscine que se représenter une ambiance plus détendue.

Dans l'exemple, les phrases : « Quand devons-nous commencer à creuser ? Préférez-vous samedi ou lundi prochain ? » véhiculent des images négatives. En entendant le mot creuser, le prospect peut imaginer avec effroi un gros engin en train de massacrer son jardin.

Le vendeur aurait plutôt intérêt à dire quelque chose dans ce style :

« Certaines personnes préfèrent être présentes pour le lancement des travaux de construction de leur piscine. D'autres préfèrent qu'on les informe simplement de la date à laquelle la piscine sera prête. Nous pouvons entamer les travaux samedi ou lundi prochain. Quel jour vous conviendrait le mieux ? »

Vos paroles peuvent, sans même que vous vous en rendiez compte, vous faire gagner ou vous faire perdre une vente. Dans la majorité des cas, si vous demandez à un client pourquoi il n'a pas acheté votre produit, il est fort probable qu'il ne pourra pas vous donner une raison précise. Simplement, son intuition lui dictait de ne pas l'acheter.

Les mots créent des images qui à leur tour évoquent des émotions. C'est pourquoi vous devez dès aujourd'hui commencer à prêter attention non seulement à vos prospects, mais également à l'impact qu'ont sur eux les mots que vous employez.

Savoir écouter vos clients

Nous avons tous une bouche et deux oreilles. Pour convaincre vos interlocuteurs, vous devez apprendre à vous servir de ces outils en respectant les proportions : écoutez deux fois plus que vous ne parlez et vous réussirez à convaincre les autres. Lorsqu'il n'y a quasiment que vous qui parlez, voici ce qui se passe :

- ✔ Vous n'apprenez rien sur vos clients ou sur leurs besoins.

- ✔ Vous n'entendez pas leurs préoccupations.

- ✔ Vous soulevez peut-être des questions qui ne constituaient pas au départ des sujets de préoccupation pour eux.

- ✔ Vous détournez leur attention de votre offre commerciale.

- ✔ Vous leur donnez un plus grand nombre de raisons de ne pas être d'accord avec vous, de se méfier de ce que vous affirmez ou les deux.

- ✔ Vous leur volez la vedette.

- ✔ Vous n'êtes pas capable d'anticiper leurs réactions.

✔ Vous n'êtes pas capable de mener la conversation.

✔ Vous n'êtes pas capable de prouver à vos clients que la meilleure décision pour eux est celle que vous leur proposez.

Pour développer vos qualités d'écoute, effectuez ces deux exercices simples :

✔ **Observez un vendeur à l'œuvre avec ses clients**. Prêtez attention à l'impact qu'ont ses mots. Tout en l'écoutant, posez-vous les questions suivantes :

• Les mots qu'il emploie vous font-ils penser à des choses positives ou négatives ?

• Ses paroles sont-elles susceptibles d'amener le prospect à formuler de nouvelles objections au sujet du produit ou du service ?

• Tous les mots qu'il emploie sont-ils nécessaires ?

• Pose-t-il des questions, puis écoute-t-il attentivement les réponses du prospect ?

• Passe-t-il à l'étape suivante en posant de nouvelles questions ou s'écarte-t-il de son sujet en donnant des informations qui n'intéressent pas le client ?

✔ **Enregistrez-vous en train de parler à un client**. Vous serez peut-être surpris(e) de constater que vous pouvez supprimer pas mal de bla-bla. Afin de repérer les phrases que vous pouvez retirer de votre discours, posez-vous les questions suivantes :

• Quelle est la pertinence des questions que je pose ?

• Est-ce que je pose des questions dans le but d'obtenir des informations et de passer à l'étape suivante de ma présentation ou est-ce que je pose des questions pour combler le vide ? (Les questions n'ont pas grand intérêt sauf si les réponses que l'on vous donne vous permettent d'obtenir les renseignements dont vous avez besoin pour servir au mieux les intérêts du client et progresser dans les négociations.).

Écoutez vos interlocuteurs et écoutez-vous plus attentivement que vous ne le faites dans la vie de tous les jours. En apprenant à développer une écoute de qualité, vous obtiendrez de meilleurs résultats.

Chapitre 4

Connaître votre produit

Dans ce chapitre :

▶ Vous procurer les statistiques essentielles concernant votre produit

▶ Dialoguer avec des collègues pour découvrir comment ils vendent le produit

▶ Être prêt à répondre à toutes les questions qui vous seront posées

*L*es bonnes techniques de vente sont transférables. Autrement dit, une fois que vous les maîtrisez, vous pouvez vendre n'importe quel produit à condition bien sûr de bien le connaître. La connaissance du produit représente tout un côté du triangle de la vente décrit dans le chapitre 1 ou, si vous préférez, un tiers de ce que vous devez savoir pour être un bon vendeur.

Dans ce chapitre, vous allez apprendre à développer votre connaissance du produit pour être prêt à répondre à la majorité des questions que vos prospects vous poseront. Cet effort de documentation portera ses fruits lorsque vous mettrez en œuvre vos stratégies de vente.

Ce que vous devez savoir

Que devez-vous absolument savoir sur un produit pour pouvoir le vendre ? Certaines données s'imposent :

✔ **Le nom du produit.** Vous devez connaître le nom et le modèle du produit, ainsi que sa référence. Ainsi, si vos clients y font allusion à l'aide d'un code, vous saurez exactement de quoi ils parlent. Vous devez également savoir précisément à quoi sert le produit dans la mesure où vous rencontrerez certainement des clients qui en parleront dans des termes confus : « Vous savez, cet aspirateur qui enlève les peluches. Enfin, je crois que c'est ce que la pub dit. »

✔ **Le modèle ou la version du produit**. Un grand nombre de prospects voudront la dernière version du produit.

✔ **Les améliorations apportées par rapport au modèle précédent ou à la version précédente**. Vous devez être en mesure de citer les nouvelles fonctions ou les nouvelles options du produit et leurs avantages pour le client.

✔ **La vitesse, la puissance ou la précision du produit**. Vous devez pouvoir dire à vos clients ce que votre produit vaut par rapport à ceux de la concurrence. Il est préférable que vous puissiez vous appuyer sur les résultats d'une étude comparative effectuée par un institut de recherches indépendant. Si aucune étude n'est disponible, essayez au moins de recueillir les témoignages de clients satisfaits attestant de la supériorité de votre produit.

✔ **Le fonctionnement du produit**. Il n'y a rien de pire que d'essayer de faire fonctionner un produit devant un client et de ne pas y parvenir. Lors de votre démonstration du produit, vous devez donner l'impression que vous vous en servez tous les jours.

✔ **Les couleurs dans lesquelles le produit est disponible**. Si vous pouvez indiquer les couleurs dans lesquelles le produit est disponible, vos clients seront en mesure de déterminer dès le départ si celui-ci répond bien à leurs besoins.

✔ **Le niveau de vos stocks afin de pouvoir donner au client une date de livraison**. Votre prospect a peut-être lu dans la presse un article sur un produit qui ne sera mis sur le marché que dans deux mois. Vous devez savoir de quel produit il parle, l'informer des délais de livraison et lui demander s'il en a besoin plus tôt. Si le produit est en cours de fabrication et la commande en souffrance, insistez sur la popularité du produit et précisez au client la date de livraison prévue.

✔ **L'investissement que le produit représente pour le client**. Exprimez le prix du produit en termes d'investissement plutôt qu'en termes de coût. Parlez également du montant mensuel plutôt que du montant total si le client a besoin d'un crédit pour acheter le produit. La plupart des responsables des achats essaieront d'évaluer l'augmentation des frais généraux mensuels et voudront savoir dans combien de temps ils rentreront dans leurs frais.

✔ **Les modalités de paiement**. Si votre société offre à ses clients la possibilité d'acheter le produit à crédit, vous devez considérer ces facilités de paiement comme un produit à part entière et en connaître parfaitement le fonctionnement. Ne courez pas le risque de perdre une vente lorsque vous en êtes arrivé au stade de la description des modalités de paiement.

> ✔ **Si vous travaillez pour un fabricant, vous devez savoir s'il existe des distributeurs susceptibles de proposer le produit à un prix plus intéressant.** Si c'est le cas, cherchez à savoir qui sont ces distributeurs et le prix qu'ils demandent pour le produit.

Les sociétés doivent aborder ces thèmes avec les nouveaux vendeurs qu'elles recrutent avant de les envoyer à la rencontre des clients. Malheureusement, certaines ne fournissent qu'un minimum d'informations sur les produits et les vendeurs doivent apprendre sur le tas. Si vous vous êtes bien préparé(e), vous devriez vous en sortir sans trop de problèmes. Toutefois, attendez-vous à tomber de temps à autre sur un prospect qui vous posera une question étrange, à laquelle vous ne serez pas en mesure de répondre en dépit de vos connaissances. Dans ce cas, n'inventez pas ! Dites-lui que vous ferez tout votre possible pour vous renseigner et faites-le rapidement avant qu'il ne songe à acquérir le produit de votre concurrent. Vous serez peut-être amené(e) à recueillir un grand nombre d'informations supplémentaires pour pouvoir lui apporter une réponse, ce qui vous permettra de compléter vos connaissances sur le produit.

Si un prospect vient vous trouver avec des informations valides sur votre produit ou sur votre service alors que vous n'en avez jamais entendu parler, votre crédibilité s'en trouvera fortement ébranlée. Après tout, c'est vous le spécialiste à qui l'on s'adresse pour obtenir des renseignements et des conseils. Si vos clients en savent plus que vous, à quoi servez-vous ?

Comment trouver les informations qu'il vous faut

Comment pouvez-vous être certain que vous possédez toutes les informations nécessaires sur votre produit ? Exploitez toutes les ressources à votre disposition. Si votre société propose des séances de formation sur le produit, assistez-y. Si elle distribue des plaquettes et des brochures, assurez-vous d'en connaître le contenu sur le bout des doigts. Parlez du produit avec vos clients pour connaître les questions qu'ils se posent et discutez-en avec vos collègues afin d'obtenir des conseils. N'oubliez pas non plus de vous documenter sur l'offre commerciale de vos concurrents afin que vous puissiez dire à vos clients ce que vaut votre produit en comparaison.

Suivre une formation et se documenter sur le produit

Votre société ou le fabricant du produit que vous représentez organise peut-être régulièrement des séances de formation. Si tel est le cas, essayez d'y assister. Vous n'aurez pas de meilleure occasion, ni de source plus fiable, pour tout savoir sur votre produit. Par ailleurs, ayez *toujours* avec vous une liste de questions et un carnet pour noter les réponses. Si le formateur ne répond pas à vos questions au cours de son exposé, posez-les avant la fin de la formation.

Prêtez attention aux mises à jour que vous recevez par courrier électronique ou que vous pouvez consulter sur Internet. Tous les matins, visitez le site Web de votre société pour connaître la date de révision des informations concernant votre produit. Si cette date a changé au cours des dernières 24 heures, prenez connaissance des nouveautés pour les assimiler le plus rapidement possible. Vos prospects ont peut-être déjà remarqué ces modifications et vous devez montrer que vos informations sont à jour.

Votre société vous inondera probablement de brochures et de données techniques sur votre produit ou votre service, même si elle ne prévoit pas de formations spécifiques au produit. Réservez-vous du temps pour étudier ces documents. Mais ne vous contentez pas de les parcourir comme le ferait un client. Étudiez-les à fond. Lisez-les chaque jour pendant au moins trois semaines. Au terme de cette période, vous aurez mémorisé toutes les informations et saurez exactement de quoi vous parlent vos clients lorsqu'ils vous posent des questions. Il n'y a rien de pire que se tourner en désespoir de cause vers un supérieur lorsqu'un client vous pose une question à laquelle vous devriez savoir répondre.

Lorsqu'aucune formation n'est prévue et qu'il n'existe aucun document officiel sur le produit, vous devez mettre la main sur un échantillon dans les meilleurs délais. Comportez-vous comme un enfant devant un jouet : manipulez le produit, faites des expériences, lisez attentivement les suggestions de démonstration et faites des essais comme si vous étiez le client. Prenez des notes sur ce que vous avez du mal à comprendre. Il y a fort à parier qu'au moins un client se posera les mêmes questions que vous. Trouvez les réponses dès maintenant et vous serez parfaitement préparé(e) pour vos démonstrations.

Envoyez les questions qui vous viennent à l'esprit au service clients en ligne. Voyez combien de temps il lui faut pour vous répondre et si les réponses sont suffisamment détaillées. Un client recevrait probablement les mêmes explications que vous. Si le délai de réponse est inacceptable pour le type de question posée, voyez si vous avez la possibilité d'intervenir pour faire accélérer les choses. Vous pouvez également suggérer aux clients de prendre directement contact avec vous pour vous soumettre leurs éventuelles questions. L'intérêt de cette stratégie est double : elle montre d'une part que vous fournissez un service supplémentaire et d'autre part que vous connaissez bien le produit que vous vendez.

Assurez-vous que les questions et les problèmes d'ordre technique dont vous vous chargez à la place du service clients ne vous prennent pas trop de temps et ne vous empêchent pas d'exercer votre activité principale qui est de vendre un produit. Votre rôle est avant tout de trouver de nouveaux clients, de répondre à leurs besoins et de les fidéliser.

Dialoguer avec vos clients

Demandez à vos clients ce qu'ils pensent de votre produit. Votre enquête peut se présenter sous la forme d'un imprimé envoyé par courrier ou, pour un meilleur retour, sous la forme d'un questionnaire transmis par e-mail ou disponible sur Internet que le client pourra compléter en quelques clics. Si vous souhaitez apporter une touche personnelle à votre enquête et pensez que l'investissement en temps en vaut la peine, effectuez un sondage par téléphone. Le client développera davantage ses réponses et vous découvrirez peut-être de nouveaux éléments qui vous permettront de mieux le servir à l'avenir.

Votre clientèle actuelle est une source d'informations inestimable – à condition que vous sachiez rester en contact avec elle.

Demander conseil à vos collègues

Les vendeurs chevronnés disposent de toutes sortes d'informations sur les produits qu'ils n'ont pas toujours l'occasion de partager. Communiquez avec eux le plus souvent possible afin de profiter de leurs connaissances.

Demandez à votre directeur commercial la permission d'accompagner sur le terrain le meilleur vendeur de votre branche. Vous obtiendrez certainement son accord car votre requête prouve que vous êtes vraiment motivé(e) pour faire de votre mieux. Observez le vendeur et sa façon de se comporter avec son client, d'utiliser les brochures, de faire des propositions, d'exploiter les outils visuels et de présenter le produit en général. Écoutez attentivement les termes qu'il utilise et remarquez l'ambiance qu'il parvient à créer. Souvenez-vous : la façon de véhiculer le message est aussi importante que le message lui-même.

Étudier la vente

Lorsque vous vous sentez prêt à apprendre, vous devez préparer le terrain. Cela peut consister à vous procurer des brochures et un exemplaire de démonstration du produit et à vous enfermer dans votre bureau pour étudier. Ou encore à solliciter des entretiens auprès d'un responsable de formation, d'un gérant de société ou d'un vendeur expérimenté. Peut-être devrez-vous visionner un programme de formation, assister à des séminaires ou interroger les utilisateurs du produit.

Peu importe le type de formation dont il s'agit, vous devez aborder chaque séance dans un état d'esprit positif. Soyez à l'heure, voire en avance, et prévoyez de quoi prendre des notes. Soyez courtois(e) à l'égard des personnes qui partagent leur savoir avec vous. Si vous les mettez en confiance, elles vous dévoileront encore plus d'informations utiles.

Demandez aux vendeurs chevronnés de vous donner les adresses des moteurs de recherche qu'ils utilisent. S'ils sont aussi compétents que vous le pensez, ils disposent sans doute d'une vaste base de données qui leur permet d'avoir accès aux dernières informations pertinentes sur votre produit et ceux de vos concurrents.

Aller chercher les informations à la source

Quel que soit le type de produit que vous vendez, essayez de visiter l'usine où il est conçu et fabriqué. Si possible, faites cette visite en compagnie de l'auteur du concept. Cherchez à savoir comment l'idée du produit lui est venue.

Vous n'en saurez jamais trop sur votre produit. Vos clients aiment avoir le sentiment que vous possédez toutes les informations disponibles sur les produits et les services les plus récents et les plus performants. Ils veulent avoir en face d'eux la personne la plus compétente de votre secteur. Reconnaissez-le : personne ne veut être représenté par un imbécile !

Garder un œil sur la concurrence

La plupart des entreprises chargent une personne ou tout un service de rassembler des informations sur la concurrence et d'analyser les données recueillies pour l'équipe de vente. Si votre société est dans ce cas, réjouissez-vous car ce type de recherche peut prendre énormément de temps.

Si personne ne se charge de ce travail, vous devez l'effectuer vous-même. Faites des recherches sur Internet pour obtenir les derniers communiqués de presse publiés par vos concurrents, ainsi que les dernières informations sur leurs produits. Si l'un de vos concurrents est en procès à cause de l'un de ses produits ou rencontre des difficultés, vous devez le savoir.

Ne vous contentez jamais d'une seule source d'informations. Si vous gérez seul votre propre affaire, vous avez peut-être intérêt à charger un membre de votre famille de trouver pour vous des infos juteuses sur les produits de vos concurrents.

Si vous rencontrez d'anciens clients de la concurrence, demandez-leur s'ils sont prêts à vous faire part de leur opinion sur les produits et les services qu'ils ont essayés. Essayez de savoir ce qu'ils aimaient dans ces produits – par exemple, certaines fonctions ou certains avantages. Comment le service clients traitait-il leurs demandes ? Quelles sont les améliorations dont ils souhaiteraient bénéficier ? En posant ces questions avec sincérité et de façon chaleureuse, vous leur montrez que vous voulez faire mieux que la concurrence et les aider à être plus satisfaits des produits qu'ils achètent. Gardez tous les témoignages que vous recueillez à portée de main. Si un de vos nouveaux clients vient de passer de la concurrence à votre produit, demandez lui ce qui a motivé sa décision et servez-vous de ces informations pour convaincre de futurs clients. Si une nouvelle version du produit est envisagée, assurez-vous que les caractéristiques qui ont séduit les clients soient conservées.

Les informations concernant un produit ne se trouvent pas uniquement dans le mode d'emploi. En faisant un maximum de recherches, vous deviendrez et resterez un spécialiste du produit et davantage de clients potentiels seront prêts à suivre vos conseils.

Troisième partie

L'anatomie d'une vente

« Prépare-toi, je crois qu'ils commencent
à décrocher. »

Dans cette partie...

Chaque chapitre de cette partie est consacré à l'une des six étapes du cycle de vente. Vous allez apprendre à identifier les personnes qui ont besoin de votre produit ou de votre service et à les inciter à vous rencontrer. À l'issue de cette partie, vous saurez également adapter votre offre aux besoins de vos prospects, présenter vos arguments avec naturel, rassurer vos prospects et conclure la vente.

Chapitre 5

Identifier vos clients potentiels

Dans ce chapitre :

▶ Consacrer le temps nécessaire à la prospection – et récolter le fruit de vos efforts

▶ Contacter les prospects que vous connaissez déjà

▶ Utiliser des techniques d'approche qui ont fait leurs preuves

*L*a première étape du cycle de vente est la *prospection*. Elle consiste essentiellement à identifier les personnes auxquelles vous allez vendre votre produit ou votre service. Pour prospecter, vous disposez d'outils comme le téléphone, le courrier électronique ou le bouche-à-oreille.

Si vous savez déjà à qui vous allez vendre, ce chapitre ne vous sera pas d'une grande utilité pour le moment (bien que les conseils et les astuces que vous y trouverez puissent vous aider à trouver *encore plus* de prospects, ce qui n'est pas inintéressant). En revanche, si vous ne savez pas encore qui peut être intéressé par votre offre, tenez compte des recommandations suivantes.

Au fil des ans, mes anciens étudiants m'ont recontacté pour m'annoncer qu'ils avaient trouvé le produit, le service ou le concept qui allait soi-disant leur permettre de faire fortune. Leur enthousiasme leur donnait des ailes. Certaines de leurs propositions commerciales semblaient, en effet, très intéressantes mais, parce qu'ils n'avaient pas suffisamment étudié leur offre, ne savaient pas où trouver les moyens financiers nécessaires ou ne parvenaient pas à identifier les personnes qui utiliseraient leur produit ou leur service, leur projet finissait souvent par capoter et leur enthousiasme partait en fumée.

PROSPECTION

Se frayer un chemin vers le succès

Lorsque vous commencez votre activité, vous devez répartir votre temps entre la recherche d'informations sur votre produit, le développement de vos compétences et l'identification des personnes qui ont besoin de votre produit. Votre réussite dépendra du nombre de personnes que vous parviendrez à rencontrer au cours d'une période déterminée. Au départ, vous aurez probablement le sentiment de travailler beaucoup et de ne pas trouver énormément de prospects. Mais avec l'expérience, vous affûterez vos stratégies et vous finirez par constater que vous travaillez de façon plus intelligente qu'à vos débuts.

Comme le mineur, vous devez délimiter votre terrain, utiliser des outils pour l'exploiter, travailler de façon régulière et assidue en gardant vos objectifs à l'esprit, croire fermement en votre capacité à atteindre ces objectifs et enfin ne pas laisser les réactions négatives de votre entourage bouleverser votre attitude et vos convictions.

À RETENIR

Si vous ne savez pas à qui vous adresser, votre produit ou votre service est voué à l'échec. Très vite, vous perdrez votre enthousiasme. Vous vous essoufflerez avant même d'avoir pris le chemin qui mène au succès. C'est pourquoi ce chapitre est essentiel pour vous. Même si vous maîtrisez tous les autres aspects abordés dans ce livre, si vous n'avez jamais l'occasion de rencontrer les bonnes personnes, les techniques de vente que vous aurez mises au point ne vous serviront à rien.

Par où commencer ?

Lorsque vous vous êtes suffisamment informé(e) sur votre produit, votre service ou votre concept, si vous pensez posséder les compétences nécessaires pour vendre, il ne vous reste plus qu'à identifier les personnes susceptibles d'être intéressées par votre offre. Si vous débutez dans la vente, la qualification des prospects, la présentation des produits et la relance ne constituent pas une partie importante de votre travail. Vous devez donc en profiter pour concentrer tous vos efforts sur la prospection. Envisagez de consacrer 75 % de votre temps de travail quotidien à cette activité et 25 % au perfectionnement de vos connaissances sur le produit et de vos arguments de vente.

La plupart des vendeurs expérimentés vous diront à quel point il est important de mener des actions de prospection, même si vous vous êtes déjà constitué une clientèle. Cette activité fait partie de leur stratégie quotidienne car ils savent qu'ils ne doivent pas se reposer sur leurs lauriers après avoir connu le succès. Ils explorent toutes les pistes à la recherche de nouveaux clients, même s'ils sont dans la vente depuis des années.

Le moyen le plus sûr de trouver des clients potentiels consiste à s'adresser à des personnes qui ont déjà fait l'acquisition de produits semblables aux vôtres. Si vous vendez des appareils de musculation, commencez par contacter des personnes qui font du jogging, sont membres d'un centre de remise en forme ou participent à des compétitions sportives pendant leur temps libre. Pourquoi ? Parce que vous savez qu'elles aiment le sport. Peut-être souhaiteraient-elles pouvoir faire du sport chez elles.

L'endroit où vous trouverez vos prospects dépend en partie de votre offre commerciale. Si vous vendez des produits ou services pour une société, vous avez probablement identifié lors de la formation que vous avez suivie les endroits où vous avez le plus de chances de trouver les utilisateurs de ces produits ou services (si ce n'est pas le cas, posez la question). Bien entendu, ces informations vous permettront de savoir par où commencer votre prospection. Lorsque vous compterez plusieurs ventes à votre actif, vous pourrez être plus audacieux dans votre recherche de nouveaux clients.

Si vous travaillez à votre compte, commencez par vous rendre à la chambre de commerce la plus proche ou dans votre bibliothèque locale. Vous y trouverez des annuaires répertoriant les entreprises de votre région, les sociétés nationales et les grandes multinationales. Faites des recherches sur Internet pour trouver les entreprises susceptibles d'être intéressées par votre produit ou votre service. Il suffit de se poser les bonnes questions pour établir une liste de prospects. Si vous avez les moyens d'investir dans des fichiers d'adresses, contactez des sociétés de service spécialisées dans la location de fichiers.

Si vous préférez utiliser le courrier électronique pour commercialiser votre offre (une méthode très économique), vous pouvez obtenir des listes d'adresses e-mail de type « opt-in » auprès de certaines sociétés de location de fichiers. Il s'agit de listes de personnes ayant accepté de recevoir des informations par e-mail sur des sujets qui les intéressent. Le taux de retour lors de l'utilisation de ces listes se situe entre 5 % et 15 %, ce qui est nettement supérieur aux taux observés dans le cadre d'une sollicitation par voie postale. Par ailleurs, cette technique vous évite d'envoyer aux prospects des informations qu'ils ne souhaitent pas recevoir et donc de leur faire mauvaise impression.

Le plus simple reste de contacter des personnes que vous connaissez déjà et qui peuvent vous aider à trouver des pistes. Cette approche vous permettra en outre de travailler vos arguments avec des prospects qui rejetteront sans doute moins souvent votre offre que de parfaits inconnus.

Rechercher des prospects parmi vos amis et les membres de votre famille

Si vous débutez dans la vente, affûter vos techniques de vente peut vous aider à sortir de votre réserve. Lorsque vous prospectez parmi des personnes avec lesquelles vous vous sentez à l'aise, vous diminuez le stress que vous ressentez habituellement. Vos amis et votre famille représentent ce que j'appelle votre *marché naturel*. Ils sont moins susceptibles de vous opposer un refus et, comme vous le savez, le refus et l'échec sont les deux principales craintes du vendeur. Vos proches vous aiment, vous font confiance et souhaitent vous voir réussir. Si vous êtes profondément attaché(e) à eux, ils vous aideront – et deviendront sûrement de bons clients.

N'oubliez pas toutefois de faire une sélection lorsque vous recherchez des clients potentiels parmi vos amis et votre famille. Ne vous découragez pas si votre vieille tante Yvette n'achète pas tous vos articles de sport en double.

Commencez par contacter vos proches pour leur annoncer que vous vous êtes lancé(e) dans une nouvelle activité et leur dire que vous êtes heureux(se) de partager cette nouvelle avec eux. À moins que vous ne changiez de métier tous les six mois, ils se réjouiront pour vous et voudront en savoir plus. Ce public entièrement acquis à votre cause représente pour vous l'occasion idéale de tester vos arguments de vente.

Pour que vos proches acceptent que vous leur parliez de votre nouveau produit ou de votre nouveau service, débutez la conversion par une phrase clé du genre : « *J'attache beaucoup d'importance à ton opinion et j'aimerais que tu me donnes ton avis.* » Ils se sentiront valorisés et seront prêts à vous accorder leur aide.

Exploitez ensuite votre réseau de connaissances. Envisagez par exemple de parler de votre produit à l'entraîneur de foot de votre fils, aux parents de ses copains, à votre comptable, à la caissière que vous voyez tous les lundis au supermarché de votre quartier. Si vous les abordez avec tact, ces personnes seront heureuses de vous conseiller ou de vous faire part de leur opinion. Elles pourront peut-être même vous suggérer le nom d'un gros client potentiel.

Si vos amis ou votre famille ne sont pas de bons candidats pour votre produit, prenez tout de même contact avec eux. En effet, la première règle de la prospection consiste à ne jamais partir du principe qu'une personne ne peut pas vous aider. Celle-ci ne répond peut-être pas aux critères du prospect idéal, mais elle peut avoir des amis susceptibles d'être intéressés par votre offre. N'hésitez pas à demander le nom de clients potentiels.

Prospecter de tous côtés dans le monde entier

Les occasions de rencontrer des clients potentiels sont pratiquement infinies. Essayez plusieurs méthodes afin de ne retenir que celles qui vous permettent de trouver les meilleurs prospects.

Si votre proposition commerciale s'adresse aux entreprises, commencez par consulter les pages jaunes de l'annuaire de votre région. Si votre produit ou votre service peut apporter des clients à une entreprise ou lui permettre d'être plus rentable, vous vous devez de la contacter. Pour élargir votre horizon, consultez les annuaires répertoriant les numéros d'appels gratuits. Vous pouvez aussi composer le 36 17 ANNU sur Minitel, annuaire inversé qui permet de connaître le nom et l'adresse d'une entreprise ou d'un particulier à partir de son numéro de téléphone. Si vous n'avez pas de connexion à Internet, la bibliothèque de votre quartier met certainement à votre disposition des ordinateurs que vous pouvez utiliser pour surfer sur le Web ainsi que des annuaires.

Internet peut vous être d'une grande utilité dans votre recherche de prospects. Vous pouvez par exemple poster des messages en rapport avec votre offre commerciale dans des forums ou des groupes de discussion. Apprenez à utiliser Internet pour donner des informations utiles sur vos produits ou vos services et les vendre. Pour bien maîtriser cet outil extraordinaire, reportez-vous à *Internet pour les Nuls* (First Interactive).

Les informations que vous trouverez sur Internet ne sont pas toutes fiables à 100 %. Les grandes sociétés qui jouissent d'une bonne réputation citent généralement la source des informations qu'elles mettent en ligne. Lorsqu'aucune source n'est indiquée, vérifiez l'exactitude des informations avant de vous en servir ou de les transmettre à vos clients.

Faire appel aux services de professionnels

Quelle que soit votre expérience de la vente, vous pouvez demander conseil à des personnes prêtes à partager leurs connaissances.

Peut-être connaissez-vous également une personne qui puisse vous conseiller et devenir votre mentor, c'est-à-dire vous aider à surmonter les obstacles qui se dressent sur votre chemin en vous faisant profiter de son expérience.

Si vous débutez, il est probable que votre employeur demande à l'un de ses vendeurs expérimentés de vous encadrer le temps de vous former. Les programmes de mentorat mis en place par les sociétés font des miracles dans le monde entier. Ils permettent de reconnaître le savoir et l'expertise de vendeurs chevronnés et de former les vendeurs débutants à des techniques de vente éprouvées. Si la société qui vous emploie vous propose de participer à un programme de mentorat, n'hésitez pas une seconde. Sinon, demandez à votre responsable si vous ne pourriez pas malgré tout bénéficier de l'encadrement d'un de vos collègues. Votre supérieur jugera sans doute favorablement votre soif d'apprendre et votre volonté de devenir un bon vendeur.

Exploiter les listes dressées par votre société

Si vous travaillez pour une société, celle-ci prend en charge la publicité et le marketing afin que vous et vos collègues puissiez disposer de pistes pour vendre votre produit. Mais pour devenir un très bon vendeur, vous devez également mener des actions de prospection de votre côté. Ainsi, si la société cesse de vous fournir des indications de clients, vous serez préparé(e). Ce n'est pas lorsque la société traverse une période de ralentissement que vous devez commencer à travailler vos techniques de prospection. Si vous prospectez depuis le début, vous ne serez pas pris(e) au dépourvu lorsque vous serez confronté(e) à une difficulté passagère.

Sous-traiter une partie de votre travail

Si vous manquez de temps et si vous en avez les moyens, vous pouvez faire appel à une agence de publicité et à une société de conseil en relations publiques pour gérer une grande partie de vos actions de prospection et de sensibilisation à votre offre commerciale. Ces prestataires de services offrent une assistance variable : ils peuvent se charger de tout à votre place ou vous aider dans le cadre de campagnes promotionnelles occasionnelles.

Les honoraires varient également d'une agence à l'autre. Demandez aux sociétés auxquelles vous envisagez de faire appel ce qu'elles ont réalisé pour leurs clients.

Vérifiez toujours l'authenticité des témoignages de clients. En effet, vous ne pouvez jamais être certain que la déclaration d'un client n'émane pas en réalité du grand-père du directeur d'agence qui comme par hasard a des intérêts dans l'affaire. Lorsqu'une agence hésite à vous donner des références, rayez-la de votre liste.

Même si vous sous-traitez une partie de vos actions de prospection à une agence, continuez vous aussi à chercher des prospects. Ne négligez pas cette étape primordiale du cycle de vente, car vous risqueriez de croiser le prospect idéal sans même vous en apercevoir.

Vos fonctions vous conduisent peut-être à répondre aux questions de clients ou de prospects que votre société reçoit par courrier électronique. Si tel est le cas, ne vous contentez pas de donner une réponse, essayez d'éveiller la curiosité du demandeur et surtout d'obtenir son nom et ses coordonnées. Ajoutez cette personne à votre liste de contacts et effectuez une relance en lui demandant si elle a été satisfaite de votre réponse. Proposez-lui également des services supplémentaires. Cette stratégie est un bon moyen de rallonger la liste de vos clients potentiels.

Utiliser tous les outils à votre disposition : téléphone, courrier, e-mail et sollicitation en personne

Vous disposez de quatre moyens de communication pour entrer en contact avec vos prospects : le téléphone, le courrier, l'e-mail et la sollicitation en personne. Lorsque vous utilisez l'un de ces outils, gardez à l'esprit que les professionnels que vous solliciterez auront l'impression de renoncer à une partie de leur temps précieux pour vous. Avant que vous n'ayez l'occasion de les persuader du contraire, ils essaieront de vous court-circuiter, ce qu'ils peuvent faire facilement. Ils ont en effet la possibilité de jeter votre lettre à la poubelle, de supprimer votre e-mail, de vous mettre en attente indéfiniment, de ne pas répondre à votre appel ou d'annuler votre rendez-vous.

La sollicitation en personne peut donner de bons résultats, bien qu'elle prenne beaucoup plus de temps que les autres méthodes de prospection. Lorsque vous prospectez en personne, vous pouvez vous retrouver dans les quatre situations suivantes :

✔ On peut vous demander de laisser de la documentation et vous dire que la personne que vous souhaitiez voir vous recontactera si votre proposition l'intéresse.

✔ On peut vous autoriser à fixer un rendez-vous pour une date ultérieure.

✔ Vous pouvez découvrir des informations utiles sur la société et sur l'identité du décideur.

✔ Vous pouvez même avoir l'occasion de présenter votre produit ou votre service au décideur lui-même.

La majorité des vendeurs utilisent les quatre outils à la fois. En réalité, votre stratégie doit être adaptée à chaque situation et il est essentiel que vous maîtrisiez toutes les techniques de prospection. Avec l'expérience, vous saurez laquelle de ces quatre techniques utiliser selon les circonstances.

Le télémarketing

Les télémarketeurs ont mauvaise presse – surtout ceux que l'on entend tourner les pages du texte qu'ils récitent à grande vitesse sans même prendre le temps de souffler. Vous avez peut-être le sentiment que ces appels sont une intrusion insupportable dans votre vie quotidienne. La réponse courante à un appel de ce type est : « Non merci. » Si vous avez l'habitude de raccrocher au nez des télémarketeurs, vous vous demandez certainement pourquoi les entreprises continuent de recourir à cette technique. La raison est simple : les télémarketeurs peuvent joindre plus de clients potentiels en une heure que ne peuvent en rencontrer en une semaine la plupart des vendeurs qui ont opté pour la prospection en personne.

Cela dit, il faut reconnaître que le parcours du télémarketeur est semé d'embûches. Si vous choisissez cette méthode de prospection, vous devez avoir la peau dure et considérer les appels comme un moyen de sonder vos interlocuteurs et non d'obtenir un rendez-vous. Chaque fois que vous entrez en contact avec un prospect, que ce soit par téléphone ou en personne, vous devez lui poser des questions pour le faire parler. Si vous lui montrez que vous vous souciez de son temps, de ses besoins et de sa situation, il se sentira valorisé et sera prêt à vous écouter.

Personne n'aime entendre un monologue au téléphone. Les prospects préfèrent participer à la conversation. Vous devez donc préparer un texte en y introduisant des questions brèves auxquelles ils pourront répondre facilement. Si vous voulez vendre votre produit, sachez vous faire apprécier.

Élaborez un bref questionnaire qui vous permette de savoir si votre interlocuteur est un client potentiel. Vos questions doivent éveiller la curiosité. Plus votre interlocuteur parlera, plus vous saurez s'il sera utile de le recontacter plus tard, non seulement dans son intérêt, mais également dans le vôtre.

Limitez-vous à un maximum de cinq questions. Annoncez toujours à votre prospect que la société que vous représentez vous a demandé d'effectuer une enquête rapide et dites-lui que vous avez besoin de son aide. S'il vous répond qu'il n'a pas le temps, présentez-lui vos excuses et essayez de savoir si vous pouvez le rappeler à un autre moment. S'il accepte de répondre à vos questions, remerciez-le et interrogez-le directement. À moins que votre interlocuteur se montre très intéressé par ce que vous lui dites, votre appel ne doit jamais durer plus de deux minutes.

Vos questions doivent appeler des réponses susceptibles de vous aider à qualifier le prospect. Par exemple, si vous vendez des couches, vous chercherez à savoir si celui-ci a des enfants en bas âge ou s'il connaît des couples de jeunes parents.

Si vous êtes spécialisé(e) dans les photos de famille, vous essaierez de connaître la date à laquelle votre interlocuteur a été pris en photo avec sa famille pour la dernière fois. Si cela fait longtemps, demandez-lui s'il regarde souvent cette photo et si sa famille a beaucoup changé depuis. Conseillez-lui ensuite de faire faire une nouvelle photo de famille qu'il prendra autant de plaisir à regarder que l'ancienne.

Lors d'une sollicitation par téléphone, vous avez deux objectifs possibles :

✔ Fixer une date et une heure pour une rencontre en tête-à-tête

✔ Obtenir la permission d'envoyer de la documentation par courrier ou par e-mail et de recontacter le prospect par la suite

Le courrier

Si vous optez pour le courrier comme principal moyen de prospection, vous devez établir votre fichier d'adresses avec soin. Le publipostage est une bonne méthode de prospection à condition de ne pas envoyer votre courrier aux mauvaises personnes. Si vous vous trompez de cible, votre lettre finira à la corbeille avant même d'être lue.

Au lieu d'envoyer une documentation sur votre produit ou votre service, adressez une lettre de présentation d'une page aux personnes susceptibles d'être intéressées par votre offre en leur précisant que vous les contacterez par téléphone tel jour à telle heure. N'oubliez pas d'insérer une photo de vous sur votre papier à en-tête. L'image fait vendre et les consommateurs sont moins tentés d'acheter les produits d'un vendeur anonyme dont il ne connaisse que la voix. *Souvenez-vous* : la prospection consiste essentiellement à établir le contact avec les prospects.

Lorsque vous envoyez un courrier postal, n'oubliez pas d'inclure votre adresse e-mail et l'adresse de votre site Web. Certains prospects préféreront jeter un coup d'œil sur votre site pour voir si ce que vous proposez vaut la peine de prendre contact avec vous personnellement. Si l'objet de votre mailing est de vendre, faites savoir aux destinataires de votre courrier qu'ils ont la possibilité de passer une commande sur Internet 24 heures sur 24, 7 jours sur 7.

L'e-mail

Si vous optez pour le courrier électronique, deux possibilités s'offrent à vous. La première consiste à vous procurer une liste d'adresses e-mail de type « opt-in » auprès d'un loueur d'adresses, puis à envoyer un message au groupe de personnes ayant manifesté de l'intérêt pour la catégorie de produits ou de services que vous vendez. La seconde consiste à trouver l'adresse e-mail d'un consommateur ou d'un responsable des achats (par le biais d'un annuaire en ligne ou d'un site Web de société) et à lui envoyer un e-mail personnalisé.

Dans un cas comme dans l'autre, vous devez envisager votre message électronique de la même façon que la lettre de présentation mentionnée plus haut. Ce message est un moyen pour vous de vous présenter et d'exposer les avantages de votre produit. Si vous contactez des prospects suite à l'acquisition d'un fichier d'adresses e-mail, vous pouvez terminer votre e-mail de la manière suivante : « Répondez sous 24 heures et profitez de notre offre spéciale. » Dans le cas d'un e-mail personnalisé, vous pouvez préciser au destinataire que vous lui téléphonerez sous 48 heures pour lui poser deux ou trois questions brèves (méthode de prospection décrite dans la section sur le télémarketing).

Les e-mails conçus comme une brochure publicitaire ne donnent pas d'aussi bons résultats. L'objectif du courrier électronique est d'établir un contact personnel, de piquer la curiosité du destinataire et de lui expliquer comment faire pour en savoir plus.

La sollicitation en personne

La sollicitation en personne est pratiquement toujours la meilleure méthode de prospection, mais c'est aussi celle qui prend le plus de temps. Aller de bureau en bureau ou de domicile en domicile à la recherche de prospects est déjà épuisant sur le plan physique, mais en plus rien ne garantit que vous obtiendrez un grand nombre de rendez-vous.

En revanche, ce que vous obtiendrez à coup sûr, c'est une mine d'informations de la part des secrétaires. Leur assistance précieuse vous permettra peut-être de présenter votre offre commerciale aux personnes ayant le pouvoir de décision. N'oubliez pas que les secrétaires et les assistants détiennent les clés des portes que vous souhaitez franchir.

Traitez toujours secrétaires et assistants avec le respect qu'ils sont en droit d'attendre. Leur temps est aussi précieux que le vôtre. Si vous demandez maladroitement à quelqu'un si vous pouvez rencontrer son patron sans lui avoir témoigné le moindre égard, vous auriez tout aussi bien fait de ne pas vous déplacer. Présentez-vous à cette personne, demandez-lui son nom, puis essayez d'engager une conversation amicale avec elle avant de lui demander si son patron peut vous recevoir. Elle sera davantage encline à vous présenter à son patron si elle vous trouve sympathique que si vous avez tout d'un vendeur arrogant.

Si vous parvenez à rencontrer votre prospect, remerciez-le de vous avoir accordé quelques minutes de son temps. Soyez conscient(e) de la chance que vous avez de pouvoir lui montrer ce que votre produit ou votre service peut lui apporter. Dans la société actuelle, les gens sont de plus en plus méfiants, mais si vous prospectez avec professionnalisme (en vous conduisant correctement), vos prospects finiront par vous faire confiance et vous accueillir à leur domicile ou à leur bureau.

Trouver les bonnes personnes : des stratégies qui ont fait leurs preuves

Il existe dix méthodes efficaces pour identifier les personnes susceptibles de s'intéresser à un produit ou à un service. Si vous vous appliquez à rechercher ces personnes et si vous le faites de façon régulière, vous ferez une longue et fructueuse carrière dans la vente.

Contacter les personnes que vous connaissez déjà

Vous n'effectuez pas vos activités quotidiennes loin de toute civilisation, n'est-ce pas ? Cela veut dire que vous connaissez déjà un tas de gens qui peuvent être des clients potentiels de votre produit, de votre service ou de votre concept.

Prospectez au-delà de votre cercle d'amis ou de votre famille proche. Vous faites sans doute vos courses toutes les semaines (dans des épiceries, des supermarchés, des centres commerciaux, etc.) et, à moins que vous ne vous soyez installé(e) au milieu de nulle part, vous avez des voisins. Votre conjoint(e) travaille peut-être dans un domaine différent du vôtre ou côtoie d'autres personnes dans le cadre de ses loisirs. En bref, il y a de fortes chances pour que vous connaissiez, directement ou indirectement, des clients potentiels pour votre produit ou votre service. Votre tâche consiste donc essentiellement à communiquer. Le simple fait de parler aux autres de votre activité peut vous ouvrir de nombreuses portes. Il vous suffit d'engager la conversation !

Dressez la liste de toutes les personnes que vous connaissez. Par exemple :

- ✔ Vos parents
- ✔ Vos grands-parents
- ✔ Vos frères et sœurs
- ✔ Vos oncles, tantes, cousins et cousines
- ✔ Vos collègues de travail
- ✔ Les membres de votre équipe de foot
- ✔ Les parents des camarades de vos enfants
- ✔ Vos voisins
- ✔ Votre coiffeur
- ✔ Vos amis
- ✔ Les membres des associations dont vous faites partie
- ✔ Votre garagiste
- ✔ Les caissières de votre supermarché
- ✔ Votre teinturier
- ✔ Votre plombier
- ✔ Le vétérinaire de votre chien
- ✔ Votre médecin

- ✔ Votre dentiste
- ✔ Votre avocat
- ✔ Votre comptable
- ✔ Les professeurs de vos enfants
- ✔ Les entraîneurs sportifs de vos enfants
- ✔ Votre conseiller financier
- ✔ Vos anciens camarades de promotion
- ✔ La baby-sitter de vos enfants
- ✔ Les amis de votre conjoint(e)

Exploiter votre réseau de relations d'affaires

Que vous débutiez ou non dans la vente, vous avez probablement déjà été en contact avec le monde des affaires. Même si vous venez tout juste d'obtenir votre diplôme, vous avez occupé des emplois à mi-temps ou fait des stages pendant vos études. Il est peut-être plus facile de dialoguer avec des relations d'affaires qu'avec certaines relations sociales dans la mesure où les personnes que vous côtoyez dans le cadre de votre profession passent également une grande partie de leur temps à prospecter. Vous en viendrez sans doute plus rapidement à l'essentiel avec vos relations d'affaires qu'avec vos relations personnelles.

Consultez les sites Web des sociétés où travaillent vos relations d'affaires. Prêtez attention aux courriers électroniques que vous envoient vos partenaires commerciaux. Certains e-mails sont parfois adressés à un groupe de destinataires et il est possible que l'un de ces destinataires soit un client potentiel pour vous. Pensez à contacter chacune des personnes ayant reçu le même e-mail que vous.

Prospectez… de façon originale

L'un de mes étudiants portait toujours un badge avec le logo de sa société… à l'envers. Il vérifiait tous les matins que le badge était bien à l'envers avant de quitter son domicile. Pas une journée ne se passait sans qu'une personne charitable ne le lui fasse remarquer, ce qui lui donnait l'occasion d'engager une conversation agréable sur son activité commerciale. À peine la personne avait-elle tourné le dos qu'il remettait son badge à l'envers pour attirer l'attention de la prochaine bonne âme qu'il allait rencontrer…

Lorsque vous recevez un e-mail collectif, n'oubliez pas de demander à l'expéditeur si vous pouvez contacter les autres destinataires. Ainsi, vous pourrez utiliser le nom de cette relation commune pour vous présenter, ce qui témoignera de votre professionnalisme et de votre courtoisie à l'égard de toutes les personnes concernées.

Si vous envoyez un e-mail à plusieurs destinataires, saisissez les adresses dans la zone *Copie conforme invisible* (Cci) plutôt que dans les zones À ou Cc. De cette façon, personne ne pourra exploiter votre liste d'adresses.

Lorsque vous prospectez, ne vous limitez pas aux personnes que vous côtoyez dans le cadre de vos activités commerciales, adhérez également à des associations ou à des clubs professionnels pour y mener des actions de prospection. Les réceptions et autres activités organisées par les chambres de commerce, par exemple, fournissent d'excellentes opportunités de prospection.

Je ne saurais trop vous conseiller d'adhérer à Toastmasters, une association internationale dont l'objectif est d'aider ses membres à s'exprimer en public. De plus, si vous rejoignez un club Toastmasters, vous aurez l'opportunité de rencontrer un grand nombre de clients potentiels. Pour connaître la liste des clubs Toastmasters en France, consultez le site Web de l'organisation à l'adresse suivante : www.toastmasters.org.

De nombreuses corporations ont également leurs propres associations. En y adhérant, vous pourrez découvrir de nouvelles stratégies de prospection dans le secteur qui vous intéresse. Demandez à vos collègues s'ils peuvent vous prêter un ancien numéro d'une publication professionnelle afin que vous ayez un avant-goût de ce que vous pouvez attendre de ce genre d'associations.

Vous devriez trouver un annuaire d'associations professionnelles dans n'importe quelle bibliothèque. Vous pouvez également faire des recherches sur Internet. Si vous visez une société particulière, faites des recherches supplémentaires en utilisant des bases de données fiables, comme celle de Dun & Bradstreet. Le site français de D&B (www.dbfrance.com) propose un accès payant à diverses informations concernant des milliers de sociétés. D'autres sites, comme Hoover's Online France (www.hoovers.com/fr/), fournissent des listes de sociétés et des renseignements sur certaines entreprises.

Discuter avec les commerciaux dont vous êtes client(e)

L'une des stratégies de prospection les plus efficaces consiste tout simplement à discuter avec les commerciaux dont vous êtes client(e). D'autres sociétés que la vôtre vous envoient des vendeurs professionnels compétents qui connaissent un grand nombre de personnes. Ils ne viendraient pas à vous si vous étiez concurrents, n'est-ce pas ? Alors pourquoi ne pas leur demander de vous donner des indications de clients ? Vous pouvez au minimum leur demander de penser à vous la prochaine fois qu'ils rendront visite à leurs clients. Deux paires d'yeux valent mieux qu'une, surtout lorsque le prix à payer consiste uniquement à renvoyer l'ascenseur à un moment donné.

Au cours de mon expérience professionnelle, j'ai créé ce que j'appelle un club d'échange pour obtenir un maximum de noms de clients potentiels. J'invitais une ou deux fois par mois quatre à six commerciaux travaillant dans des domaines différents à prendre le petit déjeuner avec moi dans un restaurant. Chacun de nous devait apporter entre cinq et dix indications de clients pour les autres membres du groupe. Au cours de ce genre de réunion, si l'une des personnes n'a pas beaucoup de suggestions à faire, il n'est pas inutile de rappeler que l'objectif est de partager des informations sur des clients potentiels et non d'avaler goulûment plusieurs croissants au beurre. Les « frais d'admission » au club consistent pour chaque membre à payer son petit déjeuner et à suggérer des noms de prospects. Si vous présentez les choses de cette façon dès le départ, les règles du jeu seront claires pour tout le monde.

Faire fructifier vos expériences de consommateur

Si vous recherchez un associé et rencontrez une personne qui possède un excellent sens de la communication et semble compétente dans son travail, ne laissez pas passer l'occasion. En tant que consommateur, vous tomberez certainement sur des professionnels qui ont ce profil. N'hésitez pas à leur parler des opportunités que vous pouvez leur offrir.

N'abordez pas vos partenaires potentiels sur leur lieu de travail. La déontologie impose que vous ne les dérangiez pas lorsqu'ils sont en train de travailler.

Glissez-leur simplement quelques mots résumant ce que vous avez derrière la tête :

« Je n'ai pas pu m'empêcher de remarquer que vous savez vous y prendre avec les autres. Je ne voudrais pas être indiscret, mais réalisez-vous tous vos objectifs en travaillant ici ? Si je vous pose cette question, c'est parce que la société que je représente est en phase d'expansion ; nous recherchons des personnes compétentes pour nous rejoindre. Souhaiteriez-vous en savoir plus ? »

Si la personne vous demande : « De quoi s'agit-il ? », répondez de la manière suivante :

« D'un point de vue éthique, je ne peux pas me permettre de discuter de cela avec vous maintenant étant donné que vous êtes sur votre lieu de travail. Cependant, si vous voulez bien me donner un numéro de téléphone où je pourrai vous joindre en dehors de vos heures de travail, nous pourrons convenir d'un rendez-vous et voir si ma proposition vous intéresse. »

Demandez-lui l'heure à laquelle vous pouvez lui téléphoner ou donnez-lui votre carte de visite en lui précisant les heures auxquelles vous êtes joignable. Cette démarche peut donner de bons résultats.

En tant que consommateur, vous pouvez aussi envoyer une lettre de remerciements à un vendeur qui vous a fourni un service d'excellente qualité. Souvent, les entreprises affichent les lettres de clients satisfaits dans leurs locaux ou les publient dans des documents publicitaires. Si vous les autorisez à utiliser votre nom dans le cadre d'opérations promotionnelles, il y a de fortes chances pour qu'elles publient également votre profession ou le nom de votre société. Lorsque d'autres personnes liront votre témoignage, elles verront que vous êtes très professionnelle et se souviendront peut-être de votre nom le jour où elles auront besoin du produit ou du service que vous vendez.

Si vous vendez un bien de consommation courante, discutez avec les gens que vous rencontrez lorsque vous faites vos courses pour déterminer s'ils ont le profil du prospect idéal.

Pour que vos efforts de prospection portent leurs fruits, partez toujours du principe que chaque personne que vous rencontrez correspond à un client potentiel ou connaît quelqu'un qui répond aux critères du prospect idéal.

Profiter de la durée de vie moyenne de votre produit

Pratiquement tous les produits commercialisés ont une durée de vie limitée. Celle du matériel et des logiciels informatiques ne dépasse parfois pas six mois tandis que celle de certains appareils électroménagers, comme les réfrigérateurs ou les congélateurs, peut atteindre près de vingt ans.

La durée de vie exacte de votre produit n'a aucune importance en soi. Ce qui importe, c'est que vous la connaissiez. Si vous avez des doutes, renseignez-vous auprès de vos collègues.

Étudiez les dossiers de vos anciens clients. Si vous constatez que Mme Legrand va devoir changer son four à micro-ondes prochainement, n'attendez pas que celui-ci tombe en panne. Contactez Mme Legrand pour lui préciser que les nouveaux fours à micro-ondes que vous vendez sont bien plus performants et moins encombrants. Votre appel l'incitera peut-être à remplacer son four *plus tôt* que prévu !

Mme Legrand sait vraisemblablement que son four est sur le point de rendre l'âme mais peut-être attend-elle de voir une offre intéressante dans les prospectus qu'elle reçoit tous les jours dans sa boîte aux lettres. Peu importe. L'essentiel pour vous, c'est qu'elle n'a pris encore aucune décision. Or, elle vous connaît déjà, ainsi que vos appareils.

Vérifiez auprès de votre responsable que les stratégies de ce genre ne vont pas à l'encontre de la politique générale de votre société avant de les mettre en œuvre.

Si le règlement de votre société le permet, inspirez-vous des particuliers qui essaient de vendre un chiot. Comment s'y prennent-ils ? Ils laissent la personne intéressée par le chiot le ramener chez elle pour quelques jours afin de voir comment les choses se passent. Pratiquement à chaque fois, la personne en question s'attache tellement à l'adorable chiot que l'idée de devoir s'en séparer lui devient insupportable.

Si vous êtes concessionnaire automobile, donnez à chaque client potentiel la possibilité d'essayer la voiture qui l'intéresse. Avant même que la période d'essai ne soit terminée, il aimera tellement cette voiture qu'il n'aura qu'une seule envie : la garder. Et même s'il ne peut pas l'acheter maintenant, vous avez fait naître chez lui un désir qui le conduira à changer de voiture prochainement. Si vous offrez un service personnalisé, vous pouvez être certain de revoir vos clients.

Vous pouvez également envoyer à votre client potentiel un e-mail indiquant l'URL d'un site Web où il pourra trouver des photos et des informations détaillées sur une voiture qui, selon vous, devrait lui plaire. Proposez-lui de passer à son domicile avec le modèle en question afin qu'il puisse l'essayer. S'il est d'accord, convenez d'un rendez-vous avec lui.

Si vous ne connaissez pas encore le cycle de remplacement de votre gamme de produits, faites quelques recherches à ce sujet. À quel moment les consommateurs ont-ils envie de s'acheter quelque chose de nouveau ? Pour le savoir, il vous suffit de passer quelques coups de fil aux utilisateurs de vos produits. Présentez-leur votre démarche comme une enquête ou une étude de marché pour laquelle vous avez besoin de leur coopération. Si vous leur dites que cela ne prendra que quelques minutes, ils seront sans doute ravis de pouvoir vous aider. Commencez par vérifier s'ils utilisent toujours le produit que vous leur avez vendu. Ensuite, demandez-leur quel était le produit qu'ils utilisaient avant. Si le produit qu'ils vous avaient acheté était le premier de ce type, l'enquête n'a plus d'intérêt. En revanche, si c'était la deuxième ou troisième fois qu'ils achetaient ce type de produit, demandez-leur pendant combien d'années ils ont utilisé chaque article avant de le remplacer.

Pensez aussi à étudier les dossiers de vos plus anciens clients pour déterminer la durée de vie de votre produit. Imaginez que vous vendiez des photocopieurs. Si vous avez un client qui utilise vos produits depuis dix-sept ans et n'en a changé que quatre fois au cours de cette période, vous pouvez en déduire que la durée de vie de vos photocopieurs est en moyenne de quatre ans. Il vous suffira donc de contacter votre client quatre ans après son dernier achat. À ce moment-là, posez-lui quelques questions sur ses besoins et demandez-lui l'autorisation de lui envoyer une documentation sur vos derniers modèles. S'il s'avère qu'il n'aura pas besoin d'un nouvel appareil avant deux ans, remerciez-le de son aide et prenez l'engagement de rester en contact avec lui.

Lors d'un achat de remplacement, il faut savoir se manifester au bon moment. Effectuez un suivi rigoureux de vos dossiers et vous parviendrez à conclure de nombreuses ventes. L'avenir appartient aux vendeurs qui se lèvent tôt !

Utiliser votre liste de clients

Toute société qui existe depuis au moins trois ans doit avoir une liste de clients assez conséquente. Essayez de vous mettre en relation avec d'anciens commerciaux et demandez-leur qui s'est chargé de leurs clients après leur départ. S'il s'avère que personne n'a pris la relève, il est peut-être intéressant pour vous d'effectuer une relance. Même si votre démarche ne donne aucun résultat, vous aurez au moins mis à jour votre base de données. De plus, les clients seront probablement impressionnés par votre sérieux.

Le monde des affaires évolue à une telle vitesse que les directeurs commerciaux ne prennent pas toujours le temps, lorsqu'un vendeur quitte son poste, d'attribuer les clients de celui-ci à d'autres vendeurs. Lorsqu'une société se développe rapidement, il arrive que certains clients soient oubliés. À vous de les retrouver. S'ils ont déjà acheté votre produit ou votre service par le passé, il est fort probable qu'ils recommencent.

Si votre société a été à la hauteur de ses engagements, vos clients auront certainement envie de continuer à acheter vos produits. S'ils n'ont effectué aucun achat récemment, c'est peut-être simplement parce que personne ne les a recontactés. Ne donnez pas l'occasion à l'un de vos concurrents de vous prendre des clients auxquels vous tenez. En effectuant une relance auprès de vos anciens clients, non seulement vous renforcerez les relations que vous entretenez avec eux, mais ils vous aideront peut-être aussi à en trouver d'autres.

Surfer sur la vague du progrès technologique

Les consommateurs ne remplacent pas uniquement un produit parce que celui-ci ne fonctionne plus. Certains souhaitent toujours avoir le dernier modèle haut de gamme. Ils aiment tout simplement disposer de ce qui se fait de mieux.

Rares sont ceux qui achètent l'ancien modèle d'un produit. Étant donné que la plupart des entreprises vendent du matériel de haute technologie, vous devez absolument être à la pointe du progrès. Dès que vous recevez un nouveau modèle ou une nouvelle version d'un produit, vous avez une raison valable de recontacter les personnes qui vous avaient acheté ce produit. Les connaissant, vous savez qu'elles aimeront être informées des dernières évolutions. Tout l'art consiste à savoir quelle conduite adopter. Les exemples suivants vous donneront une idée plus précise de la façon dont vous pouvez appliquer cette stratégie sans qu'elle se retourne contre vous.

M. Leroy a investi dans un home cinéma haut de gamme il y a deux ans, mais le système a été considérablement amélioré depuis. Ne lui téléphonez surtout pas pour lui dire : « J'ai quelque chose de mieux à vous proposer. » Ce serait une démarche arrogante et impertinente, qui produirait très certainement l'effet inverse de celui que vous souhaitez. M. Leroy n'aura probablement même pas envie d'entendre ce que vous avez à lui dire dans la mesure où vous venez tout juste de critiquer le système audiovisuel qu'il possède.

Vous devez d'abord chercher à savoir s'il est satisfait de son achat avant d'en venir à la raison de votre appel. En effet, s'il se plaint d'un problème dont vous n'aviez pas connaissance, il risque de ne plus être votre client très longtemps si vous lui parlez d'emblée de nouveaux produits.

Lorsque vous êtes certain(e) qu'il est satisfait, poursuivez de la manière suivante :

« Monsieur Leroy, je sais que vous vous étiez longuement documenté avant d'investir dans ce système. Votre opinion a donc beaucoup d'importance pour moi. Seriez-vous d'accord pour évaluer un tout nouveau système que nous allons commercialiser ? »

Vous voyez la différence d'approche ? Vous avez complimenté M. Leroy, reconnu son intelligence et vous lui avez demandé son avis. Bref, vous l'avez valorisé. Bien entendu qu'il se fera une joie de tester votre tout dernier modèle ! Et si celui-ci est vraiment plus performant que celui qu'il a acheté, il voudra probablement moderniser son matériel.

Si vous prenez le temps de connaître la situation de vos clients actuels, vous saurez exactement à quel moment les contacter pour leur parler de nouveaux produits ou d'innovations. Voilà une approche vraiment intelligente !

Lire le journal

Le journal est l'un des outils de prospection les plus efficaces. Aujourd'hui, vous n'avez même plus besoin de sortir de chez vous pour le lire puisque la plupart des journaux sont également disponibles en ligne. J'avais pris l'habitude de lire l'édition papier de mon journal avec un feutre afin d'entourer toutes les informations intéressantes que j'y trouvais. Désormais, il suffit de faire un copier-coller des passages les plus pertinents pour créer un document unique et l'imprimer.

À moins que vous ne commercialisiez votre offre à l'étranger, vous vous en tiendrez aux informations locales, aux pages économiques et à la rubrique des petites annonces. Ne vous attardez pas sur les faits divers et les nouvelles qui font les gros titres. Au contraire, intéressez-vous à M. et Mme Tout-le-monde.

M. et Mme Tout-le monde incarnent les personnes qui réussissent leur vie professionnelle, font des bébés, achètent ou vendent des maisons, créent des entreprises, etc. Imaginez : M. Tout-le-monde vient d'avoir une promotion. Qu'est-ce qui accompagne généralement une promotion ? Une augmentation de salaire. Et que font la majorité des gens à la suite d'une augmentation de salaire ? Ils investissent dans des actions et des sicav ? Oui, certains le font. Mais la plupart en profitent pour acheter une nouvelle voiture, s'installer dans une maison plus spacieuse, renouveler leur garde-robe, prendre un abonnement à l'opéra – et acheter les produits ou les services que vous vendez.

Savoir lire le journal pour y trouver des indications de clients ne nécessite que quelques jours de pratique. Lorsque vous commencerez, vous serez étonné(e) de voir le nombre d'opportunités que vous laissiez filer avant. Voici une liste succincte de produits que les gens doivent ou souhaitent se procurer lorsque leur situation familiale ou professionnelle change :

- ✔ Les personnes qui ont un bébé ont besoin de garanties complémentaires, d'une maison plus grande, d'un monospace, de services de livraison à domicile et de couches.
- ✔ Les familles qui emménagent dans une nouvelle maison ont besoin d'un dispositif d'ouverture automatique de la porte du garage, de systèmes de sécurité, du chauffage central, d'une assurance habitation, d'un paysagiste et d'aspirine (beaucoup d'aspirine !).
- ✔ Les sociétés nouvelles ou en pleine croissance ont besoin de matériel, de personnel et de fournitures de bureau.

Je connais un agent immobilier qui a gagné énormément d'argent grâce à un article paru dans son journal habituel. L'équipe professionnelle de football de la région venait d'acheter un nouveau joueur. L'agent immobilier a donc eu l'idée d'envoyer un message à cette nouvelle recrue avant son arrivée afin de lui adresser ses félicitations et de lui souhaiter la bienvenue dans la région. Il a joint à son courrier une photocopie de l'article et proposé ses services en cas de besoin. N'étant pas originaire de la région, le joueur de football ne connaissait personne en ville et avait besoin d'un logement. Il a donc décidé de prendre contact avec l'agent immobilier, qui l'a non seulement aidé à trouver une nouvelle maison mais également mis en relation avec un assureur, un médecin, un dentiste, un coiffeur, etc. Cette anecdote n'illustre-t-elle pas parfaitement tout l'intérêt que peut présenter la lecture du journal ?

Prenez le journal local du jour et lisez tous les titres. Entourez ceux qui annoncent un article pouvant contenir le nom d'un ou de plusieurs clients potentiels. Ensuite, découpez chaque article, faites-en une copie pour vous, puis envoyez l'original à la personne concernée avec un message court disant : « Je vous ai vu dans le journal. J'ai une activité commerciale dans la région et j'espère avoir l'occasion de vous rencontrer prochainement. J'ai pensé que vous aimeriez avoir un exemplaire supplémentaire de l'article pour le montrer à vos amis ou à votre famille. » N'oubliez pas de joindre votre carte de visite. Les gens adorent se voir dans le journal et seront heureux d'avoir plusieurs exemplaires de l'article pour pouvoir les envoyer à leurs proches. En fournissant ce service qui semble anodin, vous pouvez vous attirer beaucoup de nouveaux clients.

Connaître le personnel de l'assistance technique et du service clients

Si vous êtes en contact avec les employés des autres services de votre société, vous allez peut-être découvrir des informations utiles qui pourront vous aider à fidéliser vos clients (et à en séduire de nouveaux au passage). Par exemple, un employé du service comptabilité peut vous apprendre que l'un de vos clients a réglé en retard plusieurs paiements mensuels pour un produit qu'il vous a acheté. Il s'agit d'une information essentielle pour vous en tant que vendeur.

Vous pouvez reprendre contact avec le client et lui proposer un arrangement. Peut-être que son taux de croissance n'est pas aussi élevé que prévu et que votre matériel ou votre service lui coûte, par conséquent, trop cher. Aidez-le à réévaluer ses besoins ou accordez-lui des facilités de paiement. Il n'oubliera jamais votre geste et deviendra l'un de vos plus fidèles clients. De plus, il n'hésitera pas à vous recommander à ses amis et à ses partenaires commerciaux. Si vous ignorez ce type de renseignements, vous courez le risque de perdre un client uniquement parce qu'il s'est suréquipé et n'ose pas aborder ce problème avec vous.

Prenez l'habitude de consulter régulièrement les dossiers de l'assistance technique et du service clients de votre société. Mieux encore, essayez de voir si votre société ne peut pas mettre sur pied un système qui permettrait de vous avertir automatiquement par e-mail de chaque appel que le service clients ou le service technique reçoit de l'un de vos clients. Songez également à demander au service clients combien de fois vos clients ont téléphoné pour poser des questions sur le service ou le produit que vous leur avez vendu. S'ils ont téléphoné plusieurs fois, vous devez absolument reprendre contact avec eux. S'ils sont en phase de croissance, vous pourrez leur proposer de nouveaux services. En revanche, s'ils rencontrent des difficultés avec l'un de vos produits, c'est à vous de trouver une solution avant qu'ils n'exigent le remplacement ou le remboursement du matériel.

Efforcez-vous toujours de fournir un service irréprochable. Vous établirez des relations durables avec vos clients, saurez gagner leur confiance et obtiendrez de nouveaux clients par leur intermédiaire.

Pratiquer la « prospection rapprochée »

Un grand nombre de vendeurs pratiquent la « prospection rapprochée ». Autrement dit, ils abordent toute personne s'approchant à moins d'un mètre d'eux pour leur parler de leurs produits ou de leurs services.

Si ce que vous vendez vous plaît et si vous n'éprouvez aucune difficulté à en parler, n'hésitez pas à appliquer cette stratégie. Il vous suffit de dire : « Bonjour, enchanté de vous rencontrer ! » Observez attentivement la personne que vous abordez et faites-lui un compliment du genre : « J'adore votre manteau. Où l'avez-vous trouvé ? » Rebondissez sur sa réponse pour lui poser une nouvelle question ou passez à un autre sujet qui vous rapproche, par exemple le fait que vous fassiez tous les deux la queue à la caisse du supermarché alors qu'il n'est que 9 h du matin. Après ce premier contact, la politesse veut que vous échangiez vos noms. C'est à ce moment-là que vous pouvez mentionner votre produit ou votre service. Posez une question anodine, telle que : « Êtes-vous allé(e) à la nouvelle boutique de cadeaux de la rue Jean-Jaurès ? » (si vous êtes propriétaire de ce magasin). Les témoignages personnels permettent de vendre plus de produits que n'importe quelle autre méthode.

Je connais un vendeur qui a obtenu plusieurs pistes sérieuses en bavardant dans un ascenseur le temps de monter ou de descendre six étages ! Apprêtez-vous à parler de votre produit ou de votre service où que vous alliez – et ne laissez passer aucune occasion d'aborder un client potentiel.

Faites preuve de créativité. Pensez, par exemple, aux voituriers des parkings de certains grands hôtels. Ils en savent long sur les propriétaires des voitures qu'ils garent. Imaginez que vous souhaitiez obtenir un rendez-vous avec M. Dubois. Si le voiturier sait que celui-ci veut que sa voiture soit avancée à 21 h pour aller dîner, soyez à la sortie de l'hôtel quelques minutes plus tôt.

Comment négocier les rencontres de courte durée destinées à obtenir des informations ? Prenez quelques cartes de visite. En haut de chaque carte, écrivez soigneusement le mot *Merci*. Lorsque vous rencontrez un prospect pour la première fois, adressez-lui la parole amicalement. Présentez-vous et demandez-lui quelle est sa profession ou ce qu'il fait là. Il se sentira probablement obligé de vous poser les mêmes questions. Lorsqu'il vous demandera ce que vous faites dans la vie, contentez-vous de lui remettre votre carte. La plupart des gens acceptent ce qu'on leur donne à moins de ne pas avoir les mains libres. Si le prospect vous fait l'honneur de jeter un œil à votre carte, il vous interrogera probablement sur la raison de ce Merci (la curiosité triomphe toujours). C'est le moment que vous attendiez. Répondez alors de la manière suivante :

« Disons que je vous remercie d'avance pour l'occasion que vous me donnerez peut-être de répondre à vos besoins. »

Tous les mots de cette phrase ont leur importance : *Disons que* donne l'impression que vos paroles sont spontanées. *Je vous remercie d'avance* donne de vous l'image d'une personne courtoise. *Peut-être* témoigne de votre modestie et de l'absence de pression sur le prospect. *Répondre à vos besoins* laisse supposer que vous vous intéressez vraiment au prospect. Si celui-ci voit que vous avez de la considération pour lui, sa réaction a toutes les chances d'être favorable.

Il réagira probablement de l'une des manières suivantes :

- ✔ Il acceptera de vous téléphoner pour discuter plus longuement de votre offre.
- ✔ Il vous indiquera une heure à laquelle vous pouvez lui téléphoner pour lui présenter votre offre de façon plus détaillée.

> ✔ Il vous demandera de lui envoyer de la documentation par courrier ou par e-mail.
>
> ✔ Il ne se sentira pas concerné mais vous fournira le nom d'une personne susceptible d'être intéressée par votre offre.

En quelques instants, vous avez obtenu un nouveau prospect... et plusieurs références clients. Convaincu ?

Chapitre 6

Obtenir un rendez-vous et mettre vos clients à l'aise

Dans ce chapitre :

▶ Savoir entrer en contact avec vos prospects

▶ Exploiter les avantages du téléphone

▶ Apprendre à entrer en contact avec un décideur difficile à joindre

▶ Créer des liens avec vos clients potentiels

▶ Être attentif à ce que vous avez en commun avec vos clients potentiels

Si vous ne rencontrez pas votre prospect en personne, tous vos efforts n'auront servi à rien (dans la vente par téléphone, il est aussi important de parler directement à la bonne personne). Cette étape est essentielle pour identifier les besoins du prospect et pouvoir y répondre correctement.

Vous devez donc persuader votre prospect de la nécessité de fixer un rendez-vous ou d'accepter que vous lui rendiez visite chez lui. Vous ne pourrez le convaincre d'acheter votre produit ou votre service qu'à cette condition.

Une fois que vous avez identifié un prospect grâce à vos actions de prospection, vous devez vous assurer que votre offre est adaptée à ses besoins. Sinon, il est inutile de vous déplacer.

Dans ce chapitre, vous allez découvrir des stratégies efficaces pour obtenir un rendez-vous mais aussi mettre votre prospect à l'aise lorsque vous finissez par le rencontrer.

Assimiler les principes de base de la prise de contact

La méthode que vous utiliserez pour entrer en contact avec un client potentiel dépendra de la façon dont vous avez obtenu ses coordonnées.

- ✔ **Si le client potentiel vous a contacté par téléphone, la politesse exige que vous le rappeliez.**

- ✔ **Si le client potentiel vous a été recommandé par un client ou un partenaire commercial, demandez à celui-ci de vous le présenter.** Ensuite, essayez de savoir s'il vaut mieux que vous envoyiez une lettre de présentation ou que vous téléphoniez au prospect – votre décision dépendra des circonstances. Si vous vendez des yachts de luxe, il est peut-être préférable de vous manifester d'abord par écrit plutôt que d'interrompre le prospect dans ses activités en lui téléphonant.

- ✔ **Si le client potentiel a laissé son nom et son adresse e-mail sur votre site Web, il préfère certainement être contacté par e-mail dans un premier temps.** De nombreux sites Web proposent un espace où le client a la possibilité de préciser la façon dont il souhaite être contacté. Si vous n'avez pas pensé à ce détail, remodelez votre site immédiatement. C'est une démarche simple qui peut vous permettre de vendre plus.

Lorsque vous contactez un client potentiel (que ce soit par téléphone, par courrier ou par e-mail) vous devez essayer de le joindre directement et aborder la question du rendez-vous avec précaution. Efforcez-vous de le convaincre de vous écouter et de lui montrer l'intérêt de votre offre dès le départ.

Procédez de la manière suivante :

- ✔ **Soyez toujours courtois(e).** Dites « s'il vous plaît » et « merci ». Adressez-vous à votre interlocuteur en l'appelant par son nom de famille.

- ✔ **Faites tout votre possible pour rencontrer votre prospect.** Même si vous devez parcourir des kilomètres pour le voir et n'avez au bout du compte que l'occasion de vous présenter, vous comprendrez que ces efforts n'étaient pas vains lorsque vous finirez par conclure la vente.

- ✔ **Soyez immédiatement convaincant(e).** Éveillez la curiosité de votre prospect dès vos premières paroles. Parlez-lui des avantages de votre produit – économique, rentable ou pratique, par exemple.

✔ **Confirmez la date, l'heure et le lieu du rendez-vous.** Il est impératif de confirmer oralement les détails d'un rendez-vous. Si vous les confirmez par écrit, c'est encore mieux. Vous pouvez ajouter dans votre lettre de confirmation que vous allez vous documenter en prévision du rendez-vous. Votre prospect comprendra ainsi que le temps qu'il vous consacrera en vaudra la peine.

Ces conseils peuvent vous paraître simplistes au premier abord, mais il n'est pas rare que les débutants s'emballent lorsqu'ils obtiennent un rendez-vous et en oublient les convenances. Par exemple, évitez les formules familières du style : « Génial, j'y serai ! » au moment de conclure votre conversation téléphonique. Il arrive aussi que les débutants abandonnent trop facilement la partie lorsque le prospect est difficile à convaincre. Ils perdent alors définitivement l'occasion de le rencontrer. Certains oublient même de confirmer les détails du rendez-vous et ne se souviennent plus de la date ou du lieu dont ils avaient convenu, laissant filer ainsi ce qui aurait pu être une occasion en or. Si vous faites de votre mieux pour être poli, décrochez un rendez-vous en dépit du planning chargé de votre prospect et confirmez tous les détails de ce rendez-vous, vous avez toutes les cartes en main pour que votre visite se déroule dans d'excellentes conditions.

Joindre vos prospects par téléphone

Gardez toujours à l'esprit que la plupart des prospects que vous allez contacter ne seront pas intéressés par votre produit ou votre service. Vous devrez peut-être contacter vingt personnes avant d'en trouver une qui ait besoin de ce que vous proposez. Toutefois, chaque appel que vous passerez vous rapprochera un peu plus de la bonne personne. C'est pourquoi vous ne devez jamais perdre de vue votre objectif ultime. Ne vous laissez pas décourager par quelques refus.

La prise de contact téléphonique se déroule en sept étapes, décrites dans les sections suivantes :

1. **Saluez votre prospect.**

2. **Présentez-vous et présentez votre société.**

3. **Exprimez votre gratitude envers votre prospect pour avoir accepté de vous parler.**

4. **Expliquez-lui l'objet de votre appel.**

5. **Obtenez un rendez-vous afin de pouvoir discuter en tête-à-tête avec lui.**

6. **Remerciez-le (par téléphone).**

7. **Envoyez une lettre de remerciements par courrier postal ou électronique.**

Lorsque vous êtes sur le point de contacter vos prospects, ayez toujours ces trois éléments à l'esprit : la conviction que votre produit est le meilleur, la satisfaction de vos clients actuels et votre désir de servir les intérêts de nouveaux clients. Ce conseil est valable que vous vous vendiez en tant qu'employé, que vous vendiez vos compétences en tant que pigiste ou que vous vendiez un système informatique ultra sophistiqué en tant que VRP de l'un des leaders du marché.

Étape n° 1 : les salutations

Lorsque vous téléphonez à un prospect pour la première fois, commencez par lui dire ce que toute personne souhaite entendre : son nom. Adoptez de préférence une approche conventionnelle, qui véhicule une marque de respect, telle que : « Bonjour, M. Jean » ou : « Bonjour, j'aimerais parler à M. Jean » (regardez votre montre avant de téléphoner et tenez compte du décalage horaire éventuel si votre client potentiel est à l'étranger. Il serait stupide de lui dire « bonsoir » s'il n'est que 13 h chez lui).

Lors du premier contact, il est essentiel que vous respectiez les règles de courtoisie courantes. Si vous manquez d'assurance dans ce domaine, suivez une formation sur les règles de bon usage dans le monde des affaires. Si aucune formation n'est disponible dans votre région, empruntez un livre à la bibliothèque. Vous ne pécherez jamais par excès de politesse.

Étape n° 2 : les présentations

Après avoir salué votre interlocuteur, vous devez vous présenter et présenter votre société. Si le nom de votre société n'est pas explicite, précisez brièvement le type d'activité commerciale que vous exercez.

Pour éviter que votre prospect ne s'endorme au bout du fil ou ne vous raccroche au nez, apprenez à décrire votre activité en termes d'avantages. Par exemple, si vous représentez une société de nettoyage, vous n'avez peut-être pas intérêt à dire que vous nettoyez des moquettes. Présentez plutôt les choses sous cet angle :

> « Je représente une entreprise locale qui aide les sociétés comme la vôtre à optimiser leur image auprès de leurs clients et à réduire les absences de leurs employés pour cause de maladie. »

Les moquettes propres véhiculent une image positive, alors que les moquettes sales hébergent des germes. M. Jean est-il sur le point de raccrocher ? Pas encore. Votre description a fait naître dans son esprit tout un tas d'images, car vous n'avez pas été suffisamment précis(e) pour qu'il en déduise immédiatement que vous représentez une société de nettoyage. Il n'a pour l'instant qu'une vague idée des produits ou des services que vous proposez, ce qui signifie que vous avez réussi à éveiller sa curiosité. Et comme vous le savez, personne n'aime mettre fin à une conversation sans savoir de quoi il retourne.

Les termes que vous employez doivent être simples mais vous permettre de rendre votre offre terriblement alléchante. Si vous entendez des soupirs au bout du fil, vous avez été trop long(ue) Souvenez-vous que beaucoup de choses peuvent se passer en une fraction de seconde. Votre objectif est de faire dire à M. Jean quelques mots sur lesquels vous pourrez rebondir.

Étape n° 3 : la gratitude

Après vous être présenté et avoir décrit votre activité, remerciez votre prospect de bien vouloir vous accorder quelques minutes de son temps précieux. Vous lui ferez ainsi comprendre que vous avez de la considération pour lui en tant que personne.

Dites par exemple :

> « Je vous suis très reconnaissant du temps que vous voulez bien m'accorder ce matin. Je vous promets d'être bref. »

Ou encore :

> « Merci de prendre mon appel. Je serai bref afin de ne pas vous interrompre trop longtemps dans votre travail. »

Ce n'est pas grave si votre prospect est au beau milieu d'une pause café au moment où vous lui téléphonez. Agir comme s'il venait de sortir d'une réunion importante avec le président de sa société ne peut vous causer aucun tort.

Inutile de vous répandre en remerciements. Contentez-vous d'agir de façon courtoise et professionnelle.

Étape n° 4 : l'objet de votre appel

Après avoir remercié votre prospect, venez-en au fait en lui expliquant pourquoi vous lui téléphonez. Exposez toujours l'objet de votre appel sous forme de question. Par exemple :

> « Si je vous donnais la possibilité de réduire les absences de vos employés pour cause de maladie tout en améliorant l'image de votre société, seriez-vous intéressé ? »

Si votre prospect vous répond oui, demandez-lui si vous pouvez lui poser quelques questions. S'il vous y autorise, interrogez-le.

S'il vous répond non, posez une autre question dans l'espoir de piquer sa curiosité, par exemple :

> « Pensez-vous que l'amélioration de l'image de votre société aurait un effet bénéfique sur votre chiffre d'affaires ? »

S'il vous répond encore non, essayez d'être plus direct en posant la question suivante :

> « À quand remonte la dernière fois où vous avez fait nettoyer la moquette de vos locaux à la vapeur afin de les rendre plus attrayants et d'éliminer les germes ? »

S'il vous répond qu'il l'a fait il y a une semaine à peine, vous avez tout intérêt à rester courtois et à lui demander la permission de le rappeler lorsqu'il aura de nouveau besoin d'un service de nettoyage. (Astuce : demandez-lui combien de temps il avait attendu avant de faire nettoyer sa moquette et vous saurez à quel moment il aura de nouveau besoin de le faire.) Remerciez-le de vous avoir accordé quelques minutes de son temps. Enfin, notez dans votre agenda que vous devrez le recontacter deux semaines avant qu'il ait de nouveau besoin de faire nettoyer sa moquette, puis enchaînez avec l'appel suivant.

Pour conserver le plus longtemps possible l'attention de votre prospect, faites comme si vous lui téléphoniez dans le cadre une enquête. Par exemple :

« La société que je représente m'a chargé de réaliser une enquête ne comprenant que deux questions auprès de seulement dix personnes. Vous êtes la sixième personne que je contacte. Votre opinion m'intéresse. Seriez-vous prêt à m'aider en répondant à ces deux brèves questions ? »

Si vous demandez de l'aide à votre prospect et lui montrez que vous attachez de l'importance à son opinion, il se montrera sans doute conciliant. De plus, si vous lui expliquez que c'est votre société qui vous a confié cette mission, il fera preuve d'empathie et sera plus coopératif.

L'enquête n'a pour but que de faire parler votre interlocuteur. Avec un peu de chance, celui-ci vous fournira les informations dont vous avez besoin pour éveiller sa curiosité et obtenir un rendez-vous.

Ne passez pas d'une question à une autre sans avoir écouté attentivement les réponses de votre prospect. Celui-ci saura d'après votre façon de formuler la question suivante si vous avez écouté sa dernière réponse ou non. S'il a le sentiment que vous attendez qu'il ait fini de parler pour lui poser une autre question, il raccrochera rapidement.

Comment montrer que vous êtes véritablement à l'écoute de votre prospect ? Paraphrasez ses réponses avant de passer à la question suivante. Lorsqu'il comprendra que son opinion compte vraiment pour vous, il sera davantage enclin à poursuivre.

Étape n° 5 : le rendez-vous

Si, une fois que vous avez précisé l'objet de votre appel et posé les questions que vous aviez préparées, M. Jean semble prêt à vous recevoir, précisez la durée de votre visite. Votre premier contact doit être le plus court possible. Personne n'aime consacrer une heure ni même une demi-heure à un inconnu. Prévoyez un créneau de vingt minutes au maximum. Arrêtez ensuite une date en proposant deux possibilités :

« Est-ce que demain 10 h 20 vous conviendrait ou préférez-vous mercredi à 14 h 40 ? »

Cette question permet à votre prospect de choisir tout en vous laissant le contrôle de la situation.

Notez que, dans cet exemple, les horaires proposés ne sont pas des heures rondes, comme 10 h ou 14 h. Cette stratégie vise à montrer que vous êtes ponctuel(le) et que votre visite ne durera effectivement pas plus de vingt minutes. Votre prospect en déduira que vous respectez son emploi du temps. Souvenez-vous : tout est affaire de courtoisie.

Étape n° 6 : les remerciements par téléphone

Après avoir obtenu un rendez-vous, remerciez votre prospect, répétez la date et l'heure convenues, et vérifiez le lieu de rendez-vous. Il n'y a rien de pire que d'arriver en retard parce qu'on s'est perdu. Si l'endroit est difficile à trouver, c'est *maintenant* que vous devez demander des indications précises.

Si la transaction est vraiment importante, n'hésitez pas à vous rendre sur les lieux la veille pour repérer votre route. Prévoyez un autre itinéraire au cas où vous seriez bloqué(e) dans les embouteillages. Vous pouvez même vous organiser pour être dans la ville ou dans le quartier du prospect dès le matin pour être sur place à l'heure du rendez-vous. Ne prenez jamais le risque d'être en retard à un premier rendez-vous. Même si vous ne pouvez pas tout prévoir, vous devez prendre en compte l'imprévu et être prêt à y faire face.

Étape n° 7 : les remerciements par écrit

Si votre rendez-vous a lieu au moins trois jours après votre appel, envoyez immédiatement à votre prospect une lettre de remerciements (par courrier postal ou électronique) confirmant les modalités du rendez-vous. Un document professionnel permettra de dissiper les doutes éventuels.

Si vous avez affaire à un particulier qui vous a donné son adresse e-mail personnelle, il ne trouvera peut-être pas votre message immédiatement s'il ne se connecte pas tous les jours. Dans ce cas, l'acheminement électronique n'est sans doute pas le plus approprié. En revanche, dans une société, tout le monde communique essentiellement par e-mail et le destinataire recevra votre message sans délai.

Pensez à insérer votre photo dans votre courrier. Faites-vous faire un portrait professionnel – la photo d'identité de votre permis de conduire ne véhiculerait pas une image très crédible ! Votre prospect sera plus à l'aise lorsqu'il vous rencontrera s'il sait déjà à quoi vous ressemblez.

Soyez réaliste

Si vous donnez rendez-vous à vos prospects dans votre bureau, soyez réaliste et ne vous attendez pas à voir plus de 20 % des personnes qui se sont engagées à venir. Entre la prise de rendez-vous et le jour du rendez-vous, tout peut arriver. Certains de vos prospects peuvent décider de faire la grasse matinée ; d'autres peuvent avoir reçu un appel important ; et d'autres encore ont peut-être tout simplement oublié.

Vous n'avez qu'un seul moyen d'être sûr que vos rendez-vous ne seront pas annulés : faire le déplacement vous-même. En fixant vos rendez-vous chez vos prospects ou à leur bureau, vous augmentez considérablement vos chances de les maintenir.

L'angoisse du premier coup de fil

La plupart des rendez-vous sont pris par téléphone. Cet outil peut être votre meilleur ami ou votre pire ennemi. Lorsque des clients potentiels vous appellent pour demander des renseignements ou fixer un rendez-vous, le téléphone est votre allié parce qu'il ne représente aucune menace de rejet pour vous. En revanche, lorsque c'est vous qui devez téléphoner à des personnes que vous n'avez jamais vues dans l'espoir d'obtenir un rendez-vous, vous êtes beaucoup moins à l'aise. Ne vous laissez pas assaillir par l'angoisse du premier coup de fil. Faites comme si vous étiez en train de jouer avec une machine à sous – à la fin, cela finira par payer. Et si vous savez vous y prendre, vous gagnerez peut-être le jackpot !

Pour convaincre quelqu'un, la rencontre en tête-à-tête est indispensable. Or, pour le rencontrer, vous devez d'abord lui téléphoner. Gardez cette simple vérité à l'esprit et vous surmonterez votre angoisse : plus de mains moites, de perles de sueur, de nœud à l'estomac ni de bégaiements. Avec la pratique, vous maîtriserez ces réactions émotionnelles qui viennent de votre peur de ne pas dire ce qu'il faut ou d'être rejeté.

Si vous pensez que vous ne serez jamais à l'aise avec le téléphone, souvenez-vous de la première fois où vous avez discuté avec une personne du sexe opposé – probablement lorsque vous aviez une dizaine ou une douzaine d'années. Les sensations physiques que vous avez ressenties à ce moment-là ressemblaient sans doute à celles que vous éprouvez juste avant de décrocher votre téléphone. Vous vouliez impressionner quelqu'un et vous aviez peur de passer pour un imbécile. Si vous n'avez pas été très agréable avec certaines personnes au téléphone, peut-être craignez-vous simplement de recevoir la monnaie de votre pièce.

Joindre la personne qui a le pouvoir de décision

Lorsque vous essayez d'obtenir un rendez-vous avec un client potentiel, votre objectif est de joindre la personne qui est habilitée à prendre les décisions d'achat. Malheureusement, vous ne parviendrez peut-être même pas à joindre votre contact. Si celui-ci reçoit beaucoup d'appels, il est sans doute entouré d'assistants qui les filtrent. Vous n'avez pas le choix : insistez jusqu'à ce que votre contact vous réponde.

Si vous avez des difficultés à joindre le décideur, dites-vous que la concurrence rencontrera les mêmes obstacles que vous. Alors si vous tenez bon, si vous parvenez à obtenir un rendez-vous et à faire de la société un nouveau client, vous serez à l'intérieur des murs auxquels vous vous êtes heurté(e)s. Et ce seront vos concurrents que l'on tiendra à distance.

Contacter le réceptionniste

Essayez d'obtenir des informations auprès du réceptionniste qui répond à votre appel téléphonique. Demandez-lui le nom de la personne qui a le pouvoir d'achat : « Qui se charge des achats en matière de [votre produit ou service] ? » Son rôle est de connaître la fonction de chaque salarié de la société afin d'orienter les appels correctement. Il peut donc vous être d'une aide précieuse. Ensuite, à chaque fois que vous effectuerez une relance téléphonique, vous pourrez utiliser le nom du décideur.

Demandez au réceptionniste l'orthographe et la prononciation des noms qu'il vous fournit. Ne prenez pas le risque d'écorcher le nom de vos contacts. Rien ne vous empêche de demander également le nom du réceptionniste, au contraire.

Si le réceptionniste se montre particulièrement serviable, prenez le temps de lui envoyer une lettre de remerciements accompagnée d'une carte de visite. Nous sommes toujours conscients de l'importance d'avoir un bon réceptionniste lorsque nous en recrutons un mais rares sont les personnes qui savent apprécier les services de celui des autres. Votre gratitude vous ouvrira peut-être des portes. Si vous avez de bonnes relations avec le réceptionniste, celui-ci sera heureux de vous revoir et vous accueillera avec plaisir. Il vous protégera peut-être même contre vos propres concurrents.

Travailler avec l'assistant du décideur

Si la personne qui a le pouvoir de décision a un assistant, le réceptionniste vous mettra d'abord en contact avec celui-ci. Ne vous en formalisez pas. Traitez l'assistant avec autant de respect et de courtoisie que s'il s'agissait du décideur. Il peut aussi bien être votre allié que votre ennemi et il est dans votre intérêt d'essayer d'obtenir son aide. Il vous renseignera sans doute dans beaucoup de domaines et vous permettra peut-être même de préqualifier le décideur (pour en savoir plus sur la qualification, reportez-vous au chapitre 7).

Commencez par dire à l'assistant que vous avez les moyens d'accroître la rentabilité et de réduire le coût d'un service que la société utilise déjà. Cette entrée en matière suffira sans doute à convaincre l'assistant de vous écouter jusqu'au bout. Dites-lui ensuite que vous avez besoin de son aide et demandez-lui simplement comment obtenir un rendez-vous avec le décideur.

La plupart des sociétés ont défini une procédure précise pour fixer des rendez-vous avec les supérieurs hiérarchiques. En vous renseignant sur cette procédure, vous montrez que vous n'êtes pas en train d'essayer de forcer le système en place et gagnez le respect de votre interlocuteur.

À moins que la procédure ne soit trop complexe ou que votre offre ne soit limitée dans le temps, conformez-vous aux règles établies par la société. Si vous n'obtenez aucun résultat, demandez-vous si le prospect vaut la peine que vous fassiez davantage d'efforts. Si c'est le cas, vous allez devoir vous montrer créatif (voir section suivante).

Faire preuve de créativité pour rencontrer le décideur

Quelle que soit la méthode que vous utilisiez pour entrer en contact avec le décideur, demandez-vous toujours ce que celui-ci va en penser. Votre objectif est d'attirer l'attention sans prendre de trop gros risques. Essayez de connaître les priorités du décideur et de vous en servir pour trouver un terrain d'entente. Cette fois encore, le réceptionniste, le secrétaire ou l'assistant peut vous être d'une aide précieuse.

Je connais un vendeur qui a envoyé un panier garni à un décideur en joignant le billet suivant : « Je ne veux pas manger votre temps, mais je sais que je peux vous faire économiser beaucoup d'argent si vous m'accordez un rendez-vous de seulement dix minutes. » Il a franchi les obstacles de façon créative et obtenu un rendez-vous immédiatement.

Pour faire bonne impression auprès du décideur, vous pouvez aussi demander à son assistant ou au réceptionniste quelles sont les personnes qu'il respecte et en qui il a confiance. Le monde est vraiment petit lorsqu'on fait partie du même réseau. Si vous découvrez que votre prospect est membre du Rotary Club, essayez d'obtenir un rendez-vous par l'intermédiaire d'une de vos connaissances qui fait également partie de ce club.

Si vous savez vous y prendre, vous trouverez un moyen de rencontrer votre prospect grâce à votre réseau de contacts. Faites en sorte que ces contacts fassent le lien entre vous et le décideur.

Si le décideur est vraiment trop occupé pour vous rencontrer, proposez-lui un entretien téléphonique. Vous devrez adapter votre présentation pour qu'elle ne perde pas son impact par téléphone, mais vous finirez peut-être par obtenir des résultats.

Faire bonne impression

Votre prospect se fera une opinion sur vous dès les dix premières secondes de votre rencontre. Ce court intervalle de temps suffira à lui fournir plusieurs éléments qui interviendront favorablement ou non dans sa décision.

Dix secondes : lorsque vous regardez la trotteuse de votre montre, cela peut vous paraître relativement long mais lorsque vous entrez dans une pièce et rencontrez quelqu'un pour la première fois, cela passe en un instant. Les personnes qui vous ont accordé un rendez-vous doivent pouvoir se dire qu'elles ont eu raison de le faire. Elles doivent voir *immédiatement* les bénéfices du temps qu'elles ont investi en vous. Optimisez les dix premières secondes de votre rendez-vous pour faire bonne impression et passer confortablement à la présentation de votre produit.

Si vous débutez dans le monde de la vente, faites attention à ne pas déballer tous vos arguments dès les dix premières secondes. Soyez naturel(e) et détendu(e) pour que votre client potentiel se sente à l'aise lui aussi.

Porter une tenue appropriée

Avant d'aller à un rendez-vous, choisissez soigneusement votre tenue. Il faut que votre prospect vous apprécie et voie que vous l'appréciez. Pour y parvenir, habillez-vous comme lui.

Faites preuve de bon sens et vous ne pourrez pas vous tromper. Si vous vendez du matériel agricole et arrivez à vos rendez-vous habillé comme un banquier, les agriculteurs ne seront sans doute pas très à l'aise avec vous. Cela ne veut pas dire que vous devez porter un bleu de travail mais qu'une tenue décontractée sera plus appropriée. À l'inverse, si vous avez rendez-vous avec le responsable des achats d'une société, évitez de porter un jean et un tee-shirt. À vous d'adapter vos tenues en fonction de vos clients pour faire bonne impression en toutes circonstances.

Si vous débutez dans la vente ou si vous avez affaire à une catégorie de clients que vous n'avez pas encore côtoyée, observez la façon dont les autres vendeurs de votre société s'habillent et inspirez-vous de leur tenue. Si votre société a adopté un certain code vestimentaire, c'est sans doute pour une bonne raison. Des études ont dû montrer que les vêtements conformes à ce code correspondent à ce que les clients s'attendent à voir dans une société de ce type. Alors restez dans le ton.

Si vous arrivez à un rendez-vous dans une tenue légèrement différente de celle de votre prospect, faites des efforts dès les premières minutes pour vous retrouver sur un pied d'égalité avec lui. Après, il sera trop tard.

Être attentif au langage de votre corps

Comme votre tenue vestimentaire, le langage de votre corps véhicule un message. Le port de votre tête, l'expression de votre visage, vos gestes et le ton de votre voix participent eux aussi à la première impression que vous donnez.

Pour être conscient du langage de votre corps, regardez-vous dans un miroir, enregistrez-vous avec un caméscope ou demandez conseil à un ami. Habillez-vous comme si vous deviez rencontrer un prospect et conduisez-vous comme à votre habitude. Si le langage de votre corps ne donne pas une image de succès et de confiance, essayez de vous corriger. Ne marchez pas les épaules en arrière, ne mettez pas les mains dans vos poches et gardez les bras le long du corps. Regardez votre prospect dans les yeux sans le fixer ni le toiser. Souriez chaleureusement aussi bien avec les yeux qu'avec la

bouche et parlez d'une voix confiante. Si vous avez la voix trem-
blante et si vous êtes vraiment nerveux(se), respirez lentement et
profondément avant de frapper chez votre prospect.

Si vous éprouvez un plaisir sincère à rencontrer des gens, ce comportement deviendra naturel.

Établir le contact avec vos clients

Vos clients ne seront à l'aise avec vous que si vous savez établir le
contact avec eux. Toute situation de vente implique la recherche
d'un terrain d'entente. Nous aimons tous nous trouver en compagnie de personnes qui nous ressemblent. Par conséquent, si vous
savez montrer à vos prospects que vous avez des points communs
avec eux, ils verront que vous n'êtes pas différent(e) d'eux. Vous
avez une famille, un emploi, des valeurs identiques et, lorsque
vous avez besoin d'un produit que vous ne vendez pas, vous vous
adressez vous aussi à un vendeur. Il se trouve seulement que vous
en savez plus qu'eux sur un certain produit ou service – et que
vous vous réjouissez de leur faire profiter de vos connaissances.

Si votre prospect a le sentiment que vous et lui n'êtes pas sur
la même longueur d'onde, présentez-lui les choses de la manière
suivante :

« M. Jean, lorsque je n'aide pas les autres à acquérir l'un de mes produits, je suis un
consommateur, comme vous, qui recherche la qualité au meilleur prix. Lorsque je fais
des achats, j'espère toujours trouver une personne susceptible de me parler de l'article qui m'intéresse afin que je puisse prendre une décision éclairée. Aujourd'hui, j'aimerais que vous ayez confiance en mon expertise en matière d'appareils vidéo.
N'hésitez pas à me poser toutes les questions qui vous passent par la tête. »

N'hésitez pas à recourir à cette stratégie, qui a fait ses preuves.
Vous n'aimez sans doute pas « réciter » un discours appris par
cœur mais vous ne donnerez cette impression que si vous récitez
vraiment. Dans la vente, la façon de s'exprimer est aussi importante que le message. À vous de parler en montrant tout l'intérêt
que vous portez à vos clients. Si vous n'êtes pas vraiment sincère,
vous n'avez rien à faire dans cette branche.

Pour établir le contact avec vos clients, vous devez vous intéresser à eux, c'est-à-dire avoir la volonté de suffisamment bien les
connaître pour bien les conseiller. Si vous êtes authentique, ils
vous feront confiance beaucoup plus rapidement.

Gagner l'estime et la confiance de vos clients

Lorsque vous rencontrez un prospect pour la première fois, aidez-le à se détendre. Personne ne prend de décision sous pression. Votre prospect doit vous apprécier et vous faire confiance avant de s'en remettre à vous pour l'acquisition d'un produit ou d'un service.

Comment gagner l'estime et la confiance de votre prospect ? Vous avez dix secondes pour faire bonne impression. Dans l'intervalle, vous devez franchir non moins de cinq étapes, décrites dans les sections suivantes.

1. **Souriez avec sincérité.**

2. **Regardez votre prospect dans les yeux.**

3. **Saluez votre prospect.**

4. **Serrez la main de votre prospect.**

5. **Présentez-vous.**

Si vous franchissez ces cinq étapes avec succès, vous pourrez passer au stade suivant du cycle de vente, c'est-à-dire à la qualification (voir chapitre 7). La qualification consiste à déterminer si vous pouvez aider votre client potentiel. Or, si vous ne faites pas bonne impression dès le départ, vous ne parviendrez jamais à ce stade.

Marcher vers la réussite

Une étude réalisée par l'université de Californie auprès de 10 000 personnes concernant la première impression donnée par un vendeur convaincant a abouti aux résultats suivants : 7 % ont répondu que le vendeur connaissait bien le domaine, le produit ou le service. 38 % ont répondu que le vendeur avait une voix confiante et intelligente. Enfin, 55 % ont répondu que le vendeur marchait avec assurance en dégageant une aura de sérénité. Si vous doutiez encore de l'importance du langage du corps, voilà qui devrait vous convaincre.

La plupart du temps, les gens sont tels que vous les imaginez parce que votre comportement – ce que vous dites et votre façon de le dire – indique clairement ce que vous pensez d'eux. Et, en général, ils se conforment à l'image que vous leur renvoyez d'eux. Par conséquent, si vous vous attendez à ce qu'ils soient ouverts et chaleureux, ils le seront. Si votre discours et le langage de votre corps donnent une impression agréable, vos interlocuteurs réagiront à l'avenant.

Étape n° 1 : souriez avec sincérité

Lors de votre premier contact avec un client potentiel, souriez de façon chaleureuse et sincère. Un sourire met toujours à l'aise. Si vous ne souriez pas ou si vous avez l'air de vous forcer, votre prospect cherchera à vous éviter et dressera un mur de doute et d'appréhension entre lui et vous en quelques secondes.

Les relations à long terme se nouent dès les dix premières secondes. Alors, souriez ! Mais ne soyez pas grimaçant(e).

Certaines personnes ne savent plus sourire parce qu'elles le font rarement. Si vous en ressentez le besoin, regardez-vous dans un miroir et entraînez-vous jusqu'à ce que cela vous devienne naturel.

Si vous contactez votre prospect par téléphone, ne négligez pas pour autant de sourire. Votre (absence de) sourire s'entend dans votre voix. Quand j'étais manager, je mettais un petit miroir à côté du téléphone de chacun de mes vendeurs afin que ceux-ci puissent se regarder lorsqu'ils parlaient aux clients. Ils devaient ranger leur miroir lorsque des clients venaient au bureau, mais cette technique était très efficace.

Étape n° 2 : regardez votre prospect dans les yeux

Lorsque votre prospect vous ouvre la porte, regardez-le dans les yeux pour établir une relation de confiance. Si vous avez le regard fuyant, il pensera que vous lui mentez et mettra vos paroles en doute.

Veillez à ne pas fixer votre prospect. Regardez-le dans les yeux en souriant pendant quelques secondes et il sera probablement le premier à détourner son regard. Ne le harcelez pas pour qu'il vous regarde. Soyez naturel(le).

Étape n° 3 : saluez votre prospect

La façon dont vous saluerez votre prospect dépendra de plusieurs facteurs. Par exemple, vous ne vous comporterez pas de la même façon selon que vous vous adresserez à un vieil ami, à une nouvelle connaissance ou à un parfait inconnu. Par ailleurs, vous devrez vous adapter aux circonstances de votre rencontre. Si vous avez des doutes, mieux vaut pécher par excès de formalités.

Ne vous laissez pas décourager par les apparences

Après trois ans de carrière dans la vente, j'avais mis pas mal d'argent de côté et je me suis acheté une Cadillac – le must pour un agent immobilier dans les années 60. Je me suis même offert quelques beaux costumes.

Un jour, j'ai reçu un appel d'une femme qui m'a demandé de venir voir sa maison, qu'elle et son mari envisageaient de vendre. Dans ma Cadillac et mon costume flambant neuf, je me sentais très sûr de moi. Lorsque je suis arrivé à la maison, j'ai vu six Harley Davidson alignées dans l'allée.

En voyant toutes ces motos, je me suis dit que ma Cadillac et mon costume n'allaient pas vraiment m'aider à établir le contact. Un barbu taillé comme une armoire à glace m'a ouvert la porte. En jetant un coup d'œil dans la maison, j'ai pu voir cinq autres types du même acabit assis dans le salon. On ne peut pas dire que le courant soit passé tout de suite…

Je suis entré et j'ai décidé de procéder comme à mon habitude : « Pour pouvoir déterminer la valeur de votre maison, j'ai besoin de la voir », ai-je dit d'un ton plutôt nerveux. Nous avons donc commencé par le salon puis nous sommes passés à la cuisine, qui était juste à côté du garage, où se trouvait une moto en pièces détachées. J'ai alors demandé au gaillard qui était visiblement en train de monter cette moto comment il répartissait le poids lorsqu'il allongeait la fourche avant, en expliquant que je faisais moi aussi de la moto depuis des années. Bien sûr, je ne roulais pas en Harley mais je m'y connaissais assez bien.

Nous avons parlé moto pendant environ dix minutes et la situation a complètement changé. Je n'étais plus l'agent immobilier en costume mais un simple motard. J'ai terminé de visiter la maison et je me suis chargé de la vendre au meilleur prix. Dès lors, j'ai compris l'importance de mettre mes clients à l'aise.

Voici plusieurs possibilités. À vous de trouver celle qui convient le mieux à la situation :

- ✔ Bonjour.
- ✔ Bonsoir.
- ✔ Bonjour Monsieur/Madame.
- ✔ Bonjour, comment allez-vous ?
- ✔ Bonjour, enchanté de vous connaître.
- ✔ Bonjour, merci de votre visite.
- ✔ Bonjour, merci de me recevoir.

Si vous connaissez le nom de votre prospect, utilisez-le : « Bonjour, M. Jean ».

Étape n° 4 : serrez la main de votre prospect

Certains vendeurs n'hésitent pas à serrer la main de leurs clients. Mais tout le monde n'aime pas cette pratique. Pour éviter de mettre votre prospect mal à l'aise, gardez votre bras droit le long du corps, légèrement replié. Si vous voyez qu'il s'apprête à vous tendre la main, vous serez prêt(e) à la lui serrer. Sinon, vous aurez évité de faire un faux pas.

Ne tendez jamais la main le premier.

Lorsque la poignée de main s'impose, offrez une main souple mais ferme. Observez la façon dont les autres vous serrent la main. Si vous avez déjà eu la sensation d'avoir un poisson mort au bout des doigts, vous comprenez sans doute l'intérêt de la fermeté de votre geste. Et si vous avez déjà eu peur que l'on vous brise les phalanges, vous êtes conscient(e) de l'importance de la souplesse.

Pour donner une impression de confiance, d'assurance et de compétence, prenez toute la paume de la main que l'on vous tend. Votre geste doit être bref. Il n'y a rien de plus inconfortable que d'avoir la main tenue par quelqu'un alors que l'on est prêt à la retirer.

Si vous avez affaire à un couple avec des enfants, serrez la main de chaque conjoint, bien sûr, mais aussi celle des enfants. Après tout, si le produit que vous vendez leur est destiné, vous devez aussi gagner leur confiance. Si vous avez le sentiment qu'un enfant serait gêné par une poignée de main, contentez-vous de le regarder dans les yeux pendant un court instant. Évitez de lui attraper la joue ou de lui ébouriffer les cheveux. Souvenez-vous à quel point vous détestiez ça quand vous étiez petit(e) !

Étape n° 5 : présentez-vous

La poignée de main est le moment idéal pour les présentations. Saluez votre prospect en disant : « Bonjour, Paul Durand de la société Technopol. » Faites en sorte qu'il comprenne bien votre nom car il est très délicat de corriger quelqu'un qui écorche un nom. De plus, si vous obtenez sa clientèle et s'il vous recommande à quelqu'un, il ne faut pas que ce nouveau client potentiel s'adresse à la mauvaise personne, surtout s'il s'agit d'un concurrent.

Ne vous montrez pas trop familier avec votre prospect lors de votre première rencontre. Laissez celui-ci décider de l'évolution de votre relation. De votre côté, restez toujours courtois(e).

Bien vous comporter dans un commerce de détail

La vente dans un commerce de détail ne se différencie pas des autres types de vente – votre objectif est de gagner l'estime et la confiance de vos clients afin qu'ils viennent vous demander de l'aide plutôt que de les agresser avec le traditionnel « Puis-je vous aider ? » alors qu'ils ne vous ont rien demandé.

En tant que client, vous avez dû entendre des dizaines de fois différentes variations sur le thème de « Puis-je vous aider ? » Par exemple : « Bonjour ! Que puis-je faire pour vous ? » La plupart du temps, vous avez sans doute répondu : « Rien, je ne fais que regarder. » Inutile donc d'appliquer cette méthode inefficace.

Si vous travaillez dans un commerce de détail, prenez les précautions suivantes :

- Lorsqu'un client entre dans votre magasin, ne marchez pas vers lui immédiatement.
- Lorsque vous vous approchez d'un client, faites-le sans précipitation.

Si vous vous précipitez vers un client, celui-ci aura une réaction de recul. Montrez-lui simplement que vous êtes à sa disposition au cas où il aurait des questions. Ensuite, laissez-le se promener entre les rayons sans intervenir.

Trouver un substitut à : « Puis-je vous aider ? »

Au lieu de lancer machinalement : « Puis-je vous aider ? », dites plutôt :

« Bonjour, merci de votre visite. Je travaille ici. Si vous avez des questions, n'hésitez pas à me les poser. »

Cet accueil est chaleureux. Vous souhaitez la bienvenue au client sans le harceler. Vous lui permettez d'être détendu et donc plus enclin à prendre des décisions.

Autre approche possible :

« Bonjour, bienvenue à Luminaires & Confort. Je me réjouis que vous ayez eu un moment pour passer nous voir. N'hésitez pas à faire un tour pour regarder. Je m'appelle Carine et je suis à votre disposition si vous avez des questions. »

Attendez un instant au cas où le client aurait déjà des questions, puis éloignez-vous.

Lorsque vous laissez les clients seuls, ils se dirigent vers les articles qui les intéressent. En les observant de loin, vous pouvez en déduire ce qu'ils recherchent. Quand ils s'arrêtent devant un article, approchez-vous pour répondre à d'éventuelles questions. Toutefois, ne vous précipitez pas comme un vautour. Contentez-vous d'être dans les parages afin qu'ils vous trouvent facilement s'ils cherchent de l'aide.

Identifier les signaux émis par votre client

Si un client a cessé depuis un moment de se promener entre les rayons pour s'arrêter devant un article, vous pouvez l'aborder en lui posant une question. Cette question doit vous permettre d'en savoir plus mais aussi d'engager une véritable conversation.

Si le client regarde une chaise, demandez-lui :

« Cette chaise en remplacera-t-elle une autre ou viendra-t-elle s'ajouter à votre mobilier ? »

Lorsque vous connaîtrez la réponse, vous pourrez l'aider à prendre la bonne décision.

Si vous tenez un commerce dans lequel vos articles sont exposés, laissez vos clients regarder avant de les aborder. Cette attitude est moins menaçante et beaucoup plus professionnelle que le harcèlement qu'exercent de nombreux vendeurs dès qu'un client ouvre la porte de leur boutique.

Certains magasins sont si grands que les clients ont besoin d'un guide pour trouver ce qu'ils cherchent. Si vous travaillez dans un grand magasin, conduisez vos clients jusqu'au rayon qui les intéresse puis retirez-vous pour les laisser regarder. Lorsqu'ils auront besoin de vous, ils sauront où vous trouver et vous n'aurez aucunement influencé leur choix.

Trouver un terrain d'entente

Une fois les présentations faites et les dix premières secondes écoulées, vous entrez dans une période de transition au cours de laquelle vous devez trouver un terrain d'entente entre votre prospect et vous. Pour y parvenir, faites preuve d'observation.

Par exemple, si vous entrez dans le bureau de M. Galois et remarquez des photos de famille, faites une remarque à ce propos. Vous n'avez pas besoin de connaître tous les détails. Il vous suffit de dire : « Belle famille ! », et de laisser votre prospect rebondir. Si vous voyez des trophées, commentez-les. Si vous vous rendez compte que votre prospect et vous êtes tous deux amateurs de pêche, engagez la conversation sur la pêche.

Retenez bien le nom de votre prospect

Lorsque vous avez affaire à un groupe, adoptez le même degré de formalité avec chacun des membres. N'appelez pas l'un d'eux M. Duval et un autre Thierry sous prétexte que vous avez oublié son nom de famille. Ce serait plus déplacé que de redemander le nom de ce Thierry.

Au début de ma carrière, j'ai passé tout un après-midi avec un couple dont je n'avais pas bien compris le nom lors des présentations. À la fin de la journée, nous avons conclu la vente. Au moment de remplir le formulaire, j'ai demandé au mari le plus simplement du monde : « Pouvez-vous m'épeler votre nom ? » Et il m'a répondu : « M.A.R.T.I.N. » J'étais cramoisi !

L'observation fait partie des compétences essentielles que vous devez développer pour réussir dans la vente.

En faisant passer l'aspect humain de votre personnalité avant votre rôle de vendeur, vous aiderez votre client à briser le mur d'appréhension dont il s'est entouré spontanément en vous voyant.

Si M. Galois vous a été recommandé par quelqu'un, parlez de votre connaissance commune. « Ce bon vieux Richard » a peut-être beaucoup de talent, une famille formidable, un sens de l'humour hors du commun – autant de sujets qui ne portent pas à controverse et peuvent constituer un bon point de départ.

Si Mme Dupont a un accent, demandez-lui de quel pays elle est originaire. Peut-être connaissez-vous ce pays ou avez-vous des amis qui y vivent. Toutefois, soyez prudent(e). Mme Dupont risque d'en avoir assez qu'on lui fasse remarquer qu'elle a un accent. Ne vous éternisez pas sur ce sujet, surtout si elle semble tendue.

Dans les sections suivantes, vous découvrirez plusieurs façons de trouver un terrain d'entente avec vos prospects ou des clients avec lesquels vous n'êtes pas complètement à l'aise.

Gardez un ton léger mais avancez

Si vous ne trouvez pas de terrain d'entente, puisez dans les nouvelles locales. Assurez-vous simplement de ne pas choisir un sujet portant à controverse. Faites tout votre possible pour ne pas parler du temps – si vous commencez à commenter la chaleur ou le froid qu'il fait, votre prospect verra que vous cherchez désespérément un sujet de conversation ou que vous êtes mal à l'aise.

Vous pouvez aussi faire un compliment sincère à votre client potentiel. Dites quelque chose que vous pensez vraiment. La flatterie obséquieuse ne vous mènera nulle part. Si vous vous exclamez : « Ça alors ! Vous ressemblez à Claudia Schiffer », votre prospect ne vous fera jamais confiance.

Pour que la conversation se poursuive de façon fluide, posez une question et, lorsque votre prospect y répond, hochez la tête ou dites-lui simplement « Je vois » avant de lui poser une autre question basée sur sa réponse. Par exemple, si vous vous rendez chez quelqu'un, procédez de la manière suivante :

VOUS : – Bonjour, Monsieur Durand. Merci de m'accorder un peu de votre temps. Vous avez une bien belle famille.

PROSPECT : – Merci.

VOUS : – En quelle classe sont vos enfants ?

PROSPECT : – L'aînée est en première année de DEUG, le second en terminale et le petit dernier en troisième.

VOUS : – Vous devez être très fier d'eux. Quelle filière l'aînée a-t-elle choisie ?

PROSPECT : – Le droit. Elle veut travailler avec moi lorsqu'elle aura son diplôme. Je lui ai dit que je ne l'embaucherais que si elle avait de bonnes notes à tous ses partiels. Un diplôme, c'est une chose, mais le contrôle continu donne une meilleure idée des connaissances d'un étudiant.

Si vous vous trouvez dans une entreprise, dites par exemple :

VOUS : – Bonjour, Madame Martin. Merci de m'accorder un peu de votre temps. Je me demandais depuis quand cette société se trouve ici. Cela fait des années que je vois la plaque sur cet immeuble.

PROSPECT : – Cela fait vingt-cinq ans.

VOUS : – C'est formidable ! Et depuis quand y travaillez-vous ?

PROSPECT : – J'ai commencé il y a dix ans au service du contrôle des stocks et je suis responsable des achats depuis cinq ans.

Ne posez pas trop de questions à moins que votre prospect semble vouloir vous en dire plus.

Faites des compliments

Si vous avez l'occasion de vous rendre chez des particuliers pour vendre votre produit, faites-leur des compliments sur leur maison. Par exemple :

« J'ai vu beaucoup de maisons en rendant visite à des clients. Permettez-moi de vous dire que vous pouvez être fier de ce que vous avez fait. Cette maison est magnifique ! »

Jetez un coup d'œil dans la maison. Si vous êtes visiblement chez un artiste qui a accroché ses tableaux aux murs, montrez-vous enthousiaste : « C'est vous qui avez peint ces tableaux ? Vous avez vraiment un don. » Ainsi, vous ne portez pas de jugement sur le talent de la personne. Vous reconnaissez simplement ses dons artistiques.

Si votre prospect a un hobby dont il semble être fier, n'hésitez pas à le complimenter et montrez un intérêt sincère pour ce qu'il fait.

Évitez la polémique

Veillez à ce que votre prospect ne vous entraîne pas dans une conversation sur un sujet portant à polémique. Certaines personnes le font uniquement pour vous tester. Évitez à tout prix de parler politique et religion.

Si vous vous trouvez sur un terrain glissant, éludez la question de la manière suivante :

« Je passe tellement de temps à rendre visite à mes clients que je n'ai pas vraiment pu suivre cette affaire. Mais vous, qu'en pensez-vous ? »

En renvoyant la balle à votre prospect, vous ne prenez pas de risque. Si celui-ci a une opinion très arrêtée sur le sujet, mieux vaut ne pas épiloguer lors de vos prochaines rencontres. Mais si vous en ressentez le besoin, faites-le parler un peu plus pour mieux le connaître avant de vous investir dans une relation à long terme avec lui.

Dans toute relation d'affaires, évitez absolument les expressions familières et les jurons. Peu importe que cette façon de parler soit courante aussi bien dans votre environnement qu'à la télévision. Elle n'a pas sa place dans le monde des affaires. Vous ne connaissez pas les valeurs de votre prospect et ne devez pas courir le risque de l'offusquer. Bannissez également toute plaisanterie scabreuse, raciste ou sexiste. Respectez les valeurs, croyances et mœurs de votre interlocuteur.

Adaptez-vous au débit de votre prospect

Lorsque vous parlez avec votre prospect, prenez le temps d'évaluer votre débit et le sien. Cette pratique s'acquiert facilement avec l'expérience.

Si votre prospect parle plus rapidement que vous, accélérez votre débit pour conserver son attention. S'il parle beaucoup plus lentement que vous, ralentissez votre débit ou faites des pauses plus souvent qu'à votre habitude. Une différence de débit, quelle qu'elle soit, comporte des risques : soit votre prospect ne parvient pas à vous suivre, soit son esprit vagabonde. Dans les deux cas, c'est à vous de vous adapter.

Chapitre 7

Qualifier vos prospects

. . . .

Dans ce chapitre

▶ Raisonner comme un détective

▶ Oublier vos préjugés

▶ Identifier les besoins de vos prospects en posant les bonnes questions

. . . .

Lorsque vous arrivez au stade de la qualification, vous avez identifié votre prospect, pris contact avec lui et obtenu un rendez-vous. Le prospect a montré un certain intérêt pour votre produit ou votre service. Maintenant, vous devez déterminer si ses besoins correspondent à votre offre et s'il a le pouvoir de prendre des décisions d'achat – deux conditions indispensables pour qu'il puisse être considéré comme un acheteur qualifié. Si le prospect ne remplit pas ces deux conditions, retirez-vous poliment et passez à un autre client potentiel. Si vous vous obstinez à essayer de conclure la vente avec un acheteur non qualifié, vous perdrez votre temps. De plus, c'est précisément ce genre de situation qui a contribué à ternir la réputation des vendeurs. Alors, sachez vous retirer dignement.

Cette étape du cycle de vente est particulièrement importante dans le cas où vous ne connaissez pas suffisamment bien votre prospect pour savoir s'il a besoin de votre produit ou de votre service.

Il se peut que votre prospect soit lié par un engagement financier ou personnel. Il a peut-être déjà un crédit à rembourser. S'il vit en couple, il voudra sans doute consulter son(sa) conjoint(e) avant de prendre une décision. Vous devez connaître la situation dans laquelle se trouve votre prospect avant d'essayer de le convaincre.

Certains vendeurs font l'erreur d'essayer de convaincre un prospect avant d'être sûr que celui-ci a besoin de leur produit ou de leur service ou jouit d'un véritable pouvoir de décision. Il n'y a rien de pire pour les deux parties impliquées que de se retrouver engagées dans ce qui est une pure perte de temps. Par exemple, si vous voyez le mot *Accueil* sur la porte d'un bureau, ne faites pas au réceptionniste une présentation détaillée de votre produit.

C'est généralement la maîtrise de la qualification qui distingue les bons vendeurs des autres. Pour développer vos compétences en la matière, apprenez à poser les bonnes questions.

Dans la peau d'un détective

Par où commencer pour qualifier un prospect ? Dans certains cas, il faut savoir attendre le bon moment pour poser des questions. Dans d'autres, il faut créer l'opportunité. Imaginez que vous soyez un détective. Vous devez rassembler des informations pour élucider le mystère des besoins de votre prospect. S'il vous suffisait de vous présenter avec deux ou trois questions auxquelles le prospect répondrait nécessairement de façon exhaustive et honnête, ce serait un jeu d'enfant. Mais ce n'est pas toujours aussi facile. L'identification des besoins et des préoccupations de votre prospect ainsi que la prise en compte de ces facteurs dans votre présentation exigent beaucoup de temps et de pratique.

La qualification efficace a été incarnée dans les années 70 par le personnage principal d'une série télévisée encore populaire aujourd'hui. Vous voyez de qui je veux parler ? Il a un œil de verre, boite un peu et conduit une vieille guimbarde. Plutôt bourru, il est toujours mal rasé. Il porte un imperméable froissé et une cravate de travers. Il fume le cigare et ne se déplace jamais sans son carnet à spirale.

Vous avez sans doute reconnu ce cher lieutenant Columbo. En matière de qualification, Columbo est le meilleur car il sait poser les bonnes questions. De plus, il fait toujours comme si la personne qu'il interroge était beaucoup plus importante ou intelligente que lui. Il l'incite ainsi à baisser sa garde et lui pose la même question de différentes façons de sorte qu'elle finit éventuellement par se contredire. Il en déduit alors facilement qu'elle ment ou qu'elle ne lui dit pas tout ce qu'elle sait. Et il se sert de cette information pour obtenir de nouvelles réponses.

Dans les sections suivantes, vous allez découvrir les principales stratégies utilisées par Columbo pour résoudre chacune de ses affaires. N'hésitez pas à vous en inspirer pour obtenir des informations sur vos prospects.

Ne vous mettez pas en avant

Columbo ne se prend jamais pour le plus intelligent. Il ne se fait pas remarquer. Au contraire, il braque les projecteurs sur l'affaire (le « produit ») et l'explique en détail aux suspects. Lorsque vous présentez votre produit, vous devez le faire avec tact et ne pas donner l'impression que vous savez tout mieux que tout le monde.

Votre prospect sait que vous en savez plus que lui sur le sujet sinon il ne vous consacrerait pas une partie de son temps. Il faut qu'il vous donne certaines informations le concernant pour que vous puissiez l'informer à votre tour. Le but de la qualification est de l'interroger pour mieux le connaître et donc mieux répondre à ses propres questions.

Prenez toujours des notes

Prendre des notes est essentiel mais Columbo ne sort pas son stylo dès qu'il recueille une information importante. Au contraire, il fait toujours les choses avec discrétion. Son carnet à spirale est assez petit pour tenir dans sa poche. Il le consulte régulièrement pendant ses recherches et en tire des conclusions qui lui permettent d'orienter ses discussions avec chaque suspect.

Sur quoi prenez-vous vos notes ? S'agit-il d'un support imposant ? Votre prospect peut-il avoir l'impression que vous avez des dizaines de cases à remplir à son sujet ? Si c'est le cas, il risque de se sentir menacé.

Lorsque vous reformulez une information que vous a donnée votre prospect, indiquez l'endroit où vous l'avez notée pour montrer que vous saurez vous en souvenir.

Montrez à votre prospect l'importance que vous lui accordez en tant qu'individu

Columbo remercie toujours ses suspects de lui avoir accordé un peu de leur temps et de lui avoir fourni des informations. Même si ces informations sont peu importantes, il fait comme s'il s'agissait de la clé de l'énigme.

Ne vous contentez pas de prendre des notes. Faites des commentaires sur les faits et les chiffres qui vous sont indiqués. Félicitez votre prospect d'en savoir aussi long sur le sujet alors qu'il n'est pas du métier. *Note* : si le prospect s'est renseigné avant de vous rencontrer, complimentez-le sur ses efforts.

Posez des questions banales et innocentes

Columbo demande rarement à un suspect : « Êtes-vous le coupable ? » Il pose des questions visiblement routinières sur l'endroit où le suspect se trouvait à l'heure du crime et sur les personnes qui l'accompagnaient.

Dans la vente, à un moment ou à un autre, il faudra parler argent. C'est un sujet délicat que personne n'aime aborder. Par conséquent, vous ne pouvez pas demander directement : « Combien d'argent avez-vous ? » Faites preuve de tact. Dites par exemple : « M. Martin, si nous avions la chance de trouver ce qu'il vous faut aujourd'hui, combien souhaiteriez-vous investir dans ce produit ? »

Prêtez attention aux réponses verbales et non verbales

Columbo est attentif à la façon dont les suspects répondent à ses questions. Il ne s'intéresse pas qu'à leurs paroles mais aussi au langage de leur corps. Il observe leur position, leur tenue, leur environnement et même leur voiture.

Si votre prospect habite dans une maison superbe et conduit une Mercedes, il sera sans doute intéressé par vos produits haut de gamme. En revanche, s'il commence par regarder le haut de gamme mais semble hésiter, il se demande peut-être s'il a les moyens de s'offrir ce qu'il y a de mieux.

Servez-vous des réponses de votre prospect

Les suspects de Columbo se rendent rarement compte qu'ils font partie des suspects jusqu'à ce qu'ils baissent leur garde et finissent par se contredire. Ils ont alors beaucoup de difficultés à expliquer cette contradiction entre leurs différentes réponses. Ils essaient de se justifier et continuent à se conduire comme s'ils étaient innocents.

Si un prospect vous dit qu'il a investi 15 000 euros dans un produit du même type que le vôtre, vous pouvez en déduire qu'il a les moyens d'investir autant dans le vôtre. Toutefois, s'il refuse votre offre sous prétexte qu'elle est trop onéreuse pour lui, c'est qu'il ne vous a pas donné toutes les informations dont vous aviez besoin. Dans ce cas, ne lui en faites pas le reproche. Posez-lui d'autres questions : « M. Martin, je croyais que vous m'aviez dit que vous aviez investi autant la dernière fois. Peut-être ai-je mal compris ? » M. Martin pourra alors s'expliquer sans que vous ayez à lui dire : « Vous m'avez donné une information inexacte ! »

Si un client potentiel commence par vous dire qu'il veut une voiture pour six puis, en raison de l'investissement, opte finalement pour un modèle pour cinq, il est sans doute embarrassé de devoir renoncer à son premier choix. Inutile de lui faire remarquer ce revirement.

Désamorcez la tension que vos questions peuvent créer

L'une des principales tactiques de Columbo consiste à changer de sujet. Par exemple, il fait des commentaires sur une plante que sa femme adore ou fait comme s'il avait terminé et quitte la pièce. Cette tactique oblige le suspect à penser à autre chose ou à répondre par réflexe. Le lieutenant lui pose alors une autre question dans l'espoir qu'il réponde également par réflexe et se trahisse.

Columbo a aussi l'habitude de revenir sur ses pas, comme s'il avait oublié quelque chose, pour poser une dernière question… juste au moment où le suspect relâche son attention et baisse sa garde. Et le piège se referme.

Si votre client potentiel ne prend pas de décision d'achat, rassemblez vos affaires comme si vous alliez partir. Une fois la tension retombée, il se demandera ce qu'il fera lorsque vous serez parti(e). Faites comme si la vente n'allait pas être conclue et peut-être qu'il réagira.

Employez un langage rassurant et un ton agréable

Columbo ne crée pas de sentiment de panique en demandant à ses suspects de le suivre au poste. D'ailleurs, vous verrez rarement Columbo au commissariat – il sait que les locaux de la police intimideraient ses suspects. Il s'exprime en outre avec des termes simples ou explique le jargon policier pour bien se faire comprendre.

Vos clients potentiels seront plus à l'aise si vous les rencontrez chez eux. Certains négociateurs vous diront que vous aurez davantage de pouvoir si vous les faites venir à votre bureau mais la vente ne s'inscrit pas dans une relation de pouvoir. Votre objectif est d'établir avec vos clients une relation durable basée sur la confiance. Par conséquent, vous devez mettre vos prospects à l'aise dès le départ pour aboutir à un accord satisfaisant pour tout le monde.

Faites savoir à votre prospect que vous resterez en contact avec lui

Si vous ne concluez pas la vente dès le premier rendez-vous, laissez la porte ouverte à une reprise de contact :

> « Monsieur Fabre, je vois que notre offre ne vous convient pas mais puis-je me permettre de rester en contact avec vous au cas où nos prochains produits correspondraient à vos attentes ? »

Dans le cas de Columbo, il va sans dire que la perspective d'une reprise de contact suffit à faire réfléchir le suspect.

Les fondements de la qualification

Si vous négligez l'étape de la qualification, vous allez droit à l'échec. Préparez avec soin vos questions et vous aurez de plus en plus de clients satisfaits.

Trop de vendeurs laissent le consommateur prendre une décision complètement seul ou cherchent à lui vendre ce qu'il leur plaît le plus. Ces deux approches sont vaines. Voici quelques expressions typiques du vendeur qui essaie de forcer la main de son client :

- ✔ Je sais ce qu'il vous faut.
- ✔ Voici ce que je préfère.
- ✔ En rouge, il est parfait.
- ✔ J'ai ce qu'il y a de mieux pour vous.
- ✔ Nous avons les meilleurs produits.

Pour rester concentré sur l'essentiel pendant la phase de qualification, pensez aux cinq A de Aujourd'hui, Atouts, Attentes, Acheteur et Apports. Le sigle AAAAA est un moyen mnémotechnique efficace qui vous permettra de rester sur les rails et d'identifier les besoins de votre prospect.

N'oubliez pas que votre objectif est d'aider vos clients à acquérir le produit ou le service dont ils ont besoin. Pour mieux les servir, vous devez passer par toutes les étapes du sigle AAAAA décrites dans les sections suivantes.

A comme Aujourd'hui

La première question que vous devez vous poser est la suivante : « Que possède le prospect aujourd'hui ? » En général, le consommateur moyen ne change pas ses habitudes de consommation de façon radicale. Renseignez-vous sur ce que votre prospect possède et vous aurez une idée de ce qu'il souhaitera acquérir à l'avenir.

Le passé détermine souvent les décisions futures. En voyant la voiture, la maison, les vêtements ou les bijoux de votre prospect, vous pourrez probablement deviner à quoi ressembleront les prochains produits de ce genre qu'il achètera. Ce ne sont pas des préjugés mais un simple constat : les consommateurs ont leurs habitudes et celles-ci changeront peu au cours de leur vie à moins qu'ils ne gagnent à la loterie ou touchent un héritage.

A comme Atouts

Vous devez ensuite identifier les atouts des produits actuels de votre prospect. Pourquoi votre prospect a-t-il acheté ces produits ? Quels sont les avantages qui l'ont convaincu de prendre une décision d'achat ?

Pour découvrir les goûts de votre prospect, posez-lui des questions précises. Il est probable qu'il recherche dans vos produits ce qui lui a plu dans ceux qu'il possède actuellement – à moins que vous puissiez lui proposer quelque chose d'encore plus intéressant.

A comme Attentes

Pourquoi votre prospect veut-il changer de produit ou faire l'acquisition d'un nouveau produit ? Autrement dit, quelles sont ses attentes ?

Nous recherchons tous notre propre intérêt

Que nous l'admettions ou non, nous sommes tous des créatures égoïstes. Nous pensons d'abord à notre confort personnel. Soyez honnête : à quand remonte la dernière fois où vous avez fait quelque chose pour quelqu'un sans attendre autre chose en retour ? Même si vous avez le sens du sacrifice, n'attendez-vous pas toujours un remerciement, un signe de reconnaissance, la promesse qu'on fera de même pour vous un jour ?

La plupart des gens (y compris moi) donnent aux autres uniquement dans l'espoir de recevoir à leur tour. Ils veulent être récompensés pour leurs efforts, même si cette récompense est intangible et émotionnelle, comme un sourire, un baiser ou une caresse dans les cheveux.

Votre prospect est lui aussi dans cet état d'esprit lorsque vous le contactez. Il voit en vous la personne qui pourra éliminer un certain manque de confort dans sa vie, lui donner plus que ce qu'il reçoit en ce moment. Il attend de vous un service. Votre rôle est donc de satisfaire ses besoins en lui fournissant des informations, un service ou un produit.

Nous avons tous des attentes dans la vie. Nous voulons plus de bénéfices, plus de satisfaction, plus de confort. Votre prospect souhaite améliorer sa situation actuelle et vous devez savoir précisément ce qu'il souhaite changer. Vous pourrez ainsi structurer votre présentation de façon à lui montrer que votre société peut répondre à ses attentes concernant un produit ou un service particulier.

A comme Acheteur

Il faut que vous sachiez qui sera l'acheteur, c'est-à-dire qui a le pouvoir de prendre la décision d'achat.

Si vous rencontrez une personne qui cherche une voiture, une maison ou un meuble, ne partez pas du principe que cette personne a le pouvoir de décision. Au moment de prendre la décision d'achat, votre prospect sera peut-être accompagné de son(sa) conjoint(e) ou d'un parent, dont vous devrez tenir compte.

Pour savoir si votre prospect est bien l'acheteur potentiel de votre produit, interrogez-le de façon subtile. Par exemple :

Serez-vous le seul à conduire cette voiture ?

Devrez-vous consulter quelqu'un avant de prendre une décision ?

Souhaitez-vous que je vous laisse le temps de discuter de tout cela avec quelqu'un ?

S'il répond : « Je dois en parler avec mon(ma) conjoint(e)/père/meilleur(e) ami(e) » inutile d'aller trop loin dans votre présentation. Attendez que la personne qui a le pouvoir de décision soit présente.

Toutefois, montrez-vous enthousiaste avec toutes les personnes que vous rencontrez. Même si votre prospect n'est pas l'acheteur qualifié, il peut avoir une influence sur celui-ci.

Le *marketing de réseau* est un type de vente directe qui consiste à distribuer un produit et à inviter les consommateurs à participer à la force de vente. Amway et Mary Kay sont des sociétés de vente directe. Si vous pratiquez le marketing de réseau, également connu sous le nom *marketing multi-niveaux*, ne présentez jamais votre offre à des distributeurs potentiels tant que les deux conjoints ne sont pas présents. Pour que cette activité donne des résultats, il faut que les conjoints se soutiennent mutuellement parce qu'elle s'exerce souvent en dehors du foyer et donne lieu à de nombreuses réunions le soir et le week-end. Si vous faites votre présentation en l'absence de ce soutien mutuel, vous perdez votre temps.

A comme Apports

En tant que vendeur, vous êtes là pour apporter des solutions. Les apports que constitue votre offre par rapport à la situation actuelle de votre prospect seront essentiels dans la prise de décision. Vous avez identifié les besoins de votre prospect. Maintenant, montrez-lui ce que vous pouvez faire pour lui en lui décrivant les avantages de votre produit ou de votre service.

Pour lancer le processus de qualification, commencez par une phrase introductive de ce style :

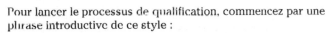

« En tant que représentant de [nom de votre société], je dois analyser vos besoins et vous apporter une solution susceptible de les satisfaire et de vous faire bénéficier des avantages que vous recherchez. »

Pour servir les intérêts de votre prospect, vous devez identifier ses besoins et y répondre de votre mieux. Vous parviendrez ainsi à créer une relation durable et satisfaisante à la fois pour lui et votre société.

Évitez de vous répéter

Pour ne pas courir le risque de vous répéter, prenez des notes pendant l'étape de la qualification. Vous pouvez tout à fait vous référer à vos notes pour vous remémorer les réponses de votre prospect. En revanche, si vous posez plusieurs fois la même question, vous n'inspirerez pas confiance. Non seulement vos notes vous aideront au cours de votre présentation, mais elles vous permettront d'effectuer un suivi efficace si votre prospect finit par devenir un client fidèle. Vous pourrez apporter des solutions personnalisées à ce client, ce qui contribuera à le fidéliser.

N'oubliez pas de demander à votre prospect l'autorisation de prendre des notes.

Faites en sorte qu'il ne se sente pas menacé par votre volonté de garder une trace écrite de ses propos. Si nécessaire, donnez-lui une feuille de papier à en-tête de votre société pour qu'il puisse lui aussi prendre des notes.

Dites-lui simplement : « Je n'ai pas une excellente mémoire mais je veux faire du bon travail. Cela vous dérangerait-il que je prenne quelques notes ? » Vous montrez ainsi que vous êtes un être humain mais que vous souhaitez surmonter votre faiblesse de façon efficace. Même si vous avez une bonne mémoire, cette entrée en matière vous aidera à mettre votre prospect à l'aise et à gagner sa confiance.

Savoir poser les bonnes questions

L'étape de la qualification implique que vous posiez les bonnes questions. Les techniques d'interrogation peuvent par ailleurs s'appliquer tout au long du cycle de vente, notamment lors de la présentation, du traitement des objections et de la conclusion de la vente.

Vous pouvez poser des questions pour inciter le prospect à reformuler un argument qui va dans le sens de votre proposition. Par exemple, si votre prospect cherche une voiture et vous dit que la consommation jouera un rôle important dans sa décision d'achat, posez-lui la question suivante pour lui montrer que votre offre répond à ses besoins :

« Ne m'avez-vous pas dit que la consommation était votre principale préoccupation ? »

Cette question débouche sur la technique de l'entonnoir, qui consiste à faire dire « oui » au prospect pour lui prouver que vous êtes tous les deux d'accord. Grâce à cette technique, décrite à la section suivante, il vous suivra là où vous voulez en venir. De plus, il aura toutes les informations nécessaires pour prendre une décision réfléchie.

Les questions créent également un engagement émotionnel. Par exemple, si vous vendez des systèmes d'alarme, posez la question suivante :

> « Ne vous sentiriez-vous pas plus en sécurité en entrant dans votre maison si vous étiez averti en cas de danger ? »

Cette question fait froid dans le dos. Votre prospect se demande ce qui se passerait s'il entrait dans une maison non protégée. C'est ce qu'on appelle l'engagement émotionnel – un ingrédient indispensable dans tout acte de vente. ***Souvenez-vous*** : préparez au moins deux questions susceptibles d'engendrer une émotion pour chacune de vos présentations.

La technique de l'entonnoir

La technique d'interrogation la plus courante est celle de l'entonnoir. Celle-ci consiste à faire dire « oui » au prospect en lui posant une question ou en formulant une phrase ponctuée par « n'est-ce pas ? » pour lui demander s'il est d'accord. Par exemple :

- ✔ « **Ai-je bien résumé vos principaux besoins ?** » Si le prospect répond par « oui », il est déjà d'accord avec vous sur un point.
- ✔ « **Le propriétaire précédent a bien aménagé le terrain, n'est-ce pas ?** » Si le propriétaire potentiel est d'accord avec vous, il a fait un pas vers l'acquisition de la propriété.

L'objectif de la technique de l'entonnoir est d'inciter le prospect à penser à l'affirmatif. Dès lors, vous pouvez lui montrer que vous êtes sur la même longueur d'onde et que vous allez vous entendre.

La technique de l'entonnoir doit débuter avec une question à laquelle il est impossible de répondre « non », par exemple :

> « Il est important de pouvoir fournir un service rapide et professionnel, n'est-ce pas ? »

En posant cette question, vous jetez les bases d'un accord avec le prospect, qui dans le meilleur des cas continuera à être d'accord avec vous pendant tout le processus de vente.

La technique de l'alternative

Cette technique consiste à donner à votre prospect deux possibilités acceptables parmi lesquelles il devra en choisir une. Les vendeurs l'utilisent surtout pour fixer une date de rendez-vous ou de livraison. Voici quelques exemples :

- ✔ **« Nous pouvons nous rencontrer jeudi à 15 h. Est-ce que cela vous convient ou préférez-vous vendredi à 11 h ? »** Quelle que soit la réponse, vous aurez un rendez-vous.

- ✔ **« Nous avons des conteneurs de 200 litres ou de 150 litres. Quelle est la capacité dont vous avez besoin ? »** Quel que soit le choix de votre prospect, il désignera le conteneur qu'il lui faut.

- ✔ **« Notre livreur sera chez vous lundi à 9 h pile… à moins que vous ne préfériez à 14 h ? »** Quelle que soit l'option choisie, la date de livraison sera arrêtée.

Vous pouvez aussi utiliser la technique de l'alternative lorsque vous souhaitez recentrer la discussion ou la limiter à certains points. Par exemple, si vous faites partie d'un comité chargé de restructurer le terrain de jeux d'un square de votre quartier, vous souhaitez sans doute rassembler des informations sans avoir à débattre des autres aspects du projet. Certains habitants du quartier veulent peut-être que ce terrain de jeux se trouve dans l'angle nord-est du square tandis que d'autres préfèrent qu'il soit placé dans l'angle sud-ouest. Si les décisions concernant l'emplacement du terrain ne relèvent pas de votre compétence, utilisez la technique de l'alternative pour circonscrire le débat : « À votre avis, le sol devra-t-il être tapissé de copeaux de bois ou de sable ? » Vous pourrez ainsi rentrer directement dans le vif du sujet et limiter les réponses à deux solutions possibles.

La technique de l'alternative est particulièrement efficace dans le cadre d'une enquête. Les personnes qui réalisent des études de marché veulent des informations précises et non des commentaires d'ordre général. Par conséquent, leurs questions sont conçues de façon à limiter les réponses.

La technique de l'implication

Cette technique d'interrogation consiste à inciter le prospect à imaginer sa situation une fois qu'il aura pris la décision d'achat. Si vous commercialisez des équipements de bureau, posez la question suivante :

« Qui devrons-nous former à l'utilisation de l'appareil ? »

Vous parlez déjà d'une séance de formation après l'acquisition du produit. Il n'est plus question pour le prospect de se demander s'il fera cette acquisition ou non.

De même, si vous cherchez un partenaire et souhaitez inciter une personne à faire équipe avec vous, demandez-lui :

« Que ferez-vous avec l'argent que vous gagnerez en plus de vos revenus actuels ? »

Votre interlocuteur ne se demandera pas s'il veut faire équipe avec vous. Il pensera à l'argent qu'il gagnera une fois qu'il vous aura rejoint(e). S'il envisage de faire un investissement dont il a envie depuis longtemps, il sera presque obligé de vous suivre pour répondre à ce besoin qu'il a ressenti pendant des années sans pouvoir le satisfaire. Vous serez la bonne fée qui lui apportera la solution qu'il lui faut.

Posez des questions auxquelles votre prospect peut répondre

Pour convaincre votre prospect, vous ne devez jamais le rabaisser. Par conséquent, ne lui posez pas une question à laquelle il n'est pas capable de répondre. Par exemple, imaginez que vous lui demandiez combien il a de mémoire sur son ordinateur. S'il ne le sait pas, il sera embarrassé. C'est ce que vous devez éviter à tout prix. S'il n'a pas lui-même sou- levé la question de la mémoire, deman- dez-lui plutôt si cette information est dis- ponible sur son ordinateur. Il saura où aller chercher l'information même s'il ne la connaît pas par cœur. En bref, ne heur- tez pas la sensibilité de votre prospect ou il se tournera vers un vendeur plus délicat.

Chapitre 8

Réussir vos présentations

● ●

Dans ce chapitre

▶ Susciter l'engagement émotionnel de votre prospect

▶ Braquer les projecteurs sur le produit

▶ Utiliser des supports visuels

▶ Prévenir d'éventuelles catastrophes au cours de la présentation

● ●

À ce stade du cycle de vente, il est temps de présenter votre produit en faisant appel à tous les sens de votre client potentiel. Les grandes sociétés investissent beaucoup d'argent dans l'étape de la présentation notamment pour la création de graphiques, de modèles ou de spécimens.

Une présentation peut se résumer à la description d'une brochure ou prendre la forme complexe d'un salon composé de différents stands. La vôtre dépendra du produit ou du service que vous proposez et de l'investissement potentiel du prospect.

Dans ce chapitre, vous découvrirez par exemple comment identifier parmi un panel de clients potentiels celui qui a le pouvoir de décision et comment communiquer avec un prospect par Internet. Vous apprendrez également à éviter les pièges les plus courants de la présentation.

Obtenir l'attention de vos prospects

Lorsque vous obtenez l'autorisation de présenter votre produit, votre service ou votre concept à un client potentiel, vous êtes loin d'avoir gagné. Le décideur vous a choisi, probablement parmi d'autres concurrents, pour vous donner la possibilité de prouver l'intérêt de votre offre. Cela ne signifie pas que vous bénéficierez d'un statut privilégié ou d'un accueil chaleureux. Vous ne deviendrez pas nécessairement le fournisseur préféré de votre prospect. La plupart

de vos clients potentiels vous laisseront entrer en se disant :
« D'accord, voyons si vous allez réussir à m'impressionner ! » Ils exerceront une certaine pression sur vous.

Dans toute situation de vente, vous devez être conscient du point de vue de votre prospect (si nécessaire, reportez-vous au chapitre 5).

Tous les jours, des vendeurs tels que vous sollicitent votre prospect. Celui-ci n'est peut-être pas le véritable décideur mais simplement une personne chargée de faire une sélection parmi plusieurs fournisseurs. Certains acheteurs demandent aussi à plusieurs concurrents de faire une présentation devant un comité. Dans ce cas, vous devez bien vous préparer pour savoir exactement qui sera présent et pourquoi. Une fois que vous aurez identifié les membres du comité et évalué leur rôle dans la décision d'achat, vous saurez qui convaincre en priorité et comment y parvenir.

Identifiez la personne qui a le pouvoir de décision

Lorsque vous faites une présentation devant un comité, remerciez la personne qui vous a invité, regardez chaque personne présente et essayez d'identifier celle qui a le pouvoir de décision. Il y en a forcément une et il ne s'agit peut-être pas de celle avec laquelle vous avez été en contact depuis le départ. La façon dont les membres du comité se comportent les uns avec les autres devrait vous donner quelques indices. En général, les subordonnés s'inclinent devant leur supérieur lorsque l'enjeu est important. De plus, le décideur est souvent assis à la meilleure place, c'est-à-dire au bout de la table ou juste en face de vous. Cela dit, il ne faut pas généraliser. Il peut très bien se trouver près de la porte au cas où il recevrait un appel important. Vous ne parviendrez pas toujours à l'identifier au premier coup d'œil mais, avec l'expérience, vous prendrez de l'assurance.

Il arrive qu'un décideur cache son jeu et s'assoie discrètement au fond de la pièce. Si vous prêtez attention au langage corporel de chaque personne, vous finirez tout de même par le reconnaître.

Faites preuve de brièveté et de concision

Dans un monde où les spots publicitaires ne durent parfois pas plus de dix secondes, plus personne ne prend la peine de développer sa capacité de concentration. Nous avons pour la plupart un temps d'attention très court. Par conséquent, vous devez faire passer l'essentiel de votre présentation en quelques minutes. Vous pourrez ensuite inviter vos prospects à participer activement à la présentation au moyen de questions, de supports visuels et de démonstrations.

Donnez-vous au maximum trois objectifs et énoncez-les dès de début. Par exemple, commencez de la manière suivante :

> « Mesdames et Messieurs, je me suis fixé trois objectifs. Permettez-moi de vous en faire part. Tout d'abord, je souhaiterais mieux connaître votre entreprise. Ensuite, j'aimerais vous présenter un produit qui à mon avis sera un atout pour cette société. Enfin, si vous êtes convaincus des avantages de ce produit, j'aimerais vous informer des démarches à effectuer pour en bénéficier le plus tôt possible. »

Votre présentation ne devrait pas dépasser 17 minutes. Entraînez-vous lorsque vous êtes seul(e) pour parvenir à dire l'essentiel en peu de temps. Au-delà de cette limite, vos prospects commenceront à relâcher leur attention. Votre concision leur montrera en outre que vous appréciez le temps qu'ils vous accordent à sa juste valeur.

Cette contrainte risque de vous poser problème si vous présentez un système mécanique complexe. Dans ce cas, au terme des 17 minutes, faites une pause, un résumé de votre présentation ou demandez s'il y a des questions. Laissez vos prospects respirer pour leur permettre de se concentrer à nouveau.

La période de 17 minutes ne commence pas dès le moment où vous entrez dans la pièce et établissez un contact avec vos interlocuteurs. Elle débute lorsque vous exposez les principales caractéristiques de votre produit et les bénéfices que la société pourrait en retirer.

Sachez reprendre le fil après une pause

Si vous faites une pause, faites un résumé de vos propos lorsque vous reprenez votre présentation. Récapitulez les points essentiels pour permettre à chacun de se les remémorer. Pendant la pause, vos prospects auront eu tout le temps de penser à autre chose qu'à votre produit. Par conséquent, leur engagement émotionnel sera beaucoup moins intense qu'avant la pause. Avant de poursuivre votre présentation, prenez le temps de les ramener là où ils en étaient.

Des études ont montré qu'après toute interruption il faut dix minutes pour retrouver le niveau de concentration et d'engagement émotionnel qui a précédé l'interruption. Quand on pense au nombre de fois où l'on est interrompu dans la journée, on se demande comment on vient à bout de ce que l'on a à faire !

Découvrir les principes fondamentaux de la présentation

Les principes fondamentaux de la présentation sont simples. Ce sont les mêmes que ceux que vous avez appris à l'école pour faire une dissertation : vous devez introduire ce que vous allez dire, le dire et récapituler ce que vous avez dit.

Cette méthode s'applique aussi bien aux présentations orales qu'aux présentations écrites. Elle permet à votre prospect de comprendre et de mémoriser vos propos. Pour être à la fois efficace et respecté, il faut vous mettre au niveau de votre interlocuteur, adapter votre débit, utiliser des expressions qui impliquent l'achat du produit et interpréter le langage corporel de votre prospect.

Soyez polyglotte

Vous devez connaître suffisamment bien votre prospect pour parler son langage. Que signifie être polyglotte dans le cadre de la vente ? Prenons un exemple :

Vous avez une trentaine d'années et vous essayez de vendre un réfrigérateur à un vieux couple qui souhaite remplacer le sien après vingt ans de bons et loyaux services. Qu'allez-vous dire à ces deux prospects ? Vous leur parlerez sans doute de la fiabilité et des nouvelles fonctions de votre produit. Vous mettrez en avant les bénéfices qu'ils pourront en retirer : une plus faible consommation d'électricité et une plus grande durée de stockage des aliments (ce qui implique moins de gaspillage et la possibilité de faire des achats à l'avance).

Si vous essayez de vendre le même produit à un jeune couple qui vient de s'installer, allez-vous procéder de la même façon ? Non. Vous présenterez à ces jeunes prospects les caractéristiques et les bénéfices qui s'appliquent à leur situation et satisferont leurs besoins. Vous leur expliquerez que, même s'ils sont tentés d'acheter le bas de gamme en raison de leur petit budget, ils éviteront les frais de remplacement en achetant directement un réfrigérateur grand et performant.

Être polyglotte, c'est parler personne âgée, jeune cadre dynamique, famille monoparentale, femme aisée, jeune homme économe, etc. En bref, c'est vous mettre au niveau de votre prospect. Si vous n'êtes pas convaincu(e) de cette nécessité, essayez de parler de votre activité de façon professionnelle à un enfant de cinq ans et vous verrez que vous ne retiendrez pas son attention plus de quelques secondes. En revanche, si vous vous mettez à son niveau, il s'animera car il comprendra que vous êtes entré(e) dans son monde.

Modulez votre débit

Lorsque vous faites une présentation, vous devez adapter votre comportement à votre prospect. Si vous êtes trop énergique et parlez trop vite pour votre interlocuteur, celui-ci sera perdu. De la même façon, si vous êtes trop nonchalant(e) et parlez trop lentement, il ne vous écoutera pas vraiment.

Prêtez attention à la voix et au débit de votre prospect et imitez-le. À un niveau inconscient, il aura l'impression que vous lui ressemblez. De plus, il vous comprendra mieux. Toutefois, faites attention à ne pas prendre son accent si celui-ci est différent du vôtre car il aurait l'impression que vous vous moquez de lui. De même, s'il a un débit très lent, parlez légèrement plus vite que lui.

En vous adaptant au niveau et au débit d'élocution de votre prospect, faites attention à ne pas réduire la qualité de votre présentation. Vous trouverez un juste milieu avec la pratique.

Employez des expressions qui impliquent l'achat de votre produit

Faites comme si votre prospect possédait déjà ce que vous êtes en train de lui vendre. Ne lui dites pas : « Si vous achetez cet appareil, vous ferez des économies d'énergie » mais : « Quand vous utiliserez cet appareil, vous consommerez moins d'énergie. » En vous comportant comme s'il possédait déjà le produit, vous l'incitez à prendre une décision. C'est ce qu'on appelle la *vente présumée*.

La vente présumée se distingue de la *vente suggestive*, qui consiste à proposer un produit que le client n'a pas demandé. Par exemple, vous allez boire un milk-shake au chocolat chez McDonald's et la personne qui prend votre commande vous propose un chausson aux pommes en accompagnement. La vente présumée, en revanche, consiste pour le vendeur à faire comme si le client avait déjà pris la décision d'acheter un produit auquel il s'intéresse.

Déchiffrez le langage corporel

Le corps aussi a son propre langage. Nous en sommes tous conscients mais peu d'entre nous sont capables de déchiffrer ce langage et d'en tirer des conséquences. Prenez le temps de l'étudier. Les observations que vous ferez vous seront utiles dans votre profession et vous permettront en outre de justifier un regard un peu trop insistant sur une personne que vous trouvez attirante !

Voici les messages qu'envoie votre corps à votre entourage :

- ✔ **Vous êtes penché(e) en avant.** Si vous êtes penché(e) en avant lorsque vous parlez à quelqu'un, vous lui montrez que vous vous intéressez à lui et que vous lui prêtez attention. Si votre interlocuteur est dans la même position que vous, ne changez rien. Vous pouvez peut-être même accélérer un peu votre débit.

- ✔ **Vous êtes penché(e) en arrière ou regardez ailleurs.** Lorsque vous êtes adossé(e) au dossier de votre chaise ou lorsque vous ne regardez pas la personne qui vous parle, votre corps exprime un manque d'intérêt. Si votre interlocuteur se conduit de cette façon, faites des pauses, résumez vos propos et posez-lui une question pour attirer son attention.

- ✔ **Vous avez les bras croisés.** Si vous avez les bras croisés lorsque vous écoutez quelqu'un parler, vous lui montrez que vous mettez ses paroles en doute. Si votre interlocuteur vous envoie ce signal, faites une démonstration avec tableaux ou graphiques à l'appui.

S'il est important de savoir déchiffrer ce langage, il faut aussi savoir le parler. Employez un langage corporel positif lors de vos présentations. Pour gagner la confiance de vos prospects, vous devez utiliser des termes convaincants mais aussi faire des gestes chaleureux, qui dégagent une impression d'honnêteté. Par exemple :

- ✔ **Asseyez-vous à côté de votre prospect et non en face de lui.** Vous êtes de son côté, pas sur les lignes ennemies.

- ✔ **Attirez l'attention en pointant votre stylo lorsque vous utilisez des supports visuels.** Si vous pointez votre stylo de façon hésitante, vous donnerez l'impression de ne pas être à l'aise. Pour être efficace, observez les magiciens. Ils ne réussiraient jamais leurs tours de magie s'ils ne parvenaient pas à attirer (ou à détourner) votre attention là où ils veulent.

> ✔ **Gardez les mains ouvertes et regardez votre prospect dans
> les yeux**. Ce comportement prouve que vous n'avez rien à
> cacher. Ne faites pas de gestes les paumes en avant sauf si
> vous essayez de réfuter une objection. Et même dans ce cas,
> faites un mouvement sur le côté et non en direction de votre
> prospect.

Ce sont les bases du langage corporel mais il existe bien d'autres
signaux que vous découvrirez en observant vos interlocuteurs.
Pour en savoir plus, consultez les livres disponibles sur ce sujet
dans votre bibliothèque.

Réussissez vos présentations à distance

Si vous ne pouvez pas rencontrer votre client potentiel et devez
traiter avec lui par téléphone, adaptez votre stratégie. Étant donné
que vous ne pouvez pas le voir, s'il est distrait par quelque chose
ou interrompu par quelqu'un, vous ne vous en rendrez peut-être
pas compte. Mais, bien que vous n'ayez pas accès au langage de
son corps, vous pouvez écouter les inflexions de sa voix. Si vous
craignez qu'il ne soit pas attentif, posez-lui une question.
Demandez-lui par exemple s'il pense que ce que vous venez de lui
exposer présente un intérêt pour lui ou pour son entreprise.
Précisez à nouveau ce point afin qu'il ne soit pas embarrassé s'il
n'était effectivement pas attentif à vos propos.

Vous pouvez aussi faire une pause et garder un silence lourd de
sens. Si vous vous arrêtez brutalement de parler, votre prospect se
demandera ce qui s'est passé et vous rendra toute son attention.

Le produit doit absolument être au centre de la conversation. Si
possible, envoyez un échantillon ou pour le moins une photo de
votre produit à votre client potentiel afin que celui-ci puisse voir
ce dont vous lui parlez.

Il se peut qu'un prospect vous demande de lui faire une présentation en ligne ou par vidéoconférence. Si vous ne connaissez pas
bien ces outils de communication, suivez une formation intensive.
La vidéoconférence ne nécessite qu'un ordinateur connecté à une
caméra. Vous pouvez donc utiliser cette technique depuis chez
vous si vous avez l'équipement nécessaire. Dans ce cas, prêtez
attention à tout ce qui est dans le champ de la caméra. Votre client
ne doit pas voir un poster déchiré ou une plante négligée derrière
vous. Ces petits détails pourraient nuire à votre crédibilité. L'idéal
est de tendre un drap derrière vous pour que votre visage ressorte
sur un fond uniforme.

Inspirez-vous du comportement des présentateurs de journaux télévisés. On ne voit que leur visage et leurs épaules. Leurs expressions sont donc très importantes. Ils regardent la caméra bien en face et lui sourient comme s'il s'agissait d'une personne.

Si vous faites une présentation en ligne avec des diapositives ou autres supports visuels, vous pouvez exercer un certain contrôle. Par exemple, vous pouvez contrôler une présentation PowerPoint depuis votre ordinateur pendant qu'elle est visionnée en ligne sur l'ordinateur de quelqu'un d'autre. Avec PowerPoint 2000, vous pouvez enregistrer votre travail au format HTML. Vos clients auront ainsi la possibilité de lancer votre présentation dans un navigateur, y compris en mode plein écran. Ils pourront visionner les diapositives dans n'importe quel ordre et revenir en arrière. L'option Présentation à la demande de PowerPoint 2000 permet également de relancer la présentation à tout moment. Pour connaître les dernières fonctionnalités de PowerPoint, visitez le site de Microsoft à l'adresse suivante : www.microsoft.com/france.

Laisser la vedette au produit

Pour faire une bonne présentation, ne volez pas la vedette au produit. Vous n'êtes que l'hôte qui présente les acteurs clés (votre produit et votre prospect) l'un à l'autre et s'éclipse pour qu'ils fassent connaissance.

Même si l'un de ces acteurs est un objet inanimé, voire intangible, vous devez penser à la relation qui va s'établir entre le produit et son nouveau propriétaire. Donnez à cette relation l'opportunité de se développer en vous montrant à la fois discret et enthousiaste.

Sortez du champ

En tant que vendeur, vous remplissez un rôle de médiateur. Vous êtes comme un intermédiaire dans la rencontre entre deux personnes faites l'une pour l'autre, mais que vous éclipsez discrètement. Bien sûr, vous serez peut-être amené(e) à suivre la progression de la relation de ces « amoureux » mais vous n'irez pas vivre avec eux.

Si le produit doit être au centre du débat, n'oubliez pas que votre présentation doit être ciblée en fonction de votre client potentiel. Ne décrivez pas le produit et ses avantages sans vous préoccuper de l'intérêt qu'il représente pour votre interlocuteur.

Gardez le contrôle

Ne montrez pas à votre prospect ce que vous voulez lui montrer avant d'être prêt à le lui montrer. Le produit doit être la vedette et vous le guide, voire le garde du corps, qui laisse le prospect s'en approcher uniquement au moment opportun.

Si votre présentation requiert l'utilisation d'un appareil, ne laissez pas votre client potentiel appuyer sur les boutons ou poser de nombreuses questions. Dites-lui que ses questions sont pertinentes et que vous y répondrez au cours de votre présentation. Ajoutez qu'il pourra vous en poser d'autres après votre démonstration. Lorsqu'il comprendra que vous avez tout organisé, il vous laissera probablement faire ce que vous avez à faire.

Vous aurez peut-être des difficultés à garder le contrôle de la situation si vous avez plusieurs articles à présenter. Dans ce cas, ne sortez chaque article de votre mallette que lorsque vous êtes prêt(e) à en parler. Si vous utilisez un ordinateur, activez l'économiseur d'écran lorsque vous voulez que votre prospect redirige son attention sur vous. Sinon, celui-ci essaiera probablement de lire ce qui est affiché à l'écran au lieu de vous écouter.

Pour convaincre votre client potentiel, vous devez avant tout le mettre à l'aise. C'est une condition indispensable pour qu'il soit réceptif et s'intéresse à votre produit.

Maîtriser les supports visuels

En général, nous bénéficions d'une meilleure compréhension lorsque tous nos sens sont en éveil. Cela dit, chacun de nous a un sens dominant. Certaines personnes préfèrent fermer les yeux et écouter. D'autres ont un besoin impérieux de toucher les choses et de les sentir. La plupart, néanmoins, se servent en priorité de leurs yeux.

Vous avez sans doute déjà entendu l'expression : « Il faut le voir pour y croire », qui illustre bien notre désir d'avoir des preuves de ce que l'on nous dit. Il est essentiel que vous fassiez la différence entre *parler* de votre produit et le *montrer* sur une photo ou à l'occasion d'une démonstration. Lors de votre présentation, les supports visuels vous seront d'une aide précieuse.

Vos supports visuels doivent s'articuler autour des trois axes suivants :

✔ **Vous et votre société**. Vos supports visuels doivent identifier votre société et le secteur auquel elle appartient. Si vous êtes un fournisseur mondial, précisez-le. L'histoire de votre société accroît votre crédibilité.

✔ **Ce que vous avez fait**. Si la fusée Ariane utilise des logiciels conçus par votre société, c'est le moment d'en parler. Toutefois, n'insistez pas trop. Montrez-vous fier des accomplissements de votre société sans vous en vanter.

✔ **Ce que vous faites pour vos clients**. Cette partie est celle qui intéresse le plus votre client potentiel. Elle va lui permettre de voir si ce que vous proposez correspond à ses besoins et si vous allez être en mesure de les satisfaire.

Ces trois axes sont incontournables. S'ils ne font pas partie de vos supports visuels, veillez à les intégrer verbalement dans votre présentation.

Utilisez les supports visuels de votre société

Si vous représentez les produits ou les services d'une société, vous avez probablement des brochures avec des photos et des graphiques à présenter. Ces brochures peuvent comporter des témoignages de personnes satisfaites ou d'organismes faisant autorité en la matière.

Mais votre société est peut-être beaucoup plus high-tech. Par exemple, vous pouvez projeter sur un écran des graphiques réalisés par ordinateur avec PowerPoint. Pour des présentations sur ordinateur, vous avez sans doute un portable et un projecteur multimédia. Si vous envisagez de faire une présentation de ce genre, assurez-vous que votre client potentiel a un écran ou un tableau blanc sur lequel vous pourrez effectuer votre projection. Vous aurez des difficultés à présenter votre produit de façon professionnelle si vous vous trouvez dans une pièce tapissée de papier peint à fleurs.

Vous pouvez aussi travailler avec des cassettes vidéo sur lesquelles sont enregistrés des témoignages de clients. À travers ces témoignages, votre prospect voit des personnes comme lui profiter des avantages de votre produit ou de votre service, ce qui resserre ses liens avec ce produit ou ce service.

N'oubliez pas que, si votre société a investi dans la création de supports visuels, ce n'est pas pour vous compliquer la vie mais parce que ces outils s'avèrent très efficaces lorsqu'ils sont utilisés correctement.

Mais quelle est la meilleure façon d'utiliser les supports visuels ? Fiez-vous aux recommandations de votre société. Ils ont probablement été élaborés par les meilleurs éléments de la force de vente, de la fabrication et du marketing, et approuvés par le responsable du marketing.

Si, pour une raison ou pour une autre, vous avez des difficultés à travailler avec les supports visuels de votre société, parlez-en aux personnes qui vous ont formé sur leur utilisation. Vous pouvez aussi demander de l'aide à l'un de vos collègues, voire l'accompagner à un rendez-vous avec un client pour voir comment il les utilise. En dernier recours, vous avez encore la possibilité de contacter les personnes qui les ont conçus. Elles seront certainement heureuses de vous faire des suggestions et même d'écouter les vôtres.

Élaborez vos propres supports visuels

Si vous travaillez à votre compte, vous pouvez élaborer des supports visuels vous-même. Appliquez-vous à faire appel à plusieurs sens pour mieux convaincre vos prospects.

Imaginez que vous vouliez convaincre votre famille d'aller en vacances à la montagne alors qu'elle préférerait aller au bord de la mer. Vous pouvez louer une cassette vidéo sur les activités à la montagne. Certaines stations estivales offrent gratuitement des vidéos promotionnelles aux personnes qui demandent des informations sur leur région. Vous pouvez aussi vous procurer des cassettes sur la nature en général, avec des cascades, des promenades à cheval, du canoë, n'importe quelle activité susceptible de plaire à votre famille. La vidéo fait appel à deux sens : la vue et l'ouïe. Si vous êtes perfectionniste, vous pouvez même faire un feu de camp dans votre jardin pour ajouter une odeur de fumée ou faire un gâteau pour que son odeur soit liée à la joie des vacances à la montagne. Investissez dans des chaussures de marche, des sacs à dos ou des gourdes remplies d'eau de source pour faire appel au sens du toucher.

Tous ces éléments (la vidéo, le feu de camp, le gâteau et l'équipement) sont des supports sensoriels très importants dans votre présentation. Une fois que les membres de votre famille auront senti tous leurs sens s'éveiller, il vous sera facile de les convaincre (à moins que l'un d'entre eux n'ait une phobie des insectes ou des grands espaces).

Vous pouvez appliquer la même stratégie dans le cadre de votre profession. Si vos supports ne font appel qu'à la vue et à l'ouïe, trouvez un moyen de créer une autre forme d'engagement sensoriel. Donnez à vos prospects des échantillons qu'ils puissent manipuler. L'odorat et le goût sont plus difficiles à solliciter, surtout si vous vendez quelque chose d'intangible, comme un service. Mais vous pouvez décrire une situation dans laquelle ces sens interviennent.

Par exemple, si vous vendez un service de nettoyage, inutile de faire sentir à votre prospect l'odeur des produits d'entretien que vous utilisez. Parlez de la fraîcheur de la maison une fois qu'elle sera nettoyée. Si vous offrez une friandise à ce client, vous inclurez le goût dans votre présentation bien que ce sens ne soit pas directement lié à votre service.

Faire une démonstration

Lorsque vous faites une démonstration sur un produit tangible, vous devez agir comme le présentateur d'un jeu télévisé : impliquer toutes les personnes présentes pour faire monter le suspens. Que vous importe que M. Dupont connaisse toutes les réponses aux questions de Qui veut gagner des millions ? C'est un garçon sympathique mais, ce qui est agréable, c'est de se laisser prendre au jeu.

Votre prospect ne doit pas être un simple spectateur mais un acteur de votre présentation.

Si vous vendez des photocopieurs et ne donnez pas à votre prospect la possibilité d'appuyer sur les boutons, de changer le papier, et d'ouvrir et de fermer la machine, vous le cantonnez dans le rôle du spectateur. Laissez-le utiliser les différentes fonctions et il se sentira impliqué.

Que vous sachiez faire des photocopies nettes dans les formats les plus compliqués n'a aucune importance. Ce qui compte, c'est que votre prospect en soit capable lui-même. Et le but de votre démonstration est de lui prouver qu'il l'est en lui apprenant à gérer le fonctionnement de la machine.

Une personne qui vend des ordinateurs doit toujours être assise à côté de son prospect et lui laisser l'accès au clavier. Ainsi, le client potentiel fait l'expérience de l'utilisation du produit et acquiert de l'assurance. S'il n'est pas à l'aise avec les ordinateurs, il pourra surmonter son appréhension. Il sera donc beaucoup plus enclin à acheter le produit.

La plupart des clients craignent, après avoir fait confiance à un vendeur et acheté un produit, de découvrir que ce produit ne comble pas leurs attentes ou ne répond pas à leurs besoins. La démonstration leur donne la possibilité de se prouver que le vendeur est honnête.

Éviter les scénarios « catastrophe »

Une présentation peut tourner au cauchemar. Pourtant, il suffit souvent de prendre quelques précautions au préalable. Pour éviter les faux pas, préparez-vous avec soin. Dans les sections suivantes, vous découvrirez peut-être des mesures auxquelles vous n'auriez jamais pensé mais n'oubliez pas que chaque détail a son importance.

Cherchez les prises électriques et assurez-vous d'y avoir accès

Si votre présentation requiert l'utilisation du courant électrique, vous devez savoir où se trouvent les prises et comment installer votre matériel pour pouvoir le brancher. Si vous utilisez un ordinateur portable, pensez à le recharger – pour plus de sécurité, apportez une batterie supplémentaire.

Je connais une femme qui avait passé des heures à préparer une présentation sur ordinateur avec de nombreux graphiques, tableaux et diagrammes. Malheureusement, le câble d'alimentation qu'elle avait apporté le jour de la présentation était trop court. Elle a donc dû placer son matériel juste à côté d'un mur, qui se trouvait à environ 6 mètres de son auditoire. Il lui a été très difficile d'établir un contact avec chacune des personnes présentes et sa présentation fut un échec pour une simple question de câble.

Vérifiez que vos supports visuels sont dans l'ordre

Les taches de graisse et les coins pliés donnent une impression de négligence. Si, en outre, une bande de diablotins confisquent vos diapositives pour les mettre en désordre, vous aurez du mal à être convaincant. Avant votre présentation, passez en revue tous les éléments que vos clients vont voir et vérifiez que tout est en ordre. Vous dormirez bien mieux l'esprit tranquille...

N'utilisez pas votre matériel de présentation après quelqu'un d'autre sans avoir procédé vous-même aux vérifications nécessaires.

Testez votre équipement à l'avance

Même si vous utilisez le même ordinateur depuis des semaines ou des mois sans aucun problème, vous n'êtes pas à l'abri d'une catastrophe le jour de votre présentation. Il suffit que vous n'ayez pas le bon câble et tout votre travail peut être réduit à néant. Arrivez suffisamment à l'avance pour tester votre matériel sur place. Ainsi, si quelque chose ne fonctionne pas, vous aurez le temps de faire les ajustements nécessaires.

Personnalisez votre présentation

Aimeriez-vous assister à une présentation neutre ressemblant mot pour mot à celles qui ont été faites devant une quarantaine de personnes avant vous ? Certainement pas. Si vous faites l'effort de personnaliser votre présentation, vous prouverez que vous connaissez bien les besoins spécifiques de vos clients.

Ne passez pas rapidement sur des informations qui ne concernent pas vos clients. Ceux-ci se sentiraient frustrés. Retirez les diapositives ou les graphiques inutiles avant votre présentation. Si vous ne pouvez pas les supprimer, mieux vaut les commenter malgré tout. Dites simplement à vos clients que vous savez qu'ils ne s'appliquent pas à leurs besoins et que vous n'entrerez pas dans les détails.

Veillez à ne pas détériorer le mobilier de vos clients

Si vous devez faire une présentation dans le bureau d'un client, faites attention à ce que votre matériel n'abîme pas son mobilier. Je connais un vendeur qui a rempli un bon de commande à carbones sur le bureau de son client en appuyant bien pour que l'encre soit visible sur toutes les parties. Comme le bureau était en bois tendre, le stylo a laissé de profondes marques. Inutile de dire que le vendeur n'a pas fait bonne impression. Pour éviter ce genre de désagréments, écrivez sur un bloc et vérifiez que votre matériel de présentation ne risque pas de détériorer le mobilier de votre client. Les bords rugueux peuvent laisser des éraflures.

ANECDOTE

Se préparer au pire tout en espérant le meilleur

Jacques est représentant d'une ligne de produits pour le secteur automobile. Il voyage beaucoup et rencontre souvent ses clients à l'hôtel. Une ou deux fois par an, il organise une grande présentation des dernières innovations de sa société et invite deux ou trois de ses meilleurs clients. Il travaille pendant des semaines sur cette présentation pour réunir maquettes, diapositives et témoignages d'utilisateurs. En bref, il fait le maximum pour que cet événement soit une réussite.

Sa réputation est telle qu'il est souvent invité au siège de sa société pour faire part aux autres représentants de ses méthodes de présentation. Ses clients apprécient toujours son travail et il obtient des commandes beaucoup plus importantes que s'il devait rencontrer chacun d'eux un par un. Tout en passant des commandes pour les derniers produits en date, les clients discutent entre eux des tendances du marché et la présentation est l'occasion d'un échange dont bénéficient toutes les personnes présentes.

Mais un jour, Jacques a décidé de faire sa présentation dans un nouvel hôtel. Celui-ci avait excellente réputation et il s'était dit que ses clients réguliers apprécieraient le changement de cadre. Tout s'est bien passé jusqu'à ce que le réveil de sa chambre oublie de sonner. Jacques s'est réveillé dix minutes avant sa présentation. Après s'être douché et habillé rapidement, il s'est précipité à la salle de conférence. Heureusement, la présentation a débuté à l'heure. Mais dix minutes plus tard, l'ampoule du projecteur a grillé. Attentif à chaque détail, Jacques en avait mis une neuve la veille mais il n'avait pas pensé que celle-ci pouvait être de mauvaise qualité. Il lui a fallu une demi-heure pour trouver parmi les employés de l'hôtel celui qui pourrait lui fournir une ampoule de rechange.

Jacques se trouvait en face de clients qui le connaissaient bien et ne lui ont pas tenu rigueur de cet incident. Mais s'il avait eu affaire à de nouveaux clients, sa crédibilité aurait été gravement atteinte et il lui aurait fallu des heures pour gagner leur confiance.

Il a donc analysé les contretemps qu'il avait subi et cherché le moyen d'éviter qu'ils ne se reproduisent. Autrement dit, il a su voir le bon côté des choses et tirer la leçon de cette expérience désagréable. Aujourd'hui, il a toujours au moins deux ampoules de rechange, il demande le nom du responsable de l'audiovisuel au cas où il aurait besoin d'aide et il emporte son propre réveil au cas où celui de l'hôtel ne fonctionnerait pas.

Chapitre 9

Répondre aux objections

* *

Dans ce chapitre
▶ Faire la différence entre une hésitation et un « non » catégorique
▶ Ne pas vexer vos prospects en réfutant leurs objections
▶ Réfuter une objection en six étapes

* *

À moins que vous ne vendiez des ballons de baudruche, vous verrez peu de clients vous contacter, faire un achat impulsif et repartir avec le sourire. La plupart des clients sont hantés par diverses préoccupations. Par exemple :

> ✔ Le produit est-il vraiment tel que vous le décrivez ?
>
> ✔ La livraison sera-t-elle effectuée à la date convenue ?
>
> ✔ Ai-je négocié le meilleur investissement ?
>
> ✔ Est-ce que je prends la bonne décision ?
>
> ✔ Ai-je besoin de ce produit dans l'immédiat ?

Toutes ces appréhensions surgissent au moment d'investir dans un produit ou dans un service. Elles sont tout à fait naturelles.

Malheureusement, les débutants pensent qu'un simple « non » ou même un signe d'hésitation signifie que tout est perdu. Or, un client peut avoir de bonnes raisons d'hésiter. Souvent, son comportement est dû à l'angoisse de prendre une décision importante. Il souhaite uniquement ralentir le processus de vente pour avoir le temps d'assimiler toutes les informations que vous lui donnez. Il peut aussi hésiter parce que ces informations lui semblent insuffisantes. Dans ce cas, il montre par ses objections que vous devez en faire davantage pour le convaincre. D'une façon générale, considérez l'hésitation comme le reflet d'un manque d'information.

Si vous devenez nerveux lorsque votre client émet une objection et vous retirez prématurément, vous partirez les mains vides. Et si vous réfutez cette objection de manière maladroite, vous vous retrouverez à la porte de toute façon. Vous devez trouver un moyen de traiter les objections avec tact et efficacité. Ainsi, votre client verra que vous avez compris pourquoi ses préoccupations l'empêchaient de prendre une décision.

Si vous n'êtes pas préparé(e) aux objections que peuvent vous faire vos clients, vous ne saurez pas les gérer et vous ne parviendrez pas à conclure beaucoup de ventes. Vous devez donc anticiper les objections avant de faire votre présentation.

Décrypter les signaux qu'envoie votre prospect

Lorsqu'un client potentiel formule des objections ou vous fait part de ses préoccupations, il vous transmet généralement l'un des trois messages suivants :

- ✔ Il est intéressé mais il ne veut pas avoir l'air d'être un client facile.
- ✔ Il peut être intéressé, mais il ne voit pas encore clairement les avantages de votre offre.
- ✔ Il n'est pas vraiment intéressé, mais il le sera peut-être si vous lui fournissez des informations convaincantes.

Dans les trois cas, le client potentiel a besoin de davantage d'informations.

Si vous avez correctement qualifié votre prospect (voir chapitre 9), vous savez ce qu'il a actuellement, ce qu'il apprécie, ce qu'il veut changer et vous êtes sûr(e) qu'il a un pouvoir de décision. Si ces informations vous ont permis de déduire que votre offre lui serait bénéfique, il se peut qu'il soit intéressé mais prudent. Dans ce cas, ralentissez votre débit, encouragez-le à vous poser des questions et aidez-le à se détendre avant de lui demander de prendre une décision.

Si votre prospect vous pose déjà beaucoup de questions et semble légèrement perplexe ou sceptique, il est sans doute intéressé mais ne voit pas exactement en quoi votre offre lui serait bénéfique. Cette situation est courante dans le cas où le prospect n'a jamais eu de produit similaire et requiert une formation de base. Pour le convaincre, vous devez entrer davantage dans les détails et l'aider à s'imaginer dans le rôle de l'utilisateur ou du consommateur.

Enfin, si vous avez affaire à un prospect qui se désintéresse de votre produit en raison d'un manque d'information, vous devez d'abord gagner sa confiance pour qu'il vous consacre le temps nécessaire à son information. Vous devez aussi éveiller sa curiosité pour qu'il ait envie d'en savoir plus.

Si le poisson ne mord pas, changez d'appât

Les personnes les plus difficiles à convaincre sont celles qui n'émettent aucune objection et ne posent aucune question. Elles ne semblent pas réagir à la présentation du vendeur.

Au cours de votre présentation, vous orientez ou réorientez vos propos en fonction de ce que vous dit votre prospect. S'il ne vous dit rien, la communication est impossible. Vous êtes obligé(e) d'avancer à l'aveuglette, ce qui signifie que vous n'avez plus le contrôle de la situation. C'est comme si vous pêchiez sans appât au bout de votre ligne.

Les prospects qui ne s'impliquent pas dans la présentation n'ont vraisemblablement aucune intention d'acheter votre produit. En revanche, ceux qui vous opposent des objections sont pour le moins intéressés. Les plus difficiles à convaincre deviendront sans doute vos meilleurs clients passé le cap de la première acquisition. Par conséquent, la prochaine fois que vous entendez une objection, réjouissez-vous ! La formulation et la réfutation d'objections constituent une étape essentielle du cycle de vente.

En identifiant avec précision les véritables objections de votre prospect, vous saurez comment orienter votre présentation.

Utiliser des techniques de traitement des objections

Les objections de votre prospect font partie du cycle de vente. Ce qui compte, c'est que vous sachiez les gérer. Il existe des techniques de base destinées à informer le prospect afin qu'il fasse preuve d'un plus grand respect envers vous et votre produit.

Contourner les objections de votre prospect

Si vous pensez que votre prospect a besoin de votre produit mais affiche une inclination naturelle à émettre des objections, n'en tenez pas compte. Dites-lui simplement : « C'est un point important, M. Michel, que je traiterai au cours de ma présentation. Puis-je en prendre note et y revenir plus tard ? » S'il vous en donne l'autorisation, il cherchera une réponse satisfaisante dans le reste de votre présentation. Ou peut-être que son objection deviendra dérisoire une fois que vous aurez exposé tous les atouts de votre produit.

Condition ou objection ?

Imaginez que vous vendiez des articles de luxe. Si votre prospect vous dit : « Je n'ai pas un sou », il est probable qu'il s'agisse d'une condition et non d'une objection. Il y a une grande différence entre ces deux concepts.

Une *condition* n'est pas une excuse. C'est une raison valable pour laquelle un prospect ne peut pas accepter votre offre. Vous proposez un produit en échange d'une somme d'argent et si votre prospect n'a pas de moyens financiers, il ne vous reste qu'à le remercier et à passer au prospect suivant. De nombreux clients potentiels n'ont aucune condition à émettre. Il est donc inutile d'insister auprès de ceux qui ont de véritables raisons de refuser votre offre.

Cependant, quittez votre prospect sur une note positive. Sa situation va peut-être changer dans les années à venir. Il peut même gagner à la loterie dans les 24 heures, faire un héritage ou proposer votre produit comme idée de cadeau pour son anniversaire.

Souvenez-vous : si votre prospect est vraiment intéressé par votre produit, il finira par vous contacter. Et vous pouvez être sûr qu'il ne s'adressera à personne d'autre qu'au vendeur avec lequel il a eu de bonnes relations. Pourquoi contacterait-il un inconnu alors qu'il connaît une personne bien informée, compétente et prévenante ?

Si vous débutez, n'ignorez pas une objection avant d'en avoir évalué l'importance. Parfois, il suffit de reconnaître que la préoccupation exprimée est tout à fait légitime. Le prospect voit ainsi que vous l'écoutez vraiment et n'émet plus aucune objection.

Lorsqu'un prospect fait part d'une objection, cela ne veut pas dire qu'il rejette votre offre en tant que telle. Il n'est peut-être pas intéressé par cette offre pour les raisons que vous exposez mais pour d'autres. Dans ce cas, il vous suffit de prendre un autre chemin pour arriver à la même destination, c'est-à-dire d'aborder votre présentation sous un autre angle.

Aider votre prospect à voir son propre intérêt

Si votre client potentiel a les moyens d'acquérir votre produit mais ne veut pas s'engager pour le moment, c'est qu'il n'est pas persuadé que ce produit lui apportera davantage de confort que son argent.

S'il vous répond qu'il n'a pas de temps à vous consacrer, il ne s'agit pas d'une condition valable mais d'une objection. Tout le monde a 24 heures dans une journée et la façon dont chacun en dispose est un choix. Si vous voulez que votre prospect vous consacre une partie de son temps, vous devez faire en sorte qu'il en ait suffisamment envie pour renoncer à ce qu'il avait prévu.

Aller au-devant des objections de votre prospect

Si vous pensez que votre prospect va émettre une certaine objection, coiffez-le sur le poteau. Soulevez le problème au moment où vous voulez le traiter et retournez la situation à votre avantage. Par exemple, si votre produit est plus cher que ceux qui sont actuellement sur le marché, vous pouvez en déduire que votre prospect émettra une objection à ce propos. Dans ce cas, expliquez dès le départ que votre produit requiert un investissement supérieur parce qu'il se compose des meilleurs ingrédients – ingrédients qui l'aideront à se sentir mieux, à vivre plus longtemps ou à être plus efficace. Mettez ces atouts en évidence avant que votre prospect ne commence à élever un mur entre lui et vous.

Pour bien gérer une objection, inspirez-vous de l'exemple suivant :

CLIENT : – Je suis sûr que je peux trouver ce produit, ou un produit équivalent, à un prix beaucoup plus avantageux.

VENDEUR : – Je comprends que vous soyez préoccupé par le prix. Vous savez, mon expérience de vendeur m'a permis de comprendre que les clients recherchent à la fois la meilleure qualité, le meilleur service et, bien sûr, le meilleur prix. Or, aucune société ne peut offrir les trois à la fois. Pour votre confort à long terme, sur lequel de ces trois éléments seriez-vous prêt à faire des concessions : la qualité, le service ou le prix ?

Peu de clients répondront : « Je préfère une mauvaise qualité et un service déplorable du moment que ce n'est pas cher. »

Voici une autre façon de gérer une objection concernant le prix. À vous de choisir la méthode qui vous paraît la plus appropriée. Si, au moment où le client émet son objection, vous pensez qu'il a relativement confiance en vous – et en vos compétences – je vous recommande plutôt l'approche suivante :

STRATÉGIE GAGNANTE #1

CLIENT : – Je suis sûr que je peux trouver ce produit, ou un produit équivalent, à un prix beaucoup plus avantageux.

VENDEUR : – Vous savez, j'aurais pu travailler pour n'importe quelle société dans mon secteur. Mais j'ai choisi celle-ci parce que je voulais pouvoir regarder mes clients en face et leur dire : « Vous avez affaire à la société la plus sérieuse du secteur. » Je sais que vous recherchez la qualité. Pensez-vous que vous regretterez l'argent que vous allez investir pour bénéficier de cette qualité sur le long terme ?

Fiez-vous à votre instinct

L'instinct de vente (cette petite voix au fond de vous qui vous dit ce qu'il faut faire et ne pas faire dans le cadre d'une vente) se développe avec la pratique et l'expérience. Tout le monde a cet instinct à un niveau plus ou moins élevé.

Pour développer et utiliser efficacement le vôtre, soyez à l'écoute des préoccupations de vos clients et faites passer leurs besoins avant les vôtres. Ensuite seule-ment, vous pourrez vous fier à votre ins-tinct. Si vous êtes davantage intéressé(e) par vos propres besoins, cela signifie que vous placez vos désirs avant votre ins-tinct de vente, qui vous dit ce qui est bon pour vos clients. Cet égoïsme ne passera pas inaperçu et vos clients ne vous feront pas confiance. Pourquoi devraient-ils se fier à une personne qui ne pense qu'à elle ?

Avec cette approche, vous augmentez la crédibilité que vous avez déjà acquise. Vous montrez à votre client que vous n'êtes pas un amateur et que vous tenez à votre réputation.

Je connais une représentante qui vend des télécopieurs à des PME. Elle est si performante que sa société n'a parfois pas assez d'articles en stock pour honorer toutes les commandes qu'elle obtient. Sa stratégie est la suivante : au lieu d'attendre que le client demande à quelle date il sera livré, elle évoque la date de livraison dès le début de sa présentation. Ainsi :

« Je suis sûre qu'à la fin de ma présentation, vous serez intéressé par ce télécopieur, comme de nombreuses personnes. C'est très encourageant pour notre société. Si vous aviez décidé de faire appel à l'un de nos concurrents, vous auriez peut-être été livré immédiatement mais, chez nous, la demande est telle que vous allez devoir être patient. Nous avons à peine le temps de renouveler nos stocks. Il semblerait que tout le monde veuille ce télécopieur – sa popularité parle d'elle-même, n'est-ce pas ? »

Le délai de livraison peut poser problème au client mais, si vous en parlez comme d'une preuve de la popularité du produit, vous parviendrez à renverser la situation à votre avantage.

Utilisez cette stratégie pour réfuter les objections courantes. Si votre prospect estime que votre produit est trop cher, faites-lui part du témoignage d'un client qui pensait comme lui et se dit aujourd'hui satisfait de son investissement. De nombreuses sociétés affichent ce genre de témoignages sur leur site Web. Pour impressionner votre prospect, connectez-vous avec votre ordinateur portable sur le site de votre société et donnez-lui un accès direct à ces témoignages. Laissez-le lire et consulter tranquillement votre site. D'une manière générale, vous pouvez inciter vos clients à visiter votre site avant votre présentation. Envoyez-leur un e-mail indiquant l'adresse du site et les rubriques susceptibles de les intéresser.

La technique qui consiste à aller au-devant des objections de votre prospect, c'est-à-dire à anticiper un problème et à le soulever le premier de manière à garder le contrôle de la situation, a fait ses preuves. Les objections courantes ne doivent pas être un obstacle mais un moyen de rebondir vers le succès.

Recommandations et mises en garde

Avant d'aller trop loin dans le traitement des objections, vous devez savoir ce qu'il faut faire et ne pas faire. Dans cette section, vous découvrirez quelques recommandations et mises en garde à prendre en compte dans toute situation de vente.

Reconnaissez la légitimité de l'objection

Si vous considérez l'objection de votre prospect comme un détail sans importance, elle risque de prendre des proportions démesurées. Dans la plupart des cas, un simple « Je vois » ou « Je comprends » suffit à montrer que vous êtes à l'écoute de votre prospect. Parfois, vous devrez aller plus loin : « Permettez-moi d'en prendre note afin que nous puissions en discuter après la présentation. » La prise de notes témoigne de l'intérêt de l'objection et de votre propre professionnalisme.

Conduisez le prospect à réfuter lui-même son objection

La recommandation la plus importante que je puisse vous donner en matière de traitement des objections est la suivante : conduisez le prospect à effectuer le cheminement intellectuel nécessaire pour qu'il réponde lui-même à son objection.

Ce conseil n'est pas facile à suivre mais il est très important. Étant donné que vous êtes en train d'essayer de convaincre votre prospect, celui-ci sera méfiant par rapport à ce que vous dites ou faites. Pourquoi ? Parce que vous agissez vraisemblablement aussi dans votre propre intérêt. Jusqu'à ce que votre prospect se rende compte de votre volonté de satisfaire ses besoins, il doutera de vous.

Tout ce que *vous* dites est mis en doute. En revanche, votre prospect croit en ce qu'*il* dit. C'est la raison pour laquelle vous devez l'amener à réfuter lui-même ses objections. Il a davantage confiance en lui qu'en vous. Par conséquent, contentez-vous de lui fournir les informations qui répondent à ces préoccupations et laissez-le tirer ses propres conclusions. Laissez-le se persuader de l'intérêt de votre produit.

Cette technique fonctionne très bien lorsque vous avez affaire à un couple (les enfants, prenez des notes !). Si l'un des conjoints émet une objection, ne soyez pas trop prompt(e) à défendre votre point de vue. Restez assis(e) sans rien dire. Dans la plupart des cas, l'autre conjoint brisera le silence et vous aurez une chance sur deux pour qu'il réfute l'objection à votre place. S'il trouve l'objection pertinente, vous devrez vous impliquer davantage. Mais, d'une façon générale, les conjoints ont une relation positive et chacun se fie au jugement de l'autre. Si vous les laissez peser le pour et le contre sans intervenir, l'objection disparaîtra d'elle-même.

Lorsque l'enjeu est important, il est parfois difficile d'être patient. Si vous faites l'effort de rester en retrait, chaque seconde durera une éternité et vous vous sentirez rapidement mal à l'aise. Pour éviter d'intervenir trop tôt, comptez mentalement jusqu'à trente. Certains vendeurs vont même jusqu'à se réciter un court poème pour tuer le temps.

Surtout, ne regardez jamais votre montre ou une horloge située dans la pièce. Même un coup d'œil rapide peut vous discréditer si vos prospects se tournent vers vous à ce moment-là pour voir ce que vous pensez de leur objection. Pratiquez cette étape jusqu'à ce que vous vous sentiez parfaitement à l'aise.

Ne vous disputez pas avec votre prospect

Cela vous paraît sans doute évident mais, lors d'une négociation, les émotions peuvent prendre le dessus et vous faire perdre le contrôle de vous-même. Si vous rejetez purement et simplement une objection, vous dresserez une barrière entre votre prospect et vous. En revanche, si vous savez être convaincant, vous n'aurez pas besoin de hausser le ton. Considérez toute objection comme une demande d'information et vous n'éprouverez aucune difficulté à garder votre calme.

Ne minimisez pas l'importance d'une objection

Chaque point évoqué par votre prospect a de l'importance pour lui. Faites preuve d'empathie. Comment réagiriez-vous en face de quelqu'un qui se conduit comme si vos préoccupations étaient stupides ou sans importance ?

Réfuter une objection en six étapes

Les sections suivantes décrivent six étapes à franchir pour bien gérer les objections ou désamorcer les situations tendues.

Il peut arriver qu'un prospect émette plus d'une objection à votre offre. Si vous passez par ces six étapes pour réfuter chacune des objections, il vous faudra des heures pour le convaincre. Avec l'expérience, vous parviendrez à distinguer les préoccupations à prendre en compte de celles que vous pouvez ignorer (voir « Contourner les objections de votre prospect » plus haut dans ce chapitre).

Si une objection est formulée lors d'une présentation de votre produit à un groupe et si vous devez faire des recherches pour y répondre ultérieurement, assurez-vous d'avoir les coordonnées (notamment l'adresse e-mail) de chacun des membres du groupe. Ne comptez pas sur une seule personne pour transmettre l'information sans la déformer. Envoyez exactement le même e-mail à chaque membre en laissant apparaître le nom des autres destinataires. Ainsi, personne ne se demandera ce que vous avez dit aux autres.

Insérez dans votre message un lien vers le site Web de votre société. En général, dans un comité, seules une ou deux personnes sont désignées pour recueillir l'information et la répercuter aux autres. Ce processus convient sans doute à la société mais rien ne vous empêche de le contourner et de diffuser le plus d'informations possibles à toutes les personnes intéressées.

Étape n° 1 : écoutez votre prospect

Lorsqu'un individu vous fait suffisamment confiance pour vous dire ce qui le préoccupe, ayez la courtoisie de l'écouter. Ne rejetez pas son opinion à chaque fois qu'il ouvre la bouche. Laissez-lui le temps de s'exprimer ; encouragez-le à vous décrire en détail ce qui l'inquiète. Si vous ne connaissez pas tout le contexte, vous ne saurez pas quoi dire pour le faire changer d'avis. Ne l'interrompez pas. Si vous vous précipitez, vous risquez de mal comprendre et de lui parler par erreur d'un problème auquel il n'avait pas pensé.

Soyez plus rusé(e) que votre prospect

Quand j'étais jeune, j'ai commencé à travailler dans la construction. C'était pénible, physiquement exigeant et, en ce qui me concerne, insatisfaisant. À l'époque, l'immobilier était en plein boom. J'ai alors entrepris des études et j'ai fini par obtenir ma licence. Ensuite, j'ai cherché du travail dans une agence locale. À ce stade, je me suis rendu compte de deux choses : je n'avais qu'un scooter comme moyen de transport, ce qui n'était pas très pratique pour emmener les clients visiter les propriétés, et, pire encore, je n'avais pas de costume.

Ma candidature a été rejetée par plusieurs agences immobilières mais j'ai fini par rencontrer un homme qui m'a dit qu'il s'accommoderait du scooter à condition que je me présente en costume. Je lui ai donc demandé : « Si j'ai un costume, vous m'embaucherez ? » Et il a dit oui. Il n'avait pas précisé le genre de costume qu'il fallait porter. J'ai donc pris la liberté de me présenter avec mon costume de scène. Quand j'avais 16 ans, je faisais partie d'un groupe. Mes amis et moi étions très influencés par les Beatles et nous portions des costumes lamés d'argent. Techniquement parlant, j'avais donc un costume.

Lorsque je suis arrivé, le responsable avait réuni toutes ses recrues pour les informer de mon intégration au sein de l'équipe. Si vous aviez vu sa tête lorsqu'il s'est rendu compte que je portais un vieux costume de scène ! Tout le monde a bien ri et il m'a permis de rester à condition d'être productif. J'étais le seul agent immobilier en scooter et en costume de scène du pays et mon originalité m'a fait beaucoup de publicité.

Je me suis montré plus malin que mon employeur potentiel pour réfuter son objection et cet épisode a marqué un tournant dans ma vie.

Étape n° 2 : reformulez les propos de votre prospect

Reformulez les préoccupations de votre prospect dans vos propres termes pour obtenir davantage d'informations. Vous devez être sûr que votre interlocuteur vous a tout dit pour éviter qu'une autre objection ne surgisse par la suite. Incitez-le à se confier à vous afin de nouer une relation solide avec lui.

Étape n° 3 : interrogez votre prospect

Cette étape exige beaucoup de subtilité et de tact. Si votre prospect soulève un problème, ne lui dites pas brutalement : « Qu'est-ce que cela peut faire ? » Au contraire, demandez-lui gentiment en quoi c'est un problème pour lui. Il a sans doute ses raisons. Essayez d'établir une relation de confiance avec lui pour mieux le comprendre et donc mieux le convaincre.

Étape n° 4 : répondez à votre prospect

Une fois que vous avez tous les éléments pour comprendre l'objection de votre prospect, vous pouvez la réfuter sans hésiter. Si cette objection a un rapport avec le prix du produit, procédez de la manière suivante :

VENDEUR : – Je comprends tout à fait ce que vous voulez dire, mais je pense qu'il faut remettre ces 750 euros dans leur contexte. La plupart de mes clients ont bénéficié des avantages de ce produit pendant au moins cinq ans, ce qui ramène ces 750 euros à seulement 150 euros par an, n'est-ce pas ?

PROSPECT : – Oui, c'est vrai.

VENDEUR : – Vous profiterez de ce produit 52 semaines par an, ce qui ramène le prix à 2,88 euros par semaine. Finalement, cela vous reviendra à 0,41 euros par jour, ce qui semble dérisoire. Pensez-vous qu'il soit judicieux de vous priver de tous les avantages de ce produit pour seulement 0,41 euros par jour ?

PROSPECT : – Vu sous cet angle, évidemment non.

Le prospect a répondu lui-même à son objection.

Étape n° 5 : confirmez votre réponse

Après avoir répondu à l'objection, vous devez vérifier que votre prospect a entendu et accepté votre réponse. Si vous ne le faites pas, il risque d'émettre cette objection à nouveau.

Pour confirmer votre réponse, il vous suffit d'ajouter : « Cela répond à la question que vous avez soulevée, n'est-ce pas ? » Si votre prospect en convient, vous avez fait un pas de plus vers la conclusion de la vente. Sinon, il faut que vous le sachiez maintenant – et non plus tard, au moment de la prise de décision.

Étape n° 6 : à propos...

Pour aller de l'avant, lancez à l'improviste une phrase commençant par : « À propos... » Cette expression effectue une rupture et attire l'attention. À ce moment-là, tournez une page de votre classeur et montrez à votre prospect quelque chose qui n'a plus rien à voir avec son objection. En bref, poursuivez votre présentation.

Lorsque l'objection devient un automatisme

Si le prospect vous bombarde d'objections, posez quelques questions pour l'aider à exprimer sa véritable objection. Soit il n'est pas intéressé et n'ose pas vous le dire, soit il cache la vraie raison de son hésitation. S'il est séduit par votre offre mais n'a pas les moyens d'y accéder, il a peut-être des difficultés à l'admettre. C'est pourquoi il trouve des tas d'autres raisons pour vous montrer que votre produit ou votre service ne lui convient pas. Dans ce cas, posez-lui la question suivante :

« Madame Moreau, je vois que vous hésitez beaucoup à investir dans ce produit. Puis-je me permettre de vous demander ce qui motivera votre décision finale : les avantages dont bénéficiera votre famille ou l'aspect financier de la transaction ? »

Cette question vous permet de découvrir la véritable objection de votre prospect tout en restant aimable et chaleureux. Souvenez-vous : vous ne pourrez pas franchir cette étape du cycle de vente tant que vous n'aurez pas identifié et traité l'ultime objection.

Ces six étapes, si vous les abordez correctement, vous feront avancer lentement mais sûrement vers votre but malgré toutes les objections auxquelles vous pourrez vous heurter.

Chapitre 10

Conclure la vente

Dans ce chapitre
- Demander ce que vous voulez
- Déterminer si votre prospect est prêt à conclure
- Faire preuve d'empathie pour aider votre prospect à surmonter son hésitation

*L*a conclusion est l'étape la plus motivante du cycle de vente, celle où votre offre et les besoins de votre prospect ne font plus qu'un. Si vous avez adopté la philosophie de ce livre, vous y travaillez depuis votre premier contact avec le prospect. C'est un principe dans le monde de la vente. Mais si vous ne développez pas vos compétences de façon consciente, vous ne pourrez qu'improviser. Dans ce chapitre, vous allez donc découvrir des stratégies précises de conclusion de la vente.

La conclusion dépend toujours des étapes précédentes

La conclusion de la vente commence dès le début de la transaction, au moment où vous prenez contact avec votre prospect. Si vous gérez mal la prise de contact, la qualification, le traitement des objections, la présentation du produit ou si, d'une manière générale, vous ne posez pas des questions pertinentes, vous n'obtiendrez aucun résultat positif. Vous ferez perdre son temps à votre prospect et causerez du tort à votre société. Toutes les ventes ne sont pas toujours conclues mais, si vous ne négligez aucune étape, vous mettrez toutes les chances de votre côté.

Une conclusion parfaite nécessite un début parfait.

La règle incontournable en fin de cycle est la suivante : ce que vous voulez obtenir, vous allez devoir le demander à un moment ou à un autre.

Lorsque vous aurez acquis un peu d'expérience, vous surmonterez votre appréhension et pourrez savourer pleinement cette dernière étape.

Ne pas hésiter à demander

Certains vendeurs se contentent de présenter leur offre sans aller plus loin. Si le prospect ne ressent pas immédiatement le désir d'acheter le produit, ils perdent confiance en eux-mêmes et ne croient plus vraiment en ce qu'ils disent. Autrement dit, ils ne demandent pas purement et simplement au prospect s'il veut passer une commande ou s'il a pris une décision. Ils ne l'incitent pas à prendre un engagement.

Une étude a été réalisée pour connaître la principale raison pour laquelle les prospects non convaincus n'achètent pas ce que les vendeurs leur proposent. La réponse la plus courante est la suivante : *Parce qu'on ne le leur a jamais demandé.* Les prospects ont été contactés, le produit leur a été présenté et leurs objections ont été réfutées. Certains ont même été convaincus de l'intérêt de l'offre et auraient peut-être investi dans le produit mais ne l'ont pas fait uniquement parce que le vendeur ne leur a pas demandé de prendre un engagement.

Ne prenez pas le risque de perdre une vente en négligeant de demander au prospect de prendre une décision d'achat.

Cependant, il faut savoir quand demander. N'attendez pas trop longtemps sinon il sera trop tard. Prenez la température en posant au prospect une question impliquant l'achat du produit. Par exemple :

« Je ne veux pas aller trop vite en besogne mais, si tout se passe comme vous le souhaitez, à partir de quand aimeriez-vous bénéficier des avantages de votre nouveau système informatique ? »

Étant donné que vous partez du principe que le prospect va accepter votre offre, nuancez votre question en commençant par une expression du genre « Je ne veux pas aller trop vite en besogne. » (Si vous posez une question personnelle, vous direz : « Je ne veux pas me mêler de votre vie privée mais… » D'une certaine façon, vous vous en mêlerez quand même mais vous montrerez à votre prospect que vous respectez son intimité et lui donnerez la possibilité de ne pas répondre. Vous ne devez jamais le mettre mal à l'aise mais vous pouvez avoir besoin de lui poser des questions personnelles.).

S'il répond avec enthousiasme, il est probablement prêt à accepter votre offre. En revanche, si votre question fait surgir une autre objection ou une hésitation, c'est qu'il n'est pas prêt à prendre un engagement. On appelle communément cette stratégie la *clôture d'essai.*

En posant une question pour inciter le prospect à prendre une décision, vous ne faites que demander confirmation de ses désirs. Il s'agit donc d'une *question de confirmation.* Dans les sections suivantes, vous découvrirez plusieurs façons d'obtenir confirmation de l'intérêt de votre prospect.

Donnez une alternative à votre prospect

La *technique de l'alternative* a pour but de donner à votre prospect uniquement deux choix possibles, dont chacun va dans le sens de la vente. Ainsi, quelle que soit l'option choisie, le processus de vente avance puisque le prospect n'a pas la possibilité de dire non. L'alternative composée de deux options positives l'aide à se concentrer sur ce qu'il y a de mieux pour lui – et c'est votre but.

VENDEUR : – À quelle date préféreriez-vous être livré : le 8 ou le 13 ?

PROSPECT : – Il faudrait que la marchandise soit dans mon entrepôt avant le 10.

Dans cet exemple, à partir du moment où le prospect peut être livré à la date de son choix, il est acheteur. S'il n'était pas sûr de vouloir s'engager, il formulerait une objection ou essaierait de changer de sujet.

Voici un autre exemple de la technique de l'alternative :

« Qui sera l'utilisateur final de cette machine et qui devrons-nous former : vous ou un membre de votre équipe ? »

Si le prospect indique d'ores et déjà au vendeur la personne à former, c'est qu'il est sur le point d'accepter l'offre.

Tirez une conclusion erronée

La conclusion erronée est une erreur intentionnelle que vous pouvez faire pour évaluer les intentions de votre prospect. Si celui-ci ne vous corrige pas, il n'a sans doute pas l'intention d'acheter. En revanche, s'il vous corrige, s'il tient à ce que les choses soient claires, c'est qu'il est intéressé. Ce test vous permettra de savoir où vous en êtes avant d'aller plus loin.

Par exemple, imaginez qu'un vendeur propose à ses prospects, M. et Mme Furet, un produit qui implique des travaux dans leur maison. Lors de la présentation, Mme Furet dit à son conjoint : « Chéri, ma mère vient à la maison en juillet. Si nous nous lançons dans des travaux aujourd'hui, il faudra qu'ils soient terminés avant son arrivée. » De nombreux vendeurs ignoreront cette remarque ou la considéreront comme une interruption. Mais tout bon vendeur qui se respecte gardera cette information en mémoire. Plus tard, au moment de conclure la vente, il s'adressera à Mme Furet en tirant volontairement une conclusion erronée :

STRATÉGIE GAGNANTE #1

> VENDEUR : – Vous semblez très intéressée par cette offre. Vous avez dit que votre mère vous rendait visite en août, c'est bien cela ?
>
> Mme FURET : – Non, en juillet.
>
> VENDEUR : – Il faudrait donc commencer les travaux dès la première semaine de juin, n'est-ce pas ?
>
> Mme FURET : – Oui.
>
> VENDEUR : – J'en prends note.

Le vendeur savait que la mère de Mme Furet venait en juillet mais il a fait mine de se tromper pour voir si celle-ci allait le corriger. Une fois la mise au point faite, il peut facilement programmer le début des travaux et faire un pas de plus vers la conclusion de la vente.

La technique de la conclusion erronée fonctionne pour tous les types d'informations. Par exemple, si Mme Furet avait dit à son conjoint : « J'aimerais une baie vitrée sur le mur sud », le vendeur aurait pu intervenir ultérieurement de la manière suivante :

> VENDEUR : – Voyons, vous avez dit que vous vouliez une baie vitrée sur le mur ouest…
>
> Mme FURET : – Non, sur le mur sud.
>
> VENDEUR : – Ah oui, c'est vrai. J'en prends note.

Vous pouvez aussi noter des informations erronées. Ainsi, si votre prospect vous corrige, il vous permettra sans doute d'écrire la correction et de garder une trace de ses besoins.

Le but de cette méthode n'est pas de mentir ou de duper le prospect mais simplement d'évaluer l'avancement du processus de vente en partant du principe que le prospect ne vous corrigerait pas s'il n'était pas intéressé. Cela dit, si vous n'êtes pas à l'aise avec cette méthode, ne l'utilisez pas.

Utilisez la technique du hérisson

Si je vous lançais un hérisson, comment réagiriez-vous ? Instinctivement, vous essayeriez de l'éviter ou vous l'attraperiez pour me le relancer aussitôt. La technique d'interrogation dite du hérisson se base sur cette réaction. Lorsque votre prospect vous pose une question, posez-lui-en une autre précisément sur cette question.

Voici un exemple de la technique du hérisson, utilisée par un concessionnaire automobile : une jeune femme traverse le hall d'exposition à la recherche d'une décapotable. Soudain, elle s'arrête et désigne une voiture en demandant : « Cette décapotable me plaît. L'avez-vous en rouge ? » Le vendeur pourrait répondre : « Si nous ne l'avons pas en rouge, je peux passer quelques coups de fil et en obtenir une rapidement. » Avec cette réponse, le vendeur agit davantage dans son intérêt que dans celui de sa cliente. Il cherche à conclure la vente le plus rapidement possible, de manière agressive.

Pour vendre, il faut accompagner le client en lui posant des questions.

Un bon vendeur répondrait de la manière suivante :

« La voulez-vous rouge Furie ou rouge Lucifer ? »

Comment la cliente va-t-elle répondre à cette question ? Elle a déjà précisé qu'elle cherchait une décapotable et qu'elle la voulait rouge. Il est donc probable qu'elle choisira l'une des deux couleurs. Le vendeur pourra alors en prendre note et augmenter ses chances de conclure la vente et de voir sa cliente repartir dans une belle décapotable rouge Lucifer.

Utiliser des stratégies de conclusion éprouvées

La conclusion est le moment tant attendu où tous vos efforts portent leurs fruits. À moins de vendre le dernier produit à la mode, vous essuierez beaucoup de refus. En réalité, le consommateur moyen dit non à un nouveau produit ou à un nouveau service environ cinq fois avant de commencer à s'y intéresser. Si, en tant que vendeur, vous ne connaissez qu'un ou deux moyens de le convaincre, vous n'aurez jamais le dernier mot.

Prenez toujours vos notes sur du papier à en-tête et laissez votre prospect vous interrompre et vous corriger si nécessaire. Vous lui montrerez ainsi que vous êtes un vendeur professionnel qui souhaite faire son travail correctement.

La conclusion orale de base

Conclure au bon moment

Pour savoir avec précision à quel moment conclure la vente, fiez-vous au comportement de votre prospect. Prêtez attention aux signes suivants :

- ✔ **Le prospect ralentit le processus.** Il fait une dernière analyse ou rationalise sa décision.

- ✔ **Le prospect accélère le processus.** Il est très motivé et veut aller de l'avant.

- ✔ **Le prospect pose soudainement beaucoup de questions.** Il se renseigne parce qu'il est intéressé.

- ✔ **Il pose des questions d'ordre général sur les conditions de vente avant de se fixer sur un modèle particulier.** Certaines personnes posent immédiatement des questions sur les conditions de paiement, de livraison, etc. C'est bon signe et c'est le moment pour vous de

tâter le terrain. Si vous avez l'impression que votre prospect est prêt à conclure la vente, posez-lui une question pour vous assurer d'avoir bien évalué la situation. À ce stade, deux réponses sont possibles :

- ✔ Le prospect confirme directement ou indirectement son désir de conclure la vente.

- ✔ Le prospect émet une objection ou demande un complément d'information pour pouvoir prendre une décision.

Laissez à votre prospect le temps de répondre. N'intervenez pas avant d'avoir reçu soit une confirmation soit une objection. Dans le premier cas, vous conclurez la vente et dans le second, vous devrez répondre aux questions de votre prospect et réfuter ses objections (pour en savoir plus, reportez-vous au chapitre 9).

Si vous discutez avec votre prospect en tête-à-tête, il vous sera facile de conclure la vente oralement à la fin de la conversation. Par exemple :

« Je suis très heureux de vous aider à progresser vers l'indépendance financière. Nous pouvons commencer dès maintenant avec votre accord. »

Si vous pensez que toutes les cartes ont été jouées, allez de l'avant et demandez à votre prospect s'il veut passer une commande. Ne continuez pas à vendre. C'est l'une des principales erreurs que font les débutants. Ils ne se rendent pas compte qu'il est temps de conclure et poursuivent la présentation pour ne pas interrompre leur conversation avec le prospect.

La conclusion écrite de base

Si vous utilisez des bons de commande, la conclusion écrite est plus appropriée. Ayez toujours un bon de commande à portée de main afin de pouvoir le remplir sur place. Procédez de la manière suivante :

PROSPECT : – L'avez-vous en bois clair ?

VENDEUR : – Une teinte claire conviendrait-elle mieux à votre décor ?

PROSPECT : – Oui, je pense que ce serait superbe.

VENDEUR : – Permettez-moi d'en prendre note.

Il ne vous reste plus qu'à indiquer la préférence de votre prospect sur le bon de commande. Mais attention ! Certaines personnes paniquent en voyant un bon de commande :

PROSPECT : – Que faites-vous ? Je n'ai encore pris aucune décision.

VENDEUR : – Madame Morin, j'aime que tout soit en ordre. Je remplis les papiers uniquement pour être sûr de ne rien oublier.

Après avoir rassuré votre prospect, continuez à remplir votre bon de commande. À la fin de la discussion, celui-ci sera presque entièrement rempli. Dans le meilleur des cas, la dynamique créée par cette méthode incitera le prospect à apposer sa signature. Dès qu'il s'habitue à vous voir prendre des notes directement sur le bon, vous êtes tout près du but.

La conclusion présumée

Dans certaines situations, votre prospect peut vous mettre au défi de lui faire une offre correspondant exactement à ses désirs. Acceptez ce défi en vous disant que, si vous le relevez, vous conclurez la vente et donnerez entièrement satisfaction à votre prospect. La conclusion présumée consiste à faire comme si le prospect avait déjà acheté le produit ou le service.

Par exemple, imaginez que votre prospect vous pose une question qui implique l'achat de votre produit. Répondez par une autre question qui lui montre que, dans son esprit, il a déjà acheté ce produit. Par exemple :

> M. CLIER : – Si je décide d'acheter ce bateau, pourrez-vous me le livrer avant l'Ascension ?
>
> VENDEUR : – Si la livraison peut être effectuée avant cette date, je suis sûr que vous serez déjà prêt à partir en vacances avec votre nouveau bateau, n'est-ce pas ?

Le vendeur continue à guider son prospect, M. Clier, vers son objectif : acheter un bateau. Ainsi :

> M. CLIER : – Si je décidais d'acheter ce bateau, il faudrait que je sois livré le 6 mai au plus tard. Est-ce que ce serait possible ?

Un vendeur moyen serait tenté de dire oui sans même savoir si cette date de livraison pourrait être respectée. Un bon vendeur, en revanche, saura tirer parti de cette opportunité de conclure :

> VENDEUR : – Si la livraison pouvait être effectuée le 6 mai au plus tard, seriez-vous prêt à donner votre accord dès aujourd'hui ?

La question réflexe

Pour conclure, commencez par poser une question réflexe – une question à laquelle votre prospect peut répondre sans réfléchir. Par exemple :

VENDEUR : – Madame Lavaud, pouvez-vous m'indiquer votre prénom ?

PROSPECT : – Bérengère.

Si vous avez affaire à un cadre, demandez-lui le nom exact et l'adresse complète de sa société. S'il vous tend une carte de visite et vous permet de noter toutes les informations qu'elle contient, vous aurez fait un grand pas vers la réussite.

Si le vendeur n'est pas sûr de pouvoir respecter cette date de livraison, il ne manquera pas de le préciser :

> VENDEUR : – Si la livraison pouvait être effectuée le 6 mai au plus tard, ce dont je ne suis pas encore sûr, seriez-vous prêt à donner votre accord dès aujourd'hui ?

Le vendeur doit ensuite garder le silence jusqu'à ce que M. Clier lui donne une réponse. S'il rompait le silence, il perdrait le contrôle de la situation.

Si vous voulez utiliser cette technique de la conclusion présumée, vous devez être en mesure de satisfaire la demande exprimée par votre prospect, qu'il s'agisse de la date de livraison ou de tout autre critère décisif. Vous pouvez vous servir de cette requête pour obtenir l'accord de votre prospect mais, pour y parvenir, vous devez avoir en tête les éléments suivants :

- ✔ Les avantages de votre offre
- ✔ Le délai de livraison de votre produit

La technique de la conclusion présumée comporte des risques. Ne l'utilisez pas trop tôt, en particulier avant d'avoir établi un contact solide. Sinon, vous pourriez paraître trop agressif. Toutefois, si vous avez spontanément de bons rapports avec votre prospect, cette technique peut vous permettre de conclure la vente rapidement.

À vous de voir si le moment est bien choisi. Le prospect peut avoir deux types de réactions :

> PROSPECT : – Est-ce que vous avez ce modèle en rouge ?
>
> VENDEUR : – Serez-vous prêt à l'acheter dès aujourd'hui si j'ai cette couleur ?
>
> PROSPECT : – Oui.
>
> Ou
>
> PROSPECT : – Peut-être, mais il m'en faut beaucoup plus pour me convaincre.

Ne vous avancez pas avant d'être sûr de pouvoir livrer le produit. Les promesses non tenues sont les pires ennemis du vendeur. Soyez toujours honnête et ne faites rien qui nuise à votre réputation. Vous devez bien connaître votre produit et le fonctionnement de votre société.

Ne mettez pas vos collègues dans une situation embarrassante. En général, lorsqu'un vendeur s'engage à faire livrer un produit dans un délai que la société ne peut pas respecter, le client se plaint et la faute est attribuée au service de la production ou au service des livraisons. Renseignez-vous et remerciez les personnes qui vous aident dans votre tâche, notamment lorsque les ventes que vous concluez exigent des efforts supplémentaires de leur part.

La conclusion impliquant un client de référence

Tout client satisfait est un client de référence potentiel pour votre prospect. Cette technique de conclusion vous sera d'une grande utilité si vous en maîtrisez tous les aspects et savez l'appliquer avec discernement.

Le client de référence doit être à la fois connu et respecté par votre prospect. Citez par exemple une personnalité éminente d'une société réputée.

Voici les étapes à franchir pour utiliser cette technique de façon efficace :

1. **Sélectionnez votre client de référence.**

   Soyez toujours à l'affût de clients de référence. Par exemple, imaginez que vous soyez le meilleur vendeur d'Infosystèmes. Un chef d'entreprise très connu dans votre région a investi dans un de vos systèmes informatiques. Il est très satisfait des performances de ce système, qui a permis d'augmenter la productivité de son entreprise, Marchéco SA. Ce chef d'entreprise, Michel Rousseau, est le client de référence idéal pour toute personne intéressée par vos produits.

2. **Passez un accord avec votre client de référence.**

   Rendez visite à Michel Rousseau après lui avoir laissé le temps de bien maîtriser son nouveau système informatique et demandez-lui s'il serait d'accord pour parler de ce produit à d'autres chefs d'entreprise. Si vous avez pris soin d'entretenir de bonnes relations avec lui, il vous donnera probablement son accord. Précisez-lui que vous ne le contacterez qu'occasionnellement et uniquement si cela vous semble opportun. Autrement dit, promettez-lui de ne pas le déranger inutilement. N'hésitez pas à lui offrir un cadeau pour le remercier.

3. **Prévoyez une prise de contact avec votre client de référence.**

   Vous avez rendez-vous avec Claire Chevalier, responsable des achats de Pub Sud, pour mettre à jour le système informatique de sa société. Lors de la préparation de ce rendez-vous, vous vous dites que vous pourriez avoir besoin de l'intervention de votre client de référence. Vous téléphonez donc à Michel Rousseau pour lui demander s'il sera disponible pour répondre à un appel pendant que vous serez avec Claire Chevalier. Avec sa coopération, vous préparez une présentation efficace.

4. Faites appel à votre client de référence au bon moment.

Vous savez que Claire Chevalier se posera les mêmes questions sur votre système que Michel Rousseau (les logiciels de ce nouveau système permettront-ils d'augmenter la productivité de Pub Sud ? Votre assistance technique est-elle aussi efficace que vous le prétendez ?). Votre objectif lors de votre entrevue avec elle est d'identifier les questions d'ordre technique ou général qu'elle se pose sur votre produit et votre société. Prenez des notes. Lorsque vous êtes sûr de connaître toutes les raisons pour lesquelles elle hésite encore à investir dans votre système, vous pouvez faire appel à votre client de référence, Michel Rousseau.

Précisez à Claire Chevalier que vous avez fait une liste précise de ses réserves et demandez-lui si vous n'avez rien oublié. Ensuite, parlez-lui de votre client de référence :

> VOUS : – Connaissez-vous Michel Rousseau de Marchéco SA ?
>
> CLAIRE : – Non, mais je connais la société.
>
> VOUS : – Michel Rousseau est le PDG de cette société et c'est aussi un de mes clients. Afin de dissiper les doutes que vous avez au sujet de notre système et de nos services, nous pourrions lui téléphoner et lui poser quelques questions. Il a émis les mêmes réserves que vous avant d'investir dans ce système et il pourrait vous faire part de son expérience. Qu'en pensez-vous ?

Téléphonez vous-même à Michel Rousseau et dites-lui : « Je suis chez Pub Sud en compagnie de Claire Chevalier, qui a des questions à vous poser au sujet d'Infosystèmes. » Tendez ensuite le téléphone à Claire Chevalier et laissez-la discuter avec votre client de référence. Mettez-lui sa liste de réserves sous les yeux pour qu'elle puisse évoquer chacune de ses objections avec Michel Rousseau.

5. Concluez la vente immédiatement après l'appel téléphonique.

Dès que Claire Chevalier, rassurée sur les performances des logiciels d'Infosystèmes, raccroche le téléphone, essayez de conclure la vente en lui posant la question suivante : « À propos, à quelle date préféreriez-vous être livrée : le 1er ou le 10 ? »

Si votre client de référence n'est pas en mesure de prendre l'appel de Claire Chevalier, bien que vous l'ayez prévenu de cette éventualité, vous ne pourrez peut-être pas conclure la vente le jour même. Prévoyez un autre créneau pour le recontacter en présence de votre prospect ou organisez une téléconférence pour vous trois.

Gardez la liste des objections de Claire Chevalier pour pouvoir la réutiliser lors de la prochaine prise de contact. Pensez à résumer la situation à votre prospect avant d'avoir votre client de référence en ligne.

Certains vendeurs hésitent à faire appel à un client de référence car ils pensent que les concurrents se détestent cordialement et refuseront de coopérer. Pourtant, en général, les représentants de sociétés concurrentes entretiennent de bonnes relations. S'il vous arrive d'avoir affaire à une personne qui y met de la mauvaise volonté, n'insistez pas.

Ne vous contentez pas d'un seul client de référence – celui-ci en aurait assez d'être toujours sollicité. Si vous faites votre travail avec professionnalisme, la plupart de vos clients seront heureux de vous aider. Ils seront même fiers d'être considérés comme une référence.

Aider votre prospect à surmonter ses appréhensions

Au moment de conclure la vente, votre prospect peut hésiter ou dresser un mur d'appréhension entre lui et vous. Dans ce cas, c'est à vous de l'aider à dissiper ses doutes pour qu'il puisse prendre une décision sereinement.

Peser le pour et le contre

Pour aider votre prospect à faire un choix, faites une liste des arguments pour et des arguments contre l'achat de votre produit. Cette méthode très simple s'avère souvent efficace.

Dans l'exemple qui suit, un agent immobilier utilise cette technique pour aider M. et Mme Lefèvre à prendre une décision :

VENDEUR : – Pensez-vous que la maison de la rue de la République convienne à votre famille ?

M. LEFEVRE [hésitant, évasif] : – Eh bien, vous savez qu'une maison représente un gros investissement. Je ne sais pas si je suis prêt à prendre une décision dès aujourd'hui.

Le vendeur a posé de nombreuses questions et souhaite obtenir des réponses pour pouvoir conclure la vente. Il voit que M. et Mme Lefèvre ne sont pas prêts à prendre une décision. Ils sont pourtant impressionnés par la maison ; ils doivent déménager rapidement ; et le prix correspond à leur budget. Ils hésitent simplement à s'engager définitivement. Le vendeur décide de les aider à peser le pour et le contre :

VENDEUR [calme, déterminé à aider M. et Mme Lefèvre à prendre la meilleure décision] : – Peut-être n'avez-vous pas eu l'occasion de peser sereinement le pour et le contre.

M. LEFEVRE [affirmatif] : – Oui, je crois que nous n'avons pas encore discuté de tout cela sérieusement.

VENDEUR : – Eh bien, une décision dépend toujours des éléments sur lesquels elle se base, non ?

Mme LEFEVRE [consciente de la sagesse du raisonnement du vendeur] : – Vous avez sans doute raison.

VENDEUR [réfléchi et sincère] : – Vous savez, il existe une méthode infaillible pour prendre les décisions importantes sans se tromper. Il suffit de prendre une feuille et un crayon, de tracer un trait vertical pour faire deux colonnes, et d'inscrire d'un côté les arguments pour et de l'autre les arguments contre. Voulez-vous essayer ?

L'essentiel, c'est de poursuivre la conversation. Lorsque M. Lefèvre lui dit qu'il n'est pas prêt à prendre une décision, le vendeur n'en reste pas là. Au contraire, il l'aide à prendre cette décision :

VENDEUR : – Il faut être convaincu du bien-fondé d'une décision pour pouvoir la prendre. Nous pourrions analyser les données ensemble et « en discuter sérieusement », comme vous le disiez tout à l'heure. Qu'en pensez-vous ?

M. et Mme LEFEVRE [d'une seule voix] : – D'accord, allons-y.

VENDEUR : – Très bien. Faisons deux colonnes et indiquons les arguments pour du côté gauche et les arguments contre du côté droit. La meilleure décision à prendre apparaîtra ensuite clairement. Nous avons le temps, n'est-ce pas ? Cela ne prendra que quelques minutes.

M. LEFEVRE : – Oui, d'accord.

La colonne des arguments pour sera bien remplie car le vendeur a noté tous les commentaires positifs que M. et Mme Lefèvre ont faits depuis le jour où ils ont vu la maison pour la première fois. Lorsque ceux-ci seront à court d'arguments pour, il leur rappellera ceux qu'ils ont donnés les jours précédents.

Le vendeur se contentera de noter chaque argument avec un mot clé. Il ne développera pas les raisons qui font qu'il s'agit d'un argument pour ou contre la décision d'achat. Ce processus serait trop long et inciterait les prospects à comparer entre eux les arguments d'une même colonne :

VENDEUR [traçant une ligne verticale au milieu d'une feuille] : – Bon, commençons par les arguments pour la décision d'achat. La maison remplit tous les critères que vous recherchiez, n'est-ce pas ?

Mme LEFEVRE : – Oui, c'est vrai.

VENDEUR : – Nous avons constaté que, moyennant un financement approprié, l'investissement mensuel serait moins important que le loyer que vous payez actuellement.

M. et Mme LEFEVRE [d'une seule voix] : – Tout à fait.

VENDEUR : – Vous vouliez être proches de l'école primaire. Cette maison est à cent mètres de l'école du quartier. C'est certainement un plus, n'est-ce pas ?

M. et Mme LEFEVRE [d'une seule voix] : – Absolument.

VENDEUR : Poursuivons. Vous avez été impressionnés par le jardin, conçu par un paysagiste.

Mme LEFEVRE [s'y voyant déjà] : – Oui, les enfants auraient beaucoup d'espace pour s'amuser.

VENDEUR : – En effet. Je note également cet argument. Les abords de la maison vous plaisent. Mme Lefèvre, vous souvenez-vous de votre enthousiasme lorsque vous êtes venue ici pour la première fois ?

Mme LEFEVRE : – C'est un endroit magnifique.

VENDEUR [après avoir compté à voix haute] : – Voyons, cela nous fait déjà cinq arguments pour. Y en a-t-il d'autres ?

M. LEFEVRE : – Eh bien, nous aimons beaucoup la cuisine intégrée entièrement remise à neuf.

VENDEUR : – D'accord, je le note.

M. LEFEVRE : – J'aime aussi les grands arbres qui jalonnent la propriété.

VENDEUR : – Bien, je le note aussi.

Mme LEFEVRE : – Oh ! Nous avons tous les deux adoré la baignoire encastrée dans la chambre à coucher.

VENDEUR : – Parfait, y a-t-il autre chose ?

Concluez avec empathie

L'empathie est la capacité à se mettre à la place de quelqu'un d'autre pour comprendre ses sentiments, ses raisonnements et ses motivations. Cette qualité est extrêmement importante dans le monde de la vente. Si vous avez la possibilité de ressentir ce que votre prospect ressent lui-même, vous saurez exactement comment l'aborder.

Vous ne réussirez jamais dans la vente tant que vous ne ferez pas preuve d'empathie envers vos clients. Votre prospect a besoin de voir que vous le comprenez et souhaitez l'aider à résoudre ses problèmes. Il ne doit pas avoir l'impression que vous ne cherchez qu'à vendre. En tant que vendeur professionnel, vous devez avoir la conviction sincère de pouvoir satisfaire ses besoins. Vous devez voir les avantages et les limites de votre produit ou de votre service du point de vue de votre prospect, c'est-à-dire peser le pour et le contre en fonction de ses critères, non des vôtres, et comprendre ce qui est important pour lui.

Vous devez avoir six à dix arguments pour. Si vous êtes au-dessous de cette fourchette, référez-vous à vos notes et complétez la colonne. Le vendeur ayant atteint un chiffre satisfaisant, il poursuit ainsi :

> VENDEUR [objectif, juste] : – Voyons maintenant combien d'arguments contre nous pouvons indiquer dans la seconde colonne. Je vous écoute.
>
> M. LEFEVRE [poussant un gros soupir] : – Toutes nos économies passeront dans le versement initial.
>
> VENDEUR : – D'accord, quoi d'autre ?
>
> M. LEFEVRE : – Nous aurions beaucoup aimé trouver une maison équipée d'un système de chauffage solaire.
>
> VENDEUR : – Ce sont deux points importants, en effet. Y en a-t-il d'autres ?

Après réflexion, il apparaît clairement que M. et Mme Lefèvre n'ont pas d'autres objections. Ils ont passé en revue tout ce qui pourrait les empêcher d'acheter cette maison. À ce stade, le vendeur n'a pas besoin de réfuter ces objections puisque son but est de déterminer si les prospects ont vraiment envie de vivre dans cette propriété. Or, la réponse est évidente. Il ne lui reste qu'à le faire remarquer avec tact :

> VENDEUR : – Bon, faisons le calcul.

Le vendeur montre la liste à ses prospects, compte à haute voix les éléments de chaque colonne et annonce les résultats ; 8 arguments pour, 2 arguments contre :

VENDEUR : – Les chiffres parlent d'eux-mêmes, n'est-ce pas ?

Le vendeur garde ensuite le silence pour montrer à ses prospects qu'ils sont désormais en mesure de prendre une décision et que la balle est dans leur camp. À ce stade, il y a trois réactions possibles de la part des prospects :

✔ Ils essaient de remettre la décision à plus tard en demandant davantage de temps pour réfléchir ou en posant une question pour changer de sujet.

✔ Ils prennent la décision d'acheter.

✔ Ils émettent une objection.

Les prospects réfléchissent longuement et M. Lefèvre rompt enfin le silence :

M. LEFEVRE : – Nous avons vraiment besoin de temps avant de prendre une décision aussi importante.

Pour gérer cette situation au mieux, le vendeur doit recourir à une nouvelle stratégie, décrite dans la section suivante.

Identifier l'objection qui se trouve derrière une simple hésitation

Comment faire progresser le processus de vente lorsque le prospect demande un temps de réflexion. Reprenons l'exemple de la section précédente, dans lequel M. et Mme Lefèvre souhaitent réfléchir avant d'investir dans une maison :

VENDEUR : – Très bien, je comprends. Vous ne prendriez pas le temps de réfléchir si vous n'étiez pas intéressés, n'est-ce pas ?

M. LEFEVRE [rassurant mais toujours hésitant] : – Bien sûr, nous sommes intéressés. Nous avons simplement besoin de réfléchir avant de prendre une décision.

VENDEUR : – Étant donné que vous êtes intéressés, je suppose que vous prendrez tous les éléments en considération.

Mme LEFEVRE : – Bien sûr.

VENDEUR : – Vous ne dites pas ça pour vous débarrasser de moi, n'est-ce pas ?

M. LEFEVRE [poli mais toujours hésitant] : – Non, ce n'est pas notre but. Nous aimons cette maison, mais nous avons besoin de réfléchir.

VENDEUR [souhaitant poursuivre la discussion] : – Puis-je savoir à quoi vous devez réfléchir exactement ? S'agit-il du prix de la maison ? Du quartier ?

Le vendeur demande ce qui pose problème en citant délibérément des avantages que les prospects apprécient. Ainsi, à chaque fois que ceux-ci répondent « non », il leur montre que la maison correspond à ce qu'ils recherchent. À quoi veulent-ils réfléchir, alors ? Dans la plupart des cas, la raison d'une telle hésitation est financière. Soit la maison est trop chère et le versement initial est trop important, soit les prospects craignent de ne pas obtenir de prêt pour un tel investissement :

VENDEUR : – Est-ce le financement ou même le montant du versement initial qui vous inquiète ?

Mme LEFEVRE [comme si on venait de lui jeter une bouée de sauvetage] : – Oui. Nous aurons peut-être un autre enfant et je ne suis pas sûre que le moment soit bien choisi pour nous endetter à ce point.

Le vendeur a maintenant une idée précise de ce qui empêche les prospects de prendre une décision. Il essaie alors de gérer le problème avec tact et professionnalisme. Pour créer une ambiance favorable à la prise de décision, il est aussi attentif à ce qu'il dit qu'à la façon dont il le dit.

Parfois, le vendeur le plus chaleureux et le plus attentif aux besoins de ses prospects peut se heurter à une demande de réflexion. Lorsque vous êtes dans la peau du client et non du vendeur, ne vous arrive-t-il pas de recourir à cette tactique ? Il est donc normal que vous y soyez confronté(e) de temps à autre.

Réfuter une objection d'ordre financier

Lorsque l'obstacle à la décision finale est d'ordre financier, aidez votre prospect à voir l'investissement sous un autre angle grâce à la technique suivante.

L'agent immobilier qui traite avec M. et Mme Lefèvre va vous faire une démonstration de cette technique :

Mme LEFEVRE : – Je pense que cette maison est trop chère pour nous.

VENDEUR [toujours à la recherche d'un obstacle précis] : – Aujourd'hui, tout semble toujours trop cher. Pouvez-vous me dire de combien cette maison est trop chère pour vous ?

Les vendeurs ont tendance à prendre en compte l'ensemble de l'investissement lorsqu'un prospect leur dit que leur produit est trop cher. Or, ils feraient mieux de s'en tenir à la différence entre le prix du produit et le budget prévu. Par exemple, si votre prospect a prévu un budget de 15 000 € pour s'acheter une voiture alors que le modèle qui l'intéresse vaut 19 000 E, le problème repose uniquement sur 4 000 € et non sur les 19 000 € dans leur globalité :

> Mme LEFEVRE : – Nous avions prévu un budget de 77 000 € et je ne crois pas que nous puissions aller jusqu'à 80 000 €.
>
> VENDEUR : – Donc, ce sont les 3 000 € supplémentaires qui posent problème, n'est-ce pas ?
>
> M. LEFEVRE : – Oui, en effet.

Le vendeur a montré à ses prospects que seule une partie du montant global pose problème. Il va ensuite prouver que cette somme est dérisoire.

Réduire une dépense à un montant dérisoire

Lorsque vous connaissez la somme qui excède le budget prévu, basez votre démonstration uniquement sur cette somme. Commencez par donner une calculette à vos prospects. Ainsi, ils pourront faire le calcul eux-mêmes. Voyons comment notre agent immobilier va s'y prendre pour démontrer à M. et Mme Lefèvre qu'ils peuvent se permettre cette dépense :

> VENDEUR [demandant à Mme Lefèvre ce qu'elle sait déjà] : – Mme Lefèvre, pouvons-nous considérer que cette maison vous conviendrait parfaitement et que vous pourriez y vivre heureuse pendant très longtemps ?
>
> Mme LEFEVRE : – Oui, je pense que ce serait l'endroit idéal pour élever nos enfants.
>
> VENDEUR : – Bien, alors disons que vous allez vivre dans cette magnifique maison pendant vingt ans. Cela vous semble-t-il plausible ?
>
> M. et Mme LEFEVRE : – vingt ans... oui, c'est possible.
>
> VENDEUR : – Répartissons 3 000 € sur vingt ans. Cela ferait environ 150 € par an, n'est-ce pas ?
>
> M. LEFEVRE : – Oui.
>
> VENDEUR : – Pouvons-nous considérer que vous occuperez cette maison cinquante semaines par an, si nous retirons deux semaines de vacances chaque année ?

> M. LEFEVRE : – Oui, en effet.
>
> VENDEUR : – Si l'on répartit 150 E sur cinquante semaines, cela revient à environ 3 € par semaine, somme que l'on peut également répartir sur sept jours. Si l'on divise 3 par 7, quel serait le montant de l'investissement quotidien ?
>
> Mme LEFEVRE [n'en croyant pas ses oreilles] : – 0,43 € !

Le vendeur a démontré à M. et Mme Lefèvre qu'ils s'inquiètent pour 0,43 € par jour. Ridicule, non ?

Faire une comparaison indirecte

En faisant une comparaison indirecte, vous pouvez permettre à vos prospects de comprendre que l'acquisition de votre produit leur coûtera l'équivalent d'un petit extra dont ils pourraient se passer facilement. L'agent immobilier utilise cette stratégie avec M. et Mme Lefèvre :

> VENDEUR [cherchant un élément de comparaison] : – Est-ce que vous et votre famille buvez beaucoup de sodas ?
>
> M. LEFEVRE : – Vous connaissez les enfants. Nous consommons environ un pack de six par jour.
>
> VENDEUR : – Combien coûte un pack de six sodas aujourd'hui ?
>
> Mme LEFEVRE : – Environ 2,15 €.
>
> VENDEUR : – Ne croyez-vous pas que tous les bons moments que vous passerez dans cette magnifique maison valant 0,43 € par jour ? Serait-il sage de vous priver d'excellents souvenirs de famille pour une somme inférieure au prix de quelques sodas ?
>
> M. LEFEVRE : – Vue sous cet angle, cette somme paraît en effet dérisoire.
>
> VENDEUR : – Nous sommes d'accord, n'est-ce pas ? Voyons si vous pourriez emménager dans cette superbe maison avant les vacances afin de commencer à vous y faire de beaux souvenirs. À quelle date préféreriez-vous conclure la vente : le 10 ou le 12 ?

Les mots qui apparaissent en italique sont des mots clés. Ils créent une image agréable dans l'esprit des prospects. Imaginons que M. et Mme Lefèvre souhaitent emménager le 1er juillet. Cela donne au vendeur la possibilité de parler des vacances, période propice à l'achat d'une maison.

Décrire une situation similaire

Pour aider vos prospects à surmonter leur appréhension, parlez-leur d'un couple qui a eu les mêmes préoccupations et les mêmes doutes qu'eux mais s'est tout de même décidé à acheter et ne le regrette pas. Voici une anecdote que vous pouvez raconter à vos prospects s'ils hésitent à prendre une décision :

« Je sais que vous hésitez à investir cette somme en ce moment parce que vous attendez votre premier enfant. Je connais un couple, M. et Mme Duval, qui était dans la même situation que vous il y a environ un an. Nous avons visité de nombreuses maisons mais aucun des conjoints ne parvenait à se décider.

Un jour, nous sommes allés voir une maison magnifique et ils sont tombés sous le charme. Je leur ai demandé si elle leur convenait et ils ont paru enchantés. J'ai alors essayé de savoir s'ils étaient prêts à conclure la vente. M. Duval était partant mais Mme Duval craignait que la maison ne soit un peu trop grande. De plus, elle n'était pas sûre de vouloir déménager avant la naissance de l'enfant.

Ils ont toutefois pris la décision d'acheter cette maison. Après la naissance du bébé, ils ont été stupéfiés de voir la place qu'il fallait pour ranger ses affaires. Ils n'ont pas regretté d'avoir investi dans une grande maison.

Vous aimeriez être complètement installés dans votre nouvelle maison avant la naissance de votre bébé, n'est-ce pas ? »

Souvenez-vous de l'expérience de vos clients pour en faire part à vos prospects lorsqu'ils se trouveront dans une situation similaire, ce qui ne manquera pas d'arriver.

Miser sur l'avantage concurrentiel

Si vous avez affaire à un prospect indécis, racontez-lui une anecdote pour lui faire prendre conscience de l'avantage concurrentiel que représente votre produit ou votre service. Le but n'est pas de l'inciter à acheter ce dont il n'a pas besoin mais de lui rappeler qu'il a des concurrents (principalement s'il s'agit d'une entreprise et non d'un particulier). Dans le monde des affaires, l'avantage concurrentiel est une simple question de survie.

Pour faire jouer la concurrence, procédez de la manière suivante :

« Monsieur Ramirez, vos concurrents et vous êtes confrontés aux mêmes défis. Certaines sociétés de votre secteur sauront mieux les relever que d'autres. Mon objectif est de vous fournir un avantage concurrentiel. Qu'en pensez-vous ? »

Sachez jongler avec les chiffres

Les bons vendeurs ne sortent jamais sans leur calculette. Même si vous êtes un as du calcul mental, ayez toujours une calculette sur vous et assurez-vous de bien en maîtriser les formules pour pouvoir fournir rapidement à vos prospects les chiffres qu'ils vous réclament.

Lorsqu'un prospect vous voit taper sur une calculette, il ne peut mettre en doute les chiffres que vous lui annoncez. En revanche, s'il vous voit griffonner des calculs sur un morceau de papier, il risque d'être méfiant. Et si vous calculez de tête,

ce sera encore pire : au lieu d'être attentif à votre présentation, il vérifiera que vos calculs sont justes.

De plus, si vous n'utilisez pas de calculette, votre prospect pensera que vous manquez de rigueur et se demandera si vous faites votre travail consciencieusement. Or, n'oubliez pas que vous devez inspirer confiance dès le départ. Par conséquent, lorsque vous voulez montrer à votre prospect qu'il peut se permettre d'acheter votre produit, apportez-lui-en la preuve concrète.

La conclusion de la vente est-elle dans l'intérêt de votre prospect ?

Les stratégies de conclusion et de vente présumée sont-elles bénéfiques au prospect ? Pour moi, cela ne fait aucun doute. Je travaille dans la vente depuis des années et j'ai toujours eu à cœur de servir les intérêts de mes clients. Je ne dis que la vérité et je m'efforce de fournir un service irréprochable. Bien sûr, cela n'engage que moi et je ne peux pas garantir la probité des autres vendeurs.

J'essaie depuis mes débuts de donner une image positive de la vente, grâce à un service très professionnel. J'ai travaillé dur pour conclure des ventes difficiles lorsque je savais qu'elles étaient dans l'intérêt de mes clients. Cela ne veut pas dire que j'ai essayé de vendre n'importe quoi à mes prospects. Au contraire, j'ai fait tout mon possible pour les aider à surmonter leur appréhension et à résister à la tentation de remettre au lendemain.

Souvenez-vous : si vous qualifiez bien vos prospects, vous saurez s'ils ont vraiment besoin ou envie de votre produit. Si votre offre leur permet d'améliorer leur confort, vous devez les convaincre de l'accepter.

Réfléchissez : en tant que consommateur, vous avez sans doute apprécié l'aide de professionnels lorsque vous avez eu des difficultés à prendre une décision. Vous avez peut-être même été satisfait au point de recommander ces professionnels à vos proches. Vous saurez que vous êtes devenu un bon vendeur lorsque vos clients vous recommanderont à d'autres. Soyez la personne ressource dans votre secteur et tout le monde – vous et vos clients – y trouvera son compte.

Vos prospects ont besoin que vous les aidiez à prendre une décision. Réfléchissez : combien de produits vous a-t-on incité à acheter alors que vous n'en vouliez vraiment pas ? Sans doute pas beaucoup. Personne ne se laisse convaincre dans ces conditions. Vous n'avez donc aucun scrupule à avoir. Si l'investissement est important, vous aurez parfois des difficultés à conclure la vente même si votre prospect veut vraiment acheter votre produit ou votre service.

Malheureusement, certains vendeurs malhonnêtes n'hésitent pas à mentir. Ils dupent les acheteurs et ceux-ci se retrouvent avec un produit qui ne correspond pas à leurs besoins. Les prisons sont pleines d'escrocs de ce genre, qui font passer leur cupidité avant la satisfaction de leurs clients. Cette approche de la vente est dévastatrice. En revanche, si vous vous mettez véritablement au service de vos clients pour les aider de votre mieux, vous réussirez à coup sûr.

Quatrième partie

Les ficelles du métier

« Cela fait plus de dix minutes qu'ils se regardent sans bouger. Tu crois qu'ils jouent à celui qui baissera les yeux le premier ou que Paul n'ose pas redemander au client de prendre une décision ? »

Dans cette partie...

Une fois que vous maîtrisez bien le cycle de vente, vous pouvez agrandir votre clientèle. Dans cette partie, vous allez découvrir les ficelles du métier : rester en contact avec vos clients et satisfaire au mieux leurs besoins ; exploiter les ressources d'Internet pour augmenter votre chiffre d'affaires et apprenez à surmonter l'échec.

Chapitre 11

Assurer le suivi de votre clientèle

Dans ce chapitre

▶ Rester en contact avec vos clients

▶ Envoyer des lettres de remerciements

▶ Mémoriser le type de suivi qui convient le mieux à chaque client

*P*our réussir dans la vente, il est essentiel de réaliser un suivi conséquent sur le long terme. Vous avez donc tout intérêt à mettre au point une technique de suivi méthodique et systématique tout en personnalisant votre approche avec créativité.

Aujourd'hui, de plus en plus de vendeurs professionnels pratiquent un suivi agressif et inutile auprès de clients qui ne représentent qu'un faible potentiel de vente. Si vous voulez jouer dans la cour des grands, vous allez devoir effectuer un suivi efficace. Ce chapitre a pour but de vous aider à identifier les clients avec lesquels vous devez rester en contact et à choisir le bon moment pour les recontacter. Vous apprendrez également à utiliser les lettres de remerciements de façon pertinente.

Identifier les clients devant faire l'objet d'un suivi

Votre méthode doit toujours être adaptée au client pour lequel vous effectuez un suivi. Vous pouvez distinguer au sein de votre clientèle cinq types de clients avec lesquels vous devez rester en contact pour développer vos activités :

Quel est le taux de réponses de vos clients ?

Le taux de réponses de vos clients à vos actions de suivi dépend essentiellement de l'efficacité de votre méthode. Si vous savez vous y prendre, vous obtiendrez un grand pourcentage de réponses. Bien sûr, votre succès reposera aussi sur le choix des clients avec lesquels vous avez décidé de rester en contact.

Ne vous découragez pas si certains clients ne vous donnent aucune réponse. Il peut arriver que leur silence n'ait rien à voir avec vous. Toutefois, si vous n'obtenez pas beaucoup de résultats, mieux vaut revoir votre méthode et mettre davantage de piquant dans vos messages.

Identifiez les techniques qui fonctionnent bien en général et celle qui convient le mieux à chacun de vos clients. Soyez patient(e). Ne renoncez pas à cause de quelques échecs. Au contraire, cherchez sans relâche des moyens d'améliorer votre programme de suivi. Contactez d'autres vendeurs professionnels susceptibles de vous donner des conseils. Les techniques de suivi peuvent être aussi difficiles à maîtriser que les techniques de vente. Vous ne serez pas au top du jour au lendemain.

✔ **Références clients**. Il est inutile de demander des références clients si vous ne restez pas en contact avec elles. Des études ont montré que les vendeurs expérimentés passent autant de temps avec des clients potentiels préqualifiés qu'avec des prospects non qualifiés – les premiers représentant un taux de réussite bien plus élevé en termes de conclusion de la vente. *Souvenez-vous* : les références clients ne débouchent pas toujours sur une vente mais sont bien plus faciles à gérer que les prospects dont vous ne savez rien.

✔ **Clients satisfaits de votre produit ou de votre service**. Vous devez contacter ces personnes dans le cadre du service professionnel que vous leur fournissez en remerciements de leur fidélité envers vous, votre société et votre produit ou service.

✔ **Clients susceptibles d'être intéressés par la nouvelle version de votre produit ou de votre service**. Vous devez aussi rappeler à vos clients qu'il est temps de mettre à jour le produit que vous leur avez vendu. Ce rôle d'information, si vous le remplissez correctement, peut vous valoir de nombreuses ventes.

✔ **Prospects difficiles à joindre**. Certains prospects sont difficiles à joindre et vous devrez les contacter plusieurs fois avant de pouvoir obtenir un rendez-vous. Souvenez-vous : les vendeurs persévérants sont toujours récompensés.

✔ **Clients fidèles**. N'oubliez jamais de remercier les clients qui vous sont fidèles depuis des années. Ils vous ont aidé à bâtir votre carrière et apprécieront votre gratitude. Pensez à leur exprimer votre reconnaissance lorsque les références clients qu'ils vous ont fournies deviennent à leur tour des clients. En leur envoyant une lettre de remerciements, vous obtiendrez peut-être même d'autres références clients.

Même le contact le plus bref ou la vente la plus insignifiante peut déboucher sur toute une liste de références clients.

Trouver la meilleure méthode de suivi

Pour que vos clients se souviennent de vous et de votre offre, vous devez leur laisser un souvenir indélébile. Si vous considérez le suivi comme une tâche ennuyeuse, rébarbative et répétitive, vous ennuierez également vos clients avec vos contacts incessants.

Vous devez créer un besoin chez vos clients et ce besoin sera proportionnel à l'enthousiasme et à la créativité que vous mettrez dans votre programme de suivi. Donnez envie à vos clients de prendre connaissance des messages que vous leur transmettez.

Téléphone

Le suivi par téléphone est sans doute la technique la plus courante, la moins chère mais aussi la plus difficile. En effet, vos clients peuvent filtrer vos appels par l'intermédiaire d'un assistant, d'un répondeur ou d'une boîte vocale. Si vos appels sont filtrés, vous devez être suffisamment créatif pour éveiller la curiosité de vos clients et leur donner envie de vous parler. Dites-vous que les personnes que vous essayez de joindre n'essaient pas nécessairement de vous éviter. Elles sont peut-être simplement très occupées et votre offre ne constitue pas une priorité pour elles.

Lorsque vous essayez de contacter un responsable par téléphone, vous devez d'abord passer par le réceptionniste, l'assistant personnel et même parfois un partenaire de ce responsable. Pire encore, lorsque vous êtes enfin en ligne avec le poste du décideur, il arrive que vous tombiez sur le répondeur. Si vous ne vous êtes pas préparé(e) à laisser un message attrayant, pensez-vous que votre client vous rappellera alors qu'il a peut-être également reçu des messages d'autres vendeurs ? Non, bien sûr. Mettez dans chacun de vos messages une touche personnelle qui le distinguera de ceux des autres.

Prêtez attention aux attentes de vos clients

Pour choisir la méthode de suivi la plus appropriée, vous devez connaître les préférences de chacun de vos clients en termes de service. En effet, vous ne pouvez servir les intérêts de vos clients que si vous connaissez leurs attentes.

Voici une liste des principales attentes en matière de service :

✔ Recevoir un appel téléphonique lorsque le vendeur s'est engagé à téléphoner

✔ Disposer du numéro de téléphone et des horaires d'ouverture du service après-vente

✔ Avoir la possibilité de parler à un responsable

✔ Avoir la conviction que le vendeur est motivé par ce qu'il fait

✔ Pouvoir joindre une personne par téléphone sans être mis en attente trop longtemps

✔ Être informé des innovations susceptibles de réduire les coûts et d'augmenter la productivité

✔ Être informé de tout problème éventuel et obtenir rapidement des solutions

✔ Avoir la confirmation que ce problème a été pris en compte et que la société en accepte l'entière responsabilité

✔ Être traité avec courtoisie et bénéficier d'un service personnalisé

✔ Obtenir des informations réalistes et honnêtes en ce qui concerne la livraison et la résolution de problèmes

En consacrant une partie de votre journée au suivi et au service, vous comblerez ces attentes et vous aurez une longueur d'avance sur ceux de vos concurrents qui y auront mis moins de zèle.

Vous devez attirer l'attention et piquer la curiosité du destinataire de votre appel. Les cadres supérieurs recherchent toujours des moyens d'augmenter la rentabilité et la productivité de leur société pour obtenir une plus grande part de marché. Si vous pensez que votre offre permettra à votre client d'atteindre ce genre d'objectifs, commencez votre message par une accroche efficace. Par exemple :

« Je suis désolé que vous n'ayez pas pu prendre mon appel mais il vous reste une opportunité d'augmenter votre production tout en réduisant les dépenses de votre société en matière de main-d'œuvre et de gestion des stocks. Ouvrez le courrier que je vous enverrai le 22 mai. Je vous rappellerai ensuite pour vous expliquer en quoi notre offre pourra vous être bénéfique, à vous et à votre société. Si vous souhaitez agir dès maintenant, téléphonez-moi demain matin avant 11 h au 01 00 00 00 00. Mon nom est Éric Duchemin. »

Ce court message téléphonique permet d'atteindre plusieurs objectifs :

- **Il pique la curiosité du client en évoquant une façon de travailler plus efficace.**

- **Il mentionne des avantages pouvant être bénéfiques au destinataire en tant que personne.** Ne vous contentez pas de parler de l'intérêt de votre offre pour la société dans son ensemble. Flattez l'ego de votre client en lui précisant qu'il a personnellement des bénéfices à retirer de votre proposition. S'il veut se distinguer de ses collègues, il sera intéressé.

- **Il indique un créneau horaire dans le but d'inciter le client à rappeler.** Si vous êtes précise, vous pourrez vous organiser pour être dans votre bureau au moment où le client est susceptible de vous rappeler. Cette technique évitera à votre interlocuteur de tomber lui aussi sur votre répondeur. S'il est trop occupé (ou pas assez tenté par votre offre) pour vous retourner votre appel, vous avez prévu la possibilité de le recontacter par courrier postal ou électronique. Une fois votre courrier arrivé à destination, vous pourrez passer un autre appel téléphonique.

Courrier postal

Le suivi par courrier postal est également une méthode courante. Pour vous démarquer, envoyez des lettres qui sortent de l'ordinaire. Personnalisez votre suivi pour que votre contact s'intéresse à votre relance.

Vous pouvez par exemple joindre à votre courrier un coupon-réponse ou faire profiter votre client d'une offre spéciale. Certains mailings ne comportent d'ailleurs qu'une offre spéciale destinée à fidéliser le client. Si vous utilisez cette technique de suivi, indiquez à votre client que vous lui téléphonerez dans quelques jours pour discuter de cette offre. Vous vous donnerez ainsi une nouvelle opportunité de le contacter. De plus, il se sentira valorisé et vous réservera un accueil chaleureux lors de votre appel.

Pour personnaliser votre courrier, vous pouvez aussi ajouter des informations susceptibles d'intéresser votre client. Ces informations ne sont pas nécessairement liées à votre offre et doivent simplement montrer à votre contact que vous pensez à lui. Il peut s'agir d'un communiqué de presse concernant son secteur d'activité. Ce geste sera bénéfique avant tout à votre client mais celui-ci se souviendra de l'intérêt que vous lui avez porté.

Pour être efficace, ce genre de courrier doit être spontané. Ne demandez pas à votre secrétaire de taper une lettre formelle. Griffonnez vous-même quelques mots à la main. N'oubliez pas de joindre votre carte de visite et peut-être une petite brochure sur les dernières nouveautés concernant votre produit ou votre service pour inciter votre client à reprendre contact avec vous.

Courrier électronique

Le suivi par e-mail est très efficace à condition que vos clients relèvent régulièrement leur courrier électronique. Si c'est le cas, envoyez un message et indiquez l'adresse d'un site Web comportant un article ou une information susceptible d'intéresser votre client. Si l'article est long, résumez-le dans votre message et expliquez l'intérêt qu'il peut présenter pour le destinataire.

Faites-vous des relations pour découvrir d'autres techniques de suivi

Il y a toujours moyen d'obtenir des tuyaux auprès de personnes prêtes à partager leur savoir. Bien sûr, il serait déplacé de vous renseigner sur les méthodes de suivi de vos concurrents mais, au cours de séminaires, vous aurez l'occasion de rencontrer des vendeurs ayant les mêmes priorités que vous.

Lors du prochain séminaire auquel vous participez, discutez des différentes techniques de suivi avec vos collègues. Autrement dit, faites-vous des relations et restez en contact avec elles. Votre discussion sur le suivi devra elle aussi donner lieu à un suivi efficace.

Avant de ranger les cartes de visite que l'on vous a données au séminaire, écrivez un petit mot à chacun de vos contacts pour lui dire combien vous avez apprécié ses conseils ou sa conversation. Si vous avez pris le temps de noter un mot ou deux au dos de chaque carte, vous pourrez personnaliser vos messages.

Vous serez surpris(e) de voir le nombre de réponses que vous obtiendrez à la suite de cette action de suivi. Certaines personnes vous téléphoneront peut-être même au sujet de votre produit. Si vous reprenez contact immédiatement après le séminaire, vous vous souviendrez plus facilement de ce que chaque collègue vous a dit. Attachez à chaque carte une copie de votre correspondance pour avoir toutes les informations nécessaires à portée de main en cas d'appel téléphonique.

À chaque fois qu'une innovation apparaît dans votre secteur ou votre société, informez-en les clients auxquels elle pourrait être bénéfique. Ne perdez pas votre temps avec ceux dont les besoins n'ont rien à voir avec cette innovation. Dans le monde des affaires, de nombreuses personnes ont l'impression de ne jamais lire suffisamment. Si elles n'ont pas lu les dix meilleurs livres sur le management ou la dernière édition d'au moins trois journaux, elles craignent que certaines informations leur échappent. Par conséquent, si vous envoyez des e-mails brefs et concis, ils seront très appréciés.

N'oubliez pas de conclure votre message avec une formule disant que vous êtes à la disposition de votre client au cas où il se poserait des questions. Montrez que vous êtes toujours à l'écoute.

Rédiger des lettres de remerciements

Chacun de nous aime savoir qu'il est apprécié des autres. Grâce à vos actions de suivi, vous pouvez faire savoir à vos clients que vous avez apprécié de traiter avec eux et les remercier pour les éventuelles références clients qu'ils vous ont fournies. La lettre de remerciements doit faire partie intégrante de vos activités de vendeur. Aussi modeste soit-elle, elle permet de créer des liens sur le long terme.

Voici dix situations dans lesquelles vous pouvez envoyer une lettre de remerciements. Inspirez-vous du texte proposé.

- ✔ **Après un contact téléphonique** : « Je vous remercie d'avoir répondu à mon appel téléphonique. Soyez sûr que je respecterai toujours le temps que vous passerez à discuter avec moi d'une opportunité pouvant nous être mutuellement bénéfique. »

- ✔ **Après une rencontre en personne** : « Je vous remercie d'avoir pris le temps de me recevoir. Ce fut un plaisir de vous rencontrer. Nous avons la chance de satisfaire les besoins de nombreux clients et j'espère être en mesure de satisfaire les vôtres prochainement. Si vous avez des questions, n'hésitez pas à me contacter. »

- ✔ **Après une présentation** : « Je vous remercie de m'avoir donné l'opportunité de discuter avec vous d'un éventuel partenariat dans l'intérêt de nos deux sociétés. Nous pensons que la qualité, accompagnée d'un service irréprochable, est le fondement du succès. »

- ✔ **Après un achat** : « Je vous remercie de m'avoir donné l'opportunité de vous faire bénéficier de notre meilleur service. Je suis sûr que vous ne regretterez pas cet investissement. Mon objectif est désormais de vous offrir un excellent suivi afin que vous n'hésitiez pas à me recommander à des personnes ayant des besoins similaires aux vôtres. »

ANECDOTE

Écoutez toujours votre mère

J'ai appris l'importance de dire merci très tôt dans ma vie. Quand j'étais enfant, il arrivait à mes parents de sortir dîner. Comme la plupart des gosses, j'essayais de rester éveillé jusqu'à leur retour. Lorsque je ne m'endormais pas, je voyais toujours ma mère s'asseoir à son petit bureau dès qu'elle était rentrée.

Un jour, je me suis levé et je lui ai demandé ce qu'elle faisait. Elle m'a répondu : « Nous avons passé une si bonne soirée avec nos amis que je leur envoie un petit mot pour les remercier de leur amitié et pour ce merveilleux dîner. »

Ce geste de gratitude de ma mère – envers des personnes qui savaient déjà qu'elle et mon père les appréciaient – a permis d'entretenir cette amitié pendant des années.

Plus tard, j'ai compris que la vente reposait sur la qualité des relations humaines. J'ai donc commencé très tôt dans ma carrière à envoyer des lettres de remerciements. J'ai décidé d'en écrire dix par jour, ce qui signifie que je devais contac-ter au moins dix personnes chaque jour. J'en ai envoyé aux personnes que j'avais brièvement rencontrées, à qui j'avais fait visiter des propriétés, avec lesquelles j'avais parlé au téléphone ou que j'avais aidées à acheter une maison. J'étais un véritable adepte de la lettre de remercie-ments.

Aujourd'hui encore, dans l'avion après un séminaire, j'écris des lettres de remercie-ments à mes étudiants, à mon personnel et aux personnes merveilleuses que je rencontre dans les hôtels et dans les taxis. Lorsque je revois ces personnes, elles se souviennent de moi. Elles se sou-viennent que je les avais remerciées pour leur travail ou pour m'avoir consacré une partie de leur temps.

Je suis tellement convaincu du pouvoir des lettres de remerciements que vous pourrez en voir au dos de chacune des brochures que j'ai imprimées pour mes séminaires. Et vous n'aurez pas à cher-cher très loin pour trouver celle que je vous ai adressée dans ce livre.

✔ **Après la communication de références clients** : « Je vous remercie pour les références clients que vous m'avez four-nies. Soyez assuré que toutes ces personnes bénéficieront d'un service des plus professionnels. »

✔ **Après un refus** : « Je vous remercie du temps que vous m'avez consacré dans l'espoir de satisfaire vos besoins. Je regrette sincèrement que vous ne soyez pas prêt à investir dans notre produit pour le moment. Si vous avez toutefois besoin d'informations complémentaires, n'hésitez pas à me contacter. Je vous tiendrai au courant des innovations sus-ceptibles de vous être bénéfiques à l'avenir. »

✔ **Après le choix d'un concurrent** : « Je vous remercie d'avoir pris le temps d'étudier nos services. Je regrette de n'avoir pas pu, à cette occasion, vous aider à évaluer les bénéfices que nous pouvons vous apporter. Nous nous tenons constamment au courant de l'évolution de notre secteur et je resterai en contact avec vous dans l'espoir de satisfaire vos besoins à l'avenir. »

✔ **Après le choix d'un concurrent mais la communication de références clients** : « Je vous remercie de m'avoir communiqué des références clients. Comme prévu, je joins à ce courrier trois cartes de visite. Merci de les transmettre à trois personnes de votre entourage susceptibles d'être intéressées par notre offre. Je resterai en contact avec vous au cas où vous auriez besoin de mes services. »

✔ **Après un service rendu** : « Je vous remercie de votre service professionnel et efficace. Il est agréable d'avoir affaire à une personne dévouée. J'ai grandement apprécié vos efforts. Si ma société ou moi-même pouvons vous rendre un service quelconque, n'hésitez pas à nous contacter. »

✔ **À l'occasion d'un anniversaire** : « Je vous souhaite un joyeux anniversaire et vous remercie à cette occasion de votre fidélité. Nous améliorons constamment nos produits et notre service. Si vous souhaitez connaître nos dernières innovations, n'hésitez pas à me contacter. »

Comme vous pouvez le voir, vous avez de nombreuses occasions de remercier vos clients. Avec une lettre de remerciements ou deux à la bonne personne et au bon moment, vous pouvez fidéliser et accroître considérablement votre clientèle. Imaginez qu'un réceptionniste ou un assistant souffre d'un manque de considération. Si vous lui exprimez votre reconnaissance, il se souviendra de vous et sera sans doute plus réceptif à vos appels et à vos questions. Souvenez-vous : les remerciements ne sont jamais déplacés.

Faut-il remercier ou envoyer un cadeau ?

Lorsque quelqu'un fait de nombreux efforts pour vous aider, vous pouvez lui envoyer une lettre de remerciements, bien sûr, mais aussi un cadeau. Ne le faites pas systématiquement mais dans les cas où une personne vous a consacré beaucoup de temps et d'énergie quelles que soient les relations hiérarchiques que vous ayez avec elle (pensez aux secrétaires, assistants et autres).

La plupart des cadeaux que vous faites à vos clients sont déductibles de vos impôts. Renseignez-vous auprès de votre comptable. Vos gestes de gratitude pourraient vous être encore plus bénéfiques que vous le pensez.

Optimiser les résultats de votre suivi

Lorsque vous gérez vos contacts, vous devez non seulement effectuer un suivi mais optimiser les résultats de ce suivi grâce à un programme précis. Cette section décrit les stratégies à appliquer afin que vos efforts ne soient pas vains.

Soyez organisé (e)

Le suivi paraît simple lorsqu'il s'agit d'envoyer une lettre ou de passer un appel téléphonique. Mais vous devez aller au-delà et établir un programme de suivi efficace. Commencez par définir des règles strictes, qui vous permettront d'augmenter considérablement votre chiffre d'affaires.

Pour atteindre votre objectif, vous devez contacter vos clients six fois en douze mois.

Pensez au nombre de contacts que vous avez et multipliez ce nombre par six. Vous comprenez sans doute pourquoi les vendeurs peuvent être facilement submergés par leur programme de suivi. Certains recrutent même des assistants pour le mener à bien à leur place.

Si vous débutez, vous ne pouvez probablement pas déléguer vos actions de suivi. Vous devez donc travailler dur pour gérer vos relations avec vos références clients, vos clients potentiels, vos clients fidèles, vos relations d'affaires et toutes les personnes avec lesquelles vous êtes en contact au cours d'une journée de travail ordinaire (si tant est qu'il existe des journées de travail ordinaires !).

Pour que votre programme de suivi soit efficace, vous devez vous organiser de façon à rester productif. Vous avez le choix entre plusieurs méthodes – choisissez celle qui vous convient le mieux. Par exemple, vous pouvez utiliser des fiches. Mais aujourd'hui, il existe des logiciels d'automatisation de la force de vente, comme ACT! et GoldMine, conçus pour stocker le maximum d'informations dans le minimum d'espace. En utilisant une base de données pour vos actions de suivi, vous gagnerez du temps et de l'énergie, que vous pourrez consacrer à la vente proprement dite. Les services disponibles en ligne, comme SalesLogix.net, peuvent aussi vous être d'une aide précieuse. Ce genre de logiciels est facile à utiliser.

Quelle que soit la méthode que vous choisissiez pour organiser votre temps, elle doit vous permettre de reprendre contact avec vos clients de façon systématique et régulière.

Lorsque vous tombez sur le répondeur d'un client, laissez un message précisant l'heure à laquelle vous êtes joignable. Soyez disponible pour répondre au téléphone à cette heure. Ainsi, vous ne craindrez pas de manquer un appel que vous avez attendu toute la semaine pendant que vous êtes en rendez-vous.

Vos clients apprécieront de pouvoir vous joindre à l'heure où vous avez vous-même dit être disponible. Ils verront que vous respectez vos horaires et comprendront avec quelle efficacité vous pouvez satisfaire leurs besoins.

Ne soyez pas envahissant (e)

Que vos prospects acceptent ou refusent votre offre, vous devez les inclure dans votre programme de suivi. À ceux qui sont devenus vos clients, vous devez fournir un service irréprochable. Il est donc impératif que vous restiez en contact avec eux pour suivre l'évolution de leurs besoins. Ceux qui n'ont pas pris de décision d'achat doivent quant à eux être tenus au courant des innovations susceptibles de les satisfaire à l'avenir. Par conséquent, vous devez aussi obtenir l'autorisation de rester en contact avec eux.

Vous pouvez reprendre contact avec vos clients relativement souvent, selon le produit ou le service dont ils ont fait l'acquisition. S'il s'agit de fournitures de bureau, vous pouvez leur téléphoner toutes les semaines mais, s'il s'agit d'un jet, contactez-les seulement une fois par mois.

Vos clients ont besoin de savoir que vous êtes là pour eux. En revanche, ceux qui n'ont pas fait affaire avec vous risquent d'être gênés par vos relances. Avec le temps et l'expérience, vous parviendrez à évaluer la gêne occasionnée. Si vous débutez, demandez à chacun de vos contacts à quelle fréquence il souhaite avoir de vos nouvelles. Ne dites pas directement : « À quelle fréquence souhaitez-vous être contactés ? » car on pourrait vous répondre : « Ne nous téléphonez pas. Nous vous contacterons nous-mêmes. » Procédez plutôt de la manière suivante : « Avec votre autorisation, j'aimerais reprendre contact avec vous dans environ un mois pour savoir si le produit vous satisfait et si vous avez des questions. Cela vous conviendrait-il ? » Votre client vous indiquera alors s'il préfère que vous le contactiez plus tôt ou si la période d'un mois lui paraît appropriée. Sa réponse vous permettra d'évaluer la gêne que vous pourriez éventuellement occasionner.

En tout état de cause, évitez de harceler vos clients. C'est vrai qu'il est difficile pour un vendeur de savoir à quel moment il dépasse les bornes. Mais vous anéantirez tous vos efforts si vous ne savez pas reconnaître les signes de mécontentement que vous envoie un client. Si celui-ci vous raccroche au nez, c'est que vous n'aurez pas été attentif à ces signes.

Témoignez un intérêt sincère à vos clients. Ne leur téléphonez pas un vendredi avant les vacances pour essayer de leur faire une nouvelle offre. Ce genre de relance les irriterait profondément. De même, n'engagez pas une longue conversation à l'heure de la pause déjeuner ou à la fin de la journée. Votre interlocuteur ne penserait qu'à trouver un moyen de conclure sans prêter la moindre attention à vos propos.

Lorsque vous effectuez un suivi, soyez rapide et aimable et respectez l'emploi du temps de vos clients. Les interruptions sont parfois inévitables mais, lorsqu'elles surviennent trop souvent, donnez à votre client la possibilité de vous rappeler à une heure qui lui convient mieux.

Si votre relance débouche sur un échec, concluez sur une note positive. Si vous êtes convaincu(e) que le refus de votre client n'est pas dû à un manque d'efficacité de votre part, peut-être pourrez-vous obtenir quelques références clients ou traiter avec cette personne à l'avenir.

Soyez poli(e) ! Demandez à votre client si sa situation est susceptible de changer et s'il vous autorise à le rappeler plus tard. Peut-être sera-t-il plus réceptif à votre offre dans quelques mois lorsqu'il se trouvera dans un contexte plus favorable à l'acquisition de votre produit ou de votre service. Si vous lui laissez une bonne impression et continuez à entretenir de bonnes relations avec lui grâce à un suivi régulier et durable, la seule chose qui pourra l'empêcher d'accepter votre offre sera le temps – et, faites-moi confiance, cela passera.

Si votre client admet qu'il a fait appel à l'un de vos concurrents, vous devez savoir pourquoi il l'a choisi. Dans ce cas, ne faites aucun reproche à votre client potentiel. Au contraire, valorisez-le en lui demandant s'il peut vous consacrer encore un peu de son temps et vous donner quelques conseils pour améliorer vos techniques de vente ou votre produit ou service.

Si vous avez passé beaucoup de temps avec un client qui s'est finalement laissé convaincre par quelqu'un d'autre, peut-être se sentira-t-il même obligé de vous rencontrer. Dans ce cas, non seulement vous découvrirez ce que vous devez améliorer mais vous aurez une idée de ce qu'offre votre concurrent ou de ce que celui-ci dit à propos de vous et de votre société. Ce sera pour vous l'opportunité de devenir un meilleur vendeur. N'oubliez pas de poursuivre votre suivi en envoyant une lettre de remerciements à votre client pour les conseils qu'il vous aura fournis.

Grâce à un suivi efficace, vous pourrez détourner de vos concurrents un client qui a refusé votre offre la prochaine fois qu'il aura besoin d'un produit comme le vôtre. En restant davantage en contact avec lui que le vendeur avec lequel il a traité, vous lui ferez regretter de ne pas vous avoir choisi. Montrez-lui par ce suivi votre organisation et votre volonté de servir ses intérêts. Ainsi, lorsqu'il aura besoin de remplacer le produit qu'il a acquis aujourd'hui, il pensera probablement à vous en premier.

Faites savoir à vos clients que vous êtes désolé(e) de ne pas avoir pu leur donner satisfaction dans l'immédiat et que vous espérez toujours gagner leur confiance. De même, fournissez un service irréprochable à ceux que vous avez convaincus grâce à votre suivi. Montrez-leur que vous faites passer leurs besoins avant les vôtres.

Gardez une trace de vos succès

Prenez des notes sur vos actions de suivi et sur le succès de vos méthodes. Lorsque vous utilisez une technique qui donne d'excellents résultats, notez-la dans un journal. Soyez précis(e) et décrivez en détail la situation dans laquelle vous l'avez appliquée. Plus les informations que vous notez sont détaillées, plus vous serez à même de renouveler l'expérience à l'avenir.

Notez également dans votre journal les améliorations que souhaitent vos clients. *Souvenez-vous* : faire l'effort de noter vos succès et les améliorations à apporter à vos techniques de suivi ne servira à rien si vous ne prenez pas le temps de relire votre journal périodiquement et d'évaluer vos progrès.

Peut-être devrez-vous demander à l'un de vos collègues de suivre vos progrès et de vous aider à mettre en œuvre les changements nécessaires. Dans ce cas, autorisez-le à vous mettre en face de vos responsabilités si vous vous écartez des objectifs que vous vous êtes fixés.

Même si vous n'avez pas trouvé de méthode particulièrement créative et attrayante, mieux vaut effectuer un suivi assidu que de ne rien faire du tout. Accordez-vous le droit à l'erreur et le temps nécessaire pour élaborer votre programme de suivi et le mettre en application. Ne vous attendez pas à obtenir d'excellents résultats du jour au lendemain. Considérez le suivi comme un chemin qui mène vers le succès.

Chapitre 12

Augmenter vos ventes grâce à Internet

● ●

Dans ce chapitre
▶ Faire des recherches sur vos clients en exploitant Internet
▶ Faire des présentations en ligne
▶ Être présent pour vos clients quelle que soit la technologie que vous
utilisez

● ●

*I*nternet est un outil fantastique pour les vendeurs, aussi bien
dans la phase de préparation que pour la vente proprement
dite. Il donne accès à des informations que vous auriez beaucoup
de difficultés à recueillir par d'autres moyens. Imaginez le temps et
les moyens financiers qu'il vous faudrait pour connaître les dernières informations concernant vos clients potentiels si vous ne
disposiez pas d'Internet. Cet outil doit rapidement devenir votre
meilleur ami – après le stylo avec lequel vos clients signent l'acte
de vente !

L'effet positif d'Internet sur la profession

Une étude a montré que 80 % des vendeurs utilisent Internet au
moins une fois par jour. L'accès à l'information, à l'éducation et à
la communication n'a jamais été plus facile.

Grâce à Internet, vous pouvez connaître très rapidement les
besoins de vos clients potentiels. C'est comme si vous aviez toute
une bibliothèque à portée de main. Les informations les plus
récentes sur toutes les sociétés et tous les produits disponibles
actuellement sont accessibles en un clic. De plus, vous pouvez
consulter plusieurs sources et donc vous assurer de la fiabilité de
ces informations.

Faites toujours attention à la source et à la date des informations en ligne. Si le site a été créé par un organisme reconnu, celles-ci seront sans doute fiables et récentes. Si vous ne connaissez pas la source, restez prudent(e). Les sociétés et les organismes avertis indiquent la date de mise à jour du site.

Mieux que le journal

Pour obtenir des renseignements sur certaines sociétés, au lieu d'attendre que les journaux et les revues professionnelles publient leurs communiqués de presse, consultez leur site Web. Des communiqués de presse sont également accessibles par hyperlien depuis les pages boursières des sites de sociétés cotées en Bourse qui espèrent gagner la confiance du public en le dirigeant vers les dernières nouvelles disponibles.

De nombreux journaux et magazines ont une version en ligne, qui permet d'accéder directement à l'information recherchée sans avoir à tourner les pages. Il suffit au lecteur de taper dans la case Rechercher le mot clé du sujet qui l'intéresse.

Mieux que le bouche-à-oreille

Pour avoir une idée du service que la concurrence fournit à ses clients, formulez une demande d'information sur le site Web de vos concurrents. Cherchez la rubrique « Service clients », « Assistance technique » ou « Contactez-nous » (faites la même chose sur votre propre site de temps à autre pour être sûr que votre service est de meilleure qualité que celui de vos concurrents).

En naviguant sur le Web, vous pouvez également connaître le classement de votre produit par rapport à ceux de la concurrence et transmettre cette information à vos prospects. Lorsque ceux-ci verront vos performances, ils reconnaîtront votre compétence et vous feront confiance.

Mieux que les conjectures

Internet vous permet d'obtenir des informations précises sur les besoins de vos clients et d'y répondre efficacement. Vos clients peuvent recevoir votre réponse à une question beaucoup plus rapidement qu'auparavant, ce qui accroît leur confiance en vous et en votre société.

Par exemple, si vous achetez un livre chez Amazon.com, vous trouverez une liste des autres livres achetés par les personnes qui ont acheté le même que vous. Autrement dit, Amazon.com vous guidera vers d'autres sources comportant des informations similaires. Si vous le souhaitez, la société vous enverra même des e-mails pour vous informer de la sortie de livres du même auteur ou sur le même sujet. En bref, elle se basera sur vos achats pour anticiper ceux que vous êtes susceptible de faire à l'avenir.

Si vous exploitez déjà les ressources d'Internet, inspirez-vous de cet exemple et mettez en place des systèmes de ce genre pour augmenter votre chiffre d'affaires. Plus vous en savez sur vos clients, plus vous serez à même de satisfaire leurs besoins. Si vos clients n'effectuent pas d'achats en ligne, vous ne pourrez pas bénéficier de cette technique mais celle-ci donne un aperçu éloquent du pouvoir des nouvelles stratégies de marketing.

Ne partez pas du principe que vos clients n'ont qu'un centre d'intérêt. Si votre société offre toute une gamme de produits, essayez de leur en faire connaître le plus possible.

Exploiter Internet

Internet n'a pas changé la nature de la vente, qui consiste à satisfaire les besoins des clients. Mais il offre des possibilités nouvelles dans l'exercice de cette activité, que les clients se trouvent à proximité ou à l'autre bout de la planète. Cette section a pour but de vous donner quelques idées pour tirer parti de cet outil dans vos tâches quotidiennes.

La prospection en ligne

Internet est une source inépuisable de clients potentiels. Si vous vendez des produits dans un certain secteur, visitez les sites de sociétés de ce secteur et vous saurez qui contacter. Vous trouverez peut-être même une photo du décideur.

Pour obtenir les coordonnées de clients, consultez les annuaires en ligne. Vous pouvez notamment visiter le site des Pages Jaunes sur http://www.pagesjaunes.fr

De nombreuses sociétés donnent accès à des listes de clients potentiels directement sur leur site et permettent le téléchargement d'informations sur votre ordinateur.

Ne négligez pas votre vie privée

Avec les technologies actuelles, vous pourriez facilement être disponible pour vos clients 24 h/24, 7 jours/7 et 365 jours par an. Vous pourriez consacrer votre vie entière à vos clients. Malheureusement, c'est ce que font de nombreux vendeurs et ils sont perdants sur le long terme. Pourquoi ? Parce qu'ils y perdent leurs relations personnelles et parfois même leur santé.

Il est impératif que vous trouviez un équilibre entre votre vie professionnelle et votre vie privée. Pour y parvenir tout en fournissant un service irréprochable à vos clients, vous devez mettre en place des systèmes qui vous permettent d'être disponible pour tout le monde.

N'oubliez jamais que votre famille et vos amis doivent passer avant votre travail. Pour les impliquer dans votre vie, contactez-les lorsqu'il vous arrive quelque chose d'important. Si vous avez conclu une vente exceptionnelle ou si vous avez eu une mauvaise journée, faites part de votre expérience aux personnes qui vous sont le plus proches. Vous aurez tout le temps d'en parler avec votre supérieur plus tard. Vous n'en aurez que pour quelques secondes et vos proches verront que vous pensez à eux dans vos moments de triomphe ou d'échec.

N'oubliez pas vos anciens camarades de promo, qui sont peut-être devenus des clients potentiels. Vous avez la possibilité de les retrouver par Internet. Sans doute pourrez-vous également retrouver leurs traces au moyen d'un annuaire en ligne, sur le site de votre école ou de votre université.

Si vous appartenez à une association, celle-ci dispose peut-être d'une banque de données en ligne répertoriant les autres membres et leurs coordonnées. Ces autres membres pourront éventuellement vous aider à joindre certains de vos prospects.

Pour obtenir quelque chose, commencez par offrir votre aide. Parfois, il suffit de demander : « Que puis-je faire pour vous ? » pour que votre interlocuteur se sente obligé de vous retourner la question.

Internet ne peut pas remplacer le vendeur pour ce qui est de créer des relations authentiques sur le long terme. Par conséquent, même si vous obtenez la plupart de vos clients sur la Toile, si vous voulez les garder, vous devez être personnellement en contact avec eux lorsqu'ils ont besoin de vous.

La présentation et la vente en ligne

Idéalement, le site Web de votre société doit présenter votre offre de façon efficace pour donner envie à vos clients potentiels de s'informer sur votre produit ou votre service, voire de passer une commande en ligne. C'est grâce à la vente en ligne que des centaines de start-up sont devenues très performantes.

Non seulement votre présence sur le Web doit véhiculer une image positive mais les personnes qui exécutent les commandes doivent être à la hauteur des promesses de votre site. Ne faites jamais de promesses virtuelles que vous ne pouvez pas tenir dans le monde réel.

Ne créez pas un site trop complexe sur le plan graphique car tout le monde ne dispose pas d'une connexion rapide. Votre présentation doit être accessible aux prospects qui ont le matériel le plus basique – sinon ceux-ci seront frustrés et vous n'obtiendrez pas leur clientèle.

Pour faciliter la visite de votre site, n'insérez pas trop de texte, utilisez des couleurs contrastées et des polices lisibles, et ne surchargez pas l'écran d'images.

La présentation à distance

Si vous ne pouvez pas rencontrer un prospect qui a besoin d'informations dans l'immédiat, utilisez votre site Web pour le renseigner. Pour tirer parti de cet outil, il est indispensable que vous le connaissiez de fond en comble. Commencez par chercher l'adresse exacte de chaque information requise. Envoyez ensuite ces adresses à votre prospect dans l'ordre qui vous semble le plus approprié. Rédigez, par exemple, le message électronique suivant :

> Rendez-vous sur notre page d'accueil à l'adresse suivante : www.lapagedaccueildemasociete.com. Ensuite, allez à www.masociete.com/leproduitquevousrecherchez. Sur cette page, vous pourrez voir une photo et un descriptif du produit. Consultez ensuite la page www.masociete. com/temoignagesconcernantleproduitquevousrecherchez. Vous y trouverez de nombreux témoignages de clients satisfaits de ce produit. Si le produit vous intéresse, rendez-vous à www.masociete.com/commanderleproduitquevousrecherchez, où vous pourrez passer votre commande et recevoir confirmation de la date de livraison.

Si vous devez travailler avec vos clients de cette façon, faites toujours suivre ces instructions d'un appel téléphonique personnel pour répondre aux éventuelles questions sur la livraison, l'installation, etc. Votre site Web ne peut pas répondre à toutes les questions et c'est pour cela que vous êtes là.

Ne vous laissez pas envahir par la technologie

L'avantage de la technologie d'Internet réside aussi dans la possibilité d'éteindre votre ordinateur et de penser un peu à vous. Si vous ne prenez pas soin de vous, vous ne pourrez pas prendre soin des autres. Sachez vous détendre et soyez conscient(e) de vos limites.

La plupart des vendeurs se croient indispensables – et il se peut qu'ils soient effectivement les seuls à servir les intérêts de leurs clients au mieux – mais tout le monde a besoin de trouver un équilibre. Vous devez donc partager votre temps entre vos clients, les personnes qui vous sont chères et vous-même.

Ne perdez pas de vue ce qui compte vraiment : le service que vous fournissez à vos clients et les relations personnelles auxquelles vous tenez. Pensez à l'adage qui affirme que personne sur son lit de mort n'a jamais dit : « Si seulement j'avais passé plus de temps au bureau ! » (ou plus de temps à utiliser un certain logiciel). Votre ordinateur, votre téléphone mobile et votre PalmPilot ne viendront pas à vos funérailles. Alors, ne les laissez pas envahir votre vie. *Souvenez-vous :* ce ne sont que des outils que vous devez maîtriser afin d'avoir une meilleure qualité de vie.

Pour des produits ou services sophistiqués, ou lorsqu'une présentation en ligne plus approfondie est nécessaire, vous pouvez utiliser un service en ligne tel que WebEx (`http://webex.com/home/french/about.html`), qui permet à vos clients de visionner votre présentation ou votre diaporama PowerPoint à distance.

Outre les présentations PowerPoint sur Internet, vous pouvez aussi avoir recours à la webdiffusion. Cette technologie d'Internet vous donne la possibilité d'assister à un meeting national depuis votre bureau. Si les dernières informations concernant votre produit ou votre service sont diffusées sur le Web, vos clients pourront aussi y avoir accès. La webdiffusion est également un excellent moyen d'envoyer des vidéos de qualité à vos prospects. Enfin, cette technologie permet une communication en temps réel. Celle-ci peut comprendre une séance de chatting qui rend le système interactif afin que vous puissiez répondre à d'éventuelles questions à distance.

Le premier logiciel de webdiffusion, MédiActif, a été élaboré par une société québécoise, Intellia. Pour savoir si l'exploitation de cet outil peut vous être bénéfique, consultez le site de MédiActif à l'adresse suivante : `www.mediactif.net`

L'utilisation du Web dans le cadre du télémarketing

Si vous êtes dans le télémarketing ou si vous rencontrez rarement vos clients en personne, utilisez votre site Web comme support concret. Pendant que vous discutez avec un prospect au téléphone, faites-lui faire une visite de votre site en le guidant au fur et à mesure des étapes. Cette méthode est pratiquement aussi efficace qu'une présentation que vous feriez dans la même pièce que lui. Vous pouvez opter pour une démarche pas à pas en utilisant les hyperliens de façon logique ou passer d'une page à l'autre en fonction des questions qui vous sont posées. Pour fournir un service efficace, vous devez absolument savoir quelles sont les informations contenues ou non dans votre site. N'ayez jamais l'air d'être pris au dépourvu.

N'orientez pas vos clients vers une rubrique de votre site que vous n'avez pas consultée récemment. Celle-ci pourrait avoir changé et vous donneriez l'impression d'être incompétent.

Le suivi en ligne

Internet est aussi un excellent moyen de rester en contact avec vos clients pour établir avec eux des relations à long terme qui inspirent confiance.

Si vous avez un gros client qui s'intéresse à la pêche, prenez quelques minutes pour trouver de nouveaux sites Web sur ce sujet et lui en transmettre l'adresse. Faites-lui savoir que vous vous intéressez à lui et que vous souhaitez qu'il prenne du bon temps. Pourquoi ? Parce qu'il sera heureux grâce à ce que vous avez fait pour lui et voudra rester en contact avec vous.

Si vous trouvez un article en ligne concernant le secteur ou un concurrent d'un de vos clients, vous pouvez l'imprimer et le faire parvenir à ce client avec une carte disant que vous pensez à lui. Vous pouvez aussi lui envoyer un e-mail avec un lien vers le site en question.

Si le cours des actions de la société d'un client est en forte hausse, adressez-lui quelques mots de félicitations. Pour vous tenir informé de l'évolution du cours des actions, il vous suffit de consulter le site de la Bourse à l'adresse suivante : `http://bourse.cotations.com`.

Chapitre 13

Surmonter l'échec et le rejet

Dans ce chapitre
- ▶ Garder à l'esprit ce qui vous motive
- ▶ Éviter les situations qui vous donnent envie de tout abandonner
- ▶ Persévérer jusqu'au succès

*T*out le monde est confronté à l'échec un jour ou l'autre. Vous en ferez l'expérience vous aussi. C'est inévitable – comme la mort et les impôts. Ne vous laissez pas décourager et gardez une attitude positive.

Au fur et à mesure que vous apprenez à convaincre et à vendre, vous vous créez une coquille qui vous protège contre l'affront du rejet. Si vous ne sortez pas de cette coquille, si vous ne prenez pas de risque, vous ne pourrez pas vous immuniser contre le rejet. Vous le considérerez comme une atteinte personnelle et votre vulnérabilité compromettra votre pouvoir de persuasion.

La meilleure arme contre les sentiments négatifs liés à l'échec et au rejet est l'enthousiasme. C'est souvent cette qualité qui distingue les battants des perdants. Si vous travaillez sans le moindre enthousiasme, vous serez déçu(e) par les résultats que vous obtiendrez. Vos revenus sont proportionnels au service que vous fournissez à vos clients. Par conséquent, à service médiocre, revenus médiocres.

Si vous ne faites pas preuve d'enthousiasme lorsque vous allez rendre visite à vos clients, vous feriez mieux de vous éviter le déplacement. Vous n'êtes pas plus productif(ve) que si vous restiez à la maison en pyjama et en pantoufles car vos clients ne se sentent pas plus concernés que vous.

De plus, le manque d'enthousiasme est souvent le signe avant-coureur d'autres difficultés qui risquent de compromettre votre carrière. Essayez de déterminer ce qui vous rend enthousiaste et ce qui vous plonge dans la dépression et l'inactivité.

Si nous savions pourquoi notre enthousiasme laisse peu à peu la place à l'apathie, nous verrions l'ennemi approcher et nous l'empêcherions de sévir. Malheureusement, la dépression liée à l'échec et au rejet est souvent déguisée en une certaine forme de confort, de détente et même de plaisir. Nous ne voyons pas son vrai visage, sa tendance pernicieuse à nous démotiver.

Ce chapitre n'a pas pour but d'identifier les motifs du découragement mais de vous aider à le surmonter. Découvrez ce qui motive la plupart de vos semblables et essayez d'accroître votre enthousiasme dans votre carrière et votre vie en général.

Rechercher ce qui vous motive

Pourquoi faites-vous ce que vous faites ? Les philosophes, les psychologues et les psychiatres se posent cette question depuis des centaines d'années. Et ils ont dressé la liste des principales raisons que nous donnons pour justifier ce que nous faisons. Identifiez votre principale motivation et développez votre enthousiasme pour connaître un plus grand succès.

L'argent

De nombreux vendeurs prétendent être motivés par la satisfaction d'avoir permis aux autres de profiter de leur offre. Seuls les plus francs avouent que l'argent est leur principale motivation.

Accordez-vous le droit d'être motivé par l'argent. Cela n'a rien de choquant – à condition que vos revenus soient proportionnels au service que vous fournissez. Si ce n'est pas le cas, si vous roulez sur l'or alors que vous fournissez un service décevant, vos revenus chuteront de toute façon – tout comme votre motivation.

L'argent peut être l'une de vos motivations, voire la plus importante, mais il ne peut être le seul catalyseur de vos transactions. Les grands professionnels considèrent l'argent comme la juste rétribution d'un excellent service et d'une expérience acquise au fil des années. Lorsque leurs revenus diminuent, ils cherchent à améliorer leur service et à mieux connaître leur produit. Ils ne perdent pas leur temps à se lamenter en se demandant comment cela a bien pu leur arriver.

La sécurité

De nombreuses personnes recherchent la sécurité dans le travail. En réalité, la sécurité n'est pas un véritable facteur de motivation parce qu'il n'y a aucune garantie dans la vie, et encore moins dans la vente.

Notre sentiment de sécurité dépend uniquement de notre capacité à gérer l'insécurité.

Même si vous êtes couronné(e) de succès, vous avez fait l'expérience de la peur et du besoin. Or, la peur et le besoin peuvent être des facteurs de motivation. Ce n'est pas l'absence de ces sentiments qui contribue à la sécurité mais votre façon de les gérer lorsque vous y êtes confronté.

Le seul véritable moyen d'obtenir ce dont vous avez besoin dépend de votre capacité à renoncer à ce que vous avez. Si vous êtes convaincu(e) que votre carrière ne décollera jamais, vous feriez aussi bien d'abandonner dès maintenant parce que la vente implique la prise de risques. Si vous ne pouvez pas vous passer de ce que vous avez, gardez-le, mais sachez que vous devrez renoncer à gravir l'échelle du succès.

Les personnes qui ont acquis beaucoup de sécurité et d'argent en ont perdu tout autant, si ne c'est plus, à un moment ou à un autre. Seulement, elles ont voulu tenter leur chance pour devenir tout ce qu'elles pouvaient être, contrairement à d'autres qui n'ont pas pris les risques nécessaires.

Renoncez à ce que vous avez pour obtenir ce que vous voulez. Prenez des risques. Vous vous demandez peut-être comment vous trouverez la sécurité si vous vous mettez constamment en péril. Sachez que l'unique semblant de sécurité que vous atteindrez jamais sera le sentiment d'avoir votre destin entre les mains. Votre succès et votre sécurité dépendent essentiellement de votre capacité à surmonter les obstacles que votre carrière dresse devant vous. Dans la vente, vous aurez maintes occasions de tester votre capacité à prendre des risques.

La réussite

Tout le monde souhaite réussir quelque chose dans sa vie. Certains d'entre nous ont des objectifs modestes et d'autres voudraient pouvoir décrocher la lune, mais nous voulons tous atteindre notre but. Ceux qui errent sans but, sans même essayer de satisfaire le besoin de se nourrir et de s'abriter, sont très rares.

Nous pensons que nous devrions avoir ce que nous méritons mais, malheureusement, certains d'entre nous ont le sentiment de mériter beaucoup, qu'ils y travaillent ou non. Dans les moments où vous êtes foncièrement honnête envers vous-même, vous vous rendez sans doute compte que vous n'avez que ce que vous méritez.

La réussite ne s'évalue pas qu'avec l'argent. Elle se mesure aussi en fonction de l'influence et du pouvoir que vous exercez ou des efforts humanitaires que vous faites pour les personnes dans le besoin. La réussite a différents visages mais constitue pour nombre de personnes un facteur de motivation important.

La reconnaissance

Pour la plupart d'entre nous, le besoin de reconnaissance commence dès l'enfance. Réfléchissez : lorsque vous aviez cinq ou six ans, vous faisiez probablement tout pour attirer l'attention sur vous. Certains enfants vont même jusqu'à manger des insectes ou détruire des objets pour se faire remarquer.

Non seulement nous avons besoin de reconnaissance mais nous aimons accorder la nôtre aux autres. Cela dit, une personne reconnue n'est pas pour autant dotée des meilleures qualités humaines. Dans les médias, on voit autant de criminels que de bienfaiteurs. Ainsi, vous reconnaîtrez aussi facilement Hitler que Mère Teresa.

La reconnaissance est à double tranchant mais reste un facteur de motivation très courant.

L'approbation des autres

Faire dépendre sa motivation de l'approbation des autres est périlleux. Le jour où vous sortez du lot pour gagner le sommet, les autres cessent d'essayer d'atteindre votre niveau. À l'inverse, ils tentent de vous faire descendre. Au sommet, on est souvent seul.

On ne tire pas sur un homme qui est à terre. En revanche, si vous êtes sur le chemin du succès, vous trouverez toujours quelqu'un pour vous dire : « Ça ne marchera pas ! » ou : « Ça a peut-être marché pour d'autres, mais est-ce que tu crois vraiment que tu y parviendras ? »

Essayez de vous entourer d'individus positifs, susceptibles de vous soutenir dans vos efforts pour réussir votre carrière. Privilégiez la compagnie de ceux qui partagent vos objectifs et vos désirs. Cherchez l'approbation de ceux qui vous comprennent et ne vous souciez pas des autres. Ne suivez pas les conseils de personnes moins qualifiées que vous. Et surtout, fuyez les pessimistes, qui ne font que vous tirer vers le bas.

L'acceptation de soi

C'est lorsque vous vous acceptez vous-même que vous faites la véritable expérience de la liberté. Vous êtes libre de faire les choses à votre façon et non comme les autres les font. Le rejet et l'échec n'ont plus d'effets négatifs sur vous.

La plupart de ces facteurs de motivation sont intimement liés les uns aux autres.

- ✔ Vous n'obtiendrez aucune reconnaissance si vous ne réussissez rien.
- ✔ Vous ne pouvez pas réussir sans une certaine forme de sécurité qui vous donne le sentiment que vous en êtes capable.
- ✔ Vous ne pouvez pas gagner d'argent sans fournir un service. Dans la vente, l'argent est le reflet du service que vous fournissez.

De nombreuses personnes évaluent leur succès en fonction de l'argent qu'elles gagnent. Dans ce cas, l'acceptation de soi est étroitement liée aux revenus. Lorsque vous vous acceptez tel que vous êtes, vous faites ce que vous voulez et non ce que vous pensez devoir faire. La vie est beaucoup plus belle et tout semble vous sourire.

N'oubliez pas que vous n'êtes pas seul(e). Ce que vous faites ou ne faites pas peut avoir une profonde influence sur les personnes de votre entourage. Pensez-y la prochaine fois que vous faites un choix dont vous savez instinctivement qu'il n'est pas le meilleur. Les conséquences de vos actes peuvent être importantes, surtout dans le domaine de la vente.

Reconnaître ce qui vous décourage

Si nos motivations font progresser notre carrière, le découragement peut nous inciter à l'abandonner. Alors, pourquoi ne faisons-nous pas uniquement ce qui nous motive ? Aussi incroyable que cela puisse paraître, l'être humain est plus démotivé que motivé. La négativité, comme la gravité, est une force puissante qui nous retient et dont on ne triomphe qu'au prix d'efforts considérables.

La lutte éternelle entre motivation et découragement

La motivation et le découragement sont de puissantes forces contraires. Si vous n'êtes pas capable de maintenir un certain niveau d'enthousiasme, vous vous démotivez et vous entrez dans une zone dangereuse. À ce stade, vous devenez indifférent ou hostile.

En revanche, lorsque vous êtes motivé(e), prêt(e) à lutter pour la sécurité ou la reconnaissance, vous bénéficiez d'un confort qui vous aide à poursuivre vos efforts et à progresser vers la réussite.

Bien sûr, l'inconfort peut également être un catalyseur, votre plus cher désir étant d'en sortir. Cela dit, la dynamique de l'enthousiasme permet d'aller encore plus loin.

Tout l'intérêt de la vente réside dans le pouvoir de rendre positive une situation négative au départ. Entrer dans le bureau d'une cliente indifférente ou hostile et la quitter une heure plus tard souriante et optimiste pour le reste de la journée est une expérience vraiment gratifiante.

Vous devez savoir ce qui vous motive mais aussi ce qui risque de compromettre votre carrière. Voici les quatre facteurs de découragement les plus courants :

L'insécurité

L'insécurité – financière ou autre – est un facteur de découragement très fréquent. Pourtant, lorsque vous débutez votre carrière ou souhaitez la faire évoluer, vous êtes généralement obligé(e) de dépenser de l'argent pour en gagner. Au lieu d'être obnubilé par l'insécurité, pensez plutôt en termes d'investissement pour votre avenir. Même les grandes sociétés dépensent de l'argent pour former leurs vendeurs et se faire une clientèle. Pour réussir, vous devez investir de l'argent et du temps dans votre carrière – et vous débarrasser de la peur de l'insécurité.

Le manque de confiance en soi

Le manque de confiance en soi est dévastateur. Lorsque vous avez annoncé à vos proches que vous souhaitiez vous lancer dans la vente, ils ont dû s'écrier : « Quoi ? Tu es fou ? » ou : « La vente… c'est tout ou rien ! » Sans doute ne savaient-ils pas ce que vous avez découvert : la vente est l'une des rares carrières qui offre encore la sécurité – lorsque l'on a confiance en soi et que l'on apprend les techniques de vente.

Lorsqu'ils ne parviennent pas à conclure une vente, la plupart des débutants commettent l'erreur de se poser la question suivante : « Où me suis-je trompé ? » Les vendeurs chevronnés, eux, se concentrent sur ce qu'ils ont réussi et construisent ainsi leur expérience.

Tirez les leçons de vos erreurs mais évitez de vous appesantir sur le passé. Surmontez l'échec, gardez votre enthousiasme et allez de l'avant !

Pour vaincre votre manque de confiance, vous devez d'abord en être conscient et faire le contraire de ce qu'il vous incite à faire habituellement. Ne laissez pas le doute s'immiscer dans votre vie. Développez vos techniques de vente et croyez en vous.

La peur de l'échec

Certaines personnes ont tellement peur d'échouer qu'elles renoncent à essayer. C'est, en effet, le meilleur moyen de ne pas connaître l'échec. Mais cette méthode rend également le succès impossible. Ne jetez pas le bébé avec l'eau du bain. Vous n'essuierez pas de refus si vous ne rencontrez pas votre client, mais vous ne conclurez pas la vente non plus.

Faites ce que vous craignez le plus et vous surmonterez votre peur.

Si certains aspects de la vente vous effraient, comme téléphoner pour obtenir des rendez-vous, vous devez y faire face une fois pour toutes et vous débarrasser de votre appréhension. Lorsque vous aurez fait le pas, vous serez beaucoup moins impressionné(e). Et plus vous vous astreindrez à faire ce que vous redoutez, plus vous serez à l'aise et vous finirez par oublier que vous avez un jour éprouvé de la crainte.

Quand vous aurez surmonté votre peur, vous en retirerez une telle satisfaction que vous serez bientôt impatient(e) de faire ce que vous appréhendez aujourd'hui.

Le changement

La résistance au changement est un obstacle au progrès. Vous avez probablement déjà entendu dire : « Nous avons toujours fait comme cela », « C'est ma façon de procéder, vous vous y habituerez » ou encore : « Nous préférons passer par la procédure normale. » Dans une entreprise, ce n'est pas que les salariés soient attachés à la situation telle qu'elle est mais ils redoutent les efforts à faire pour changer les choses. S'ils étaient sûrs que les bénéfices potentiels de ce changement soient à la hauteur de leurs efforts, leur résistance disparaîtrait rapidement.

La formule anti-échec du bon vendeur

Quel a été le premier mot que vos parents vous ont appris lorsque vous étiez bébé ? Non. Pourquoi, à votre avis ? Parce qu'ils voulaient vous protéger contre les expériences douloureuses.

Mais vous, tout ce que vous avez retenu, c'est que ce non vous empêchait d'obtenir ce que vous vouliez. Par conséquent, en grandissant, vous l'avez associé à un sentiment de frustration. Plus tard, vous avez compris qu'il ne s'agissait pas nécessairement d'un refus catégorique signifiant : « Certainement pas ! Jamais ! Pas question ! » Alors vous avez essayé d'amener vos parents à voir les choses différemment – même si vous avez dû pour cela retenir votre respiration et passer par toutes les couleurs de l'arc-en-ciel !

Lorsqu'ils entendent non, les vendeurs débutants se comportent de la même façon et pensent que la discussion est terminée. Certains ne vont même pas jusqu'au bout de leur présentation et préfèrent s'éclipser rapidement.

Au cours de leur carrière, ils évoluent. Le non fatidique prend une autre signification, moins définitive. Il peut s'agir de « Ralentissez », « Donnez-moi des explications supplémentaires », « Vous ne m'avez pas encore présenté l'aspect qui m'intéresse le plus », « Vous devez me poser davantage de questions sur mes goûts » ou « Je ne veux pas faire un tel investissement pour le moment ». Avec l'expérience, les vendeurs comprennent qu'ils peuvent surmonter l'obstacle, quelle que soit la forme qu'il prenne, au lieu de se retirer prématurément.

Lorsque vous êtes sûr(e) de n'avoir aucune chance d'obtenir un oui, utilisez la formule anti-échec du bon vendeur. Avec cette formule, vous pouvez considérer tous les non comme un billet dans votre poche. La voici :

Imaginez que vous gagniez 77 € pour la conclusion d'une vente.

1 vente = 77 €

Supposez ensuite que sur dix contacts, vous parveniez à conclure une vente.

10 contacts = 1 vente

Chaque contact, qu'il aboutisse à une vente ou non, représente donc 7,7 €. Et chaque refus est une étape vers vos 77 €.

Cette formule prouve que chaque « non » est lucratif. Au lieu de déprimer, de vous mettre en colère ou de penser que vous avez perdu du temps, considérez que vous avez gagné 7,7 € et continuez à progresser vers votre objectif.

Il existe une autre façon de voir le bon côté des choses : si après avoir essuyé de nombreux refus, vous finissez par obtenir l'accord d'un client, vous aurez accumulé les « non » pour une valeur de 154 à 231 € si vous parvenez à établir une relation à long terme avec ce client. Continuez à poser des questions sans craindre le refus. Votre client vous admirera pour avoir tenu bon jusqu'à la fin.

L'activité la plus éprouvante du vendeur est la prospection. Ce serait parfait si vous pouviez rester dans votre bureau à attendre que les clients frappent à la porte pour demander votre produit, n'est-ce pas ? Vous pouvez toujours rêver !

Si vous vous obligez à téléphoner à vos prospects, à sortir de votre bureau, à rencontrer les personnes intéressées par votre offre et à rappeler les clients dont vous préféreriez n'avoir jamais entendu parler, vous êtes sur la voie du succès. Ne rejetez pas la faute sur votre société quand les affaires vont mal. Vous êtes responsable de vos échecs et de vos succès – alors, assumez cette responsabilité.

Vous devez vouloir le changement. Il est important que vous soyez satisfait(e) de ce que vous avez aujourd'hui mais, si vous voulez davantage demain, vous allez devoir accepter les efforts qu'implique le changement. Les experts considèrent qu'il faut 21 jours pour opérer un changement. Vous devrez donc vous concentrer sur les techniques décrites dans ce livre pendant 21 jours avant de pouvoir les appliquer naturellement.

Bien réagir face à l'échec

En tant que vendeur, surtout si vous débutez, vous ferez l'expérience de l'échec au moins une ou deux fois par jour. Votre façon de gérer cette expérience déterminera l'ampleur et la rapidité de votre succès. Voici cinq visions positives de l'échec qui vous permettront de l'envisager sous un meilleur jour et de le surmonter.

L'échec comme expérience d'apprentissage

Lorsque vous faites une démonstration à une personne qui se désintéresse de votre produit, lorsque vous êtes rejeté(e) par un prospect ou lorsque vous pensiez conclure une vente qui ne se fait finalement pas, vous avez deux réactions possibles : soit vous vous mettez en colère et devenez improductif, soit vous recherchez les raisons de votre échec. La seconde option est bien sûr la plus sage car elle est la seule qui puisse vous éviter de tomber à nouveau dans les mêmes pièges.

Pensez à tous les échecs qu'a essuyés Thomas Edison lorsqu'il a inventé l'ampoule électrique. Il a dû faire plus de mille expériences avant de réussir. Mais, grâce à sa persévérance, nous bénéficions aujourd'hui des avantages de l'ampoule électrique, une invention qui a considérablement amélioré notre qualité de vie. Est-ce que vous vous voyez en train de poursuivre vos efforts après avoir été confronté à un non catégorique plus de mille fois ? Quel courage ! Lorsqu'on lui a demandé comment il s'était senti après tous ses échecs, Edison a répondu : « Je n'ai pas échoué mille fois, j'ai découvert mille cas dans lesquels l'ampoule ne pouvait pas fonctionner. » Vous voyez ? Tout dépend de l'angle selon lequel on se place.

L'échec comme indicateur du besoin de changement

Une expérience négative vous donne l'information dont vous avez besoin pour retrouver le cap. Si un client ne vous fait aucune critique, semble même intéressé par votre offre mais refuse d'investir dans votre produit ou votre service, vous n'y pouvez rien. En revanche, s'il vous dit ce qui lui déplaît, vous savez ce que vous devez améliorer.

Imaginez-vous comme un avion guidé par un dispositif basé sur les informations négatives qui l'éloignent de sa trajectoire. Si vous dérivez sur la gauche, le dispositif de guidage vous aidera à tenir votre cap. Grâce à une série de corrections, vous atteindrez votre destination.

Que se passera-t-il si vous êtes blessé(e) par toutes ces informations négatives ? Vous aurez une réaction de repli ou d'hostilité. Soit vous ne supporterez plus le rejet et abandonnerez votre carrière pour retourner chez votre mère, soit vous vous en prendrez au premier venu. Résultat : une innocente victime sera elle aussi blessée.

Si vous prenez les informations négatives personnellement, non seulement vous n'atteindrez pas votre objectif mais les autres subiront vos sautes d'humeur. C'est ainsi que certains vendeurs perdent leur sang-froid avec leurs collègues ou restent au lit toute la journée en s'apitoyant sur leur sort. Lorsque l'avion s'éloigne de sa trajectoire, c'est la panique à bord !

L'échec comme opportunité de développer votre sens de l'humour

Vous souvenez-vous d'un rendez-vous absolument désastreux avec un prospect ? Ce jour-là, vous auriez voulu être cent pieds sous terre. Mais qu'avez-vous fait quelques semaines plus tard ? Après avoir digéré votre embarras, vous avez sans doute raconté toute l'histoire à vos collègues, en l'embellissant même un peu. Finalement, tout le monde a bien ri, y compris vous.

Pour bien gérer l'échec, il faut apprendre à rire le plus tôt possible. Le rire est le meilleur remède contre les blessures et l'humiliation. De plus, lorsque vous raconterez à vos collègues ce qui vous est arrivé, vous découvrirez qu'ils sont eux aussi passés par là. Votre expérience commune vous rapprochera.

L'échec comme opportunité d'améliorer vos performances

Que se passe-t-il lorsqu'un client refuse votre offre alors que tout s'est passé comme vous le souhaitiez ? Ce client vous donne l'opportunité de pratiquer et donc de parfaire vos techniques de vente.

À RETENIR

Le credo du bon vendeur

Pour garder le moral lorsque les choses tournent mal, gardez à l'esprit le credo du bon vendeur :

On ne me juge pas en fonction du nombre d'échecs que j'essuie mais en fonction du nombre de succès que je remporte. Et le nombre de mes succès est proportionnel au nombre d'échecs que j'essaie de surmonter.

Adoptez ce credo vous aussi. Si vous restez concentré(e) sur vos succès, vous aurez moins de difficultés à surmonter vos échecs.

L'échec comme règle du jeu

La vente est un jeu de nombres. Plus vous rencontrez de clients et plus vous essuyez de refus, plus vous gagnez d'argent. Même si vous ne vous êtes jamais adonné(e) aux jeux d'argent, vous avez commencé à y jouer dès que vous avez choisi le métier de vendeur. Et dans la vente, la règle veut que chaque refus vous rapproche d'un accord.

Ce n'est pas le nombre d'échecs qui compte dans la vie mais le nombre de succès. Et c'est la même chose dans le monde de la vente.

Cinquième partie

La Partie des Dix

« Pour moi, "non" n'est pas une réponse.
Pas plus que "à quoi bon ?", "n'importe quoi !"
ou "pfft !" »

Dans cette partie...

Ces courts chapitres sont remplis d'idées en tout genre sur la vente et la persuasion. Vous pouvez les lire dès que vous avez quelques minutes devant vous. Vous y trouverez des informations sur les erreurs les plus courantes, le profil du vendeur convaincant et la maîtrise de l'art de la vente. Un bon vendeur sait optimiser son temps. Aussi, si un prospect avec lequel vous avez rendez-vous vous fait attendre, lisez un des chapitres de cette partie et vous n'aurez pas perdu votre temps.

Chapitre 14

Les dix principales erreurs du vendeur

* *

Dans ce chapitre

▶ Éviter les erreurs de ceux qui ont essuyé les plâtres avant vous

▶ Offrir un meilleur service à vos clients

* *

*T*out le monde fait des erreurs dans la vie. Et vous ne ferez pas exception. Dans ce chapitre, vous allez découvrir les dix principales erreurs qu'ont commises vos aînés. Tenez-en compte et vous aurez une longueur d'avance sur les débutants imprudents.

Mal comprendre ce qu'est la vente

Dans la plupart des cas, les vendeurs représentent le seul contact qu'a une entreprise avec le monde extérieur. Leur rôle est de vendre un produit ou un service en recueillant et en donnant des informations selon une technique professionnelle. Cette technique aide les clients potentiels à prendre des décisions intermédiaires qui les conduisent à prendre la décision d'achat.

Cette observation peut sembler élémentaire mais, en réalité, la plupart des PME n'ont défini aucune stratégie de vente et n'ont aucun moyen d'analyser leur procédure pour l'améliorer. Certaines ne peuvent même pas décrire leur client idéal. Il est pourtant essentiel de savoir pourquoi les clients potentiels achètent ou n'achètent pas un produit ou un service – c'est une des fonctions de la vente.

Les techniques de vente ne sont pas basées sur un comportement arrogant ou agressif. Tout formateur qui donnerait cet enseignement serait tout simplement incompétent. Un bon vendeur est soucieux de fournir un service satisfaisant et d'entretenir de bonnes relations avec ses clients.

Penser que les choses s'arrangent d'elles-mêmes

Une entreprise qui met au service de ses clients des vendeurs incompétents ou mal formés est sur la mauvaise pente. Si vous ne savez pas vendre ni être à l'écoute de vos prospects lorsqu'ils vous contactent, vous ne faites pas votre travail correctement. Mais vous pouvez améliorer vos performances et augmenter votre chiffre d'affaires. Vous devez non seulement admettre que vous avez ce pouvoir, mais aussi prendre les mesures nécessaires pour redresser la barre.

Les techniques de vente ne sont pas innées. Elles s'acquièrent avec un minimum de travail et d'expérience. Commencez par observer les autres vendeurs et demandez-vous pourquoi ils sont bons ou mauvais. Vous aurez beaucoup moins de difficultés à identifier les raisons de l'incompétence – il est facile de voir qu'un vendeur ne sait pas de quoi il parle ou commet des erreurs grossières. En revanche, les vendeurs compétents et bien formés semblent réussir sans effort, si bien qu'il est presque impossible d'analyser les raisons de leur succès. Certaines personnes pensent que leur talent est inné. Pourtant, même s'ils sont à l'aise avec les autres d'une manière générale, ils ont acquis des techniques de persuasion et connaissent leur produit ou leur service sur le bout des doigts.

Trop parler et ne pas assez écouter

De nombreuses personnes pensent que, pour être convaincant, il faut savoir parler. Un beau parleur pourrait mettre son produit suffisamment en valeur pour que ses clients l'achètent systématiquement. En réalité, c'est tout le contraire.

Un bon vendeur s'apparente à un bon détective : il pose des questions, prend des notes et prête attention aux paroles et au langage corporel de ses clients.

Dans la plupart des cas, les vendeurs qui parlent trop veulent contrôler la conversation. Or, un bon vendeur utilise davantage de techniques d'interrogation et d'écoute que de techniques oratoires. Ce n'est pas le discours mais la capacité à poser les bonnes questions qui mène à la conclusion d'une vente. Le rôle du vendeur est de conduire le client à acheter et non de le contraindre.

Lorsque vous parlez, vous ne faites qu'entendre ce que vous savez déjà.

Employer des termes rédhibitoires

Lorsque vous faites une présentation, les termes que vous employez créent une image mentale. Quelques termes inappropriés suffisent à gâcher l'ensemble du portrait que vous essayez d'esquisser.

Par exemple, imaginez que vous essayiez de vendre une maison à un jeune couple. Si vous dites qu'avoir une maison permet de développer ses connaissances et son savoir-faire en matière de bricolage, vous prenez des risques. Le jeune couple n'est peut-être pas du tout intéressé par le bricolage et s'inquiétera des frais nécessaires à l'entretien de la maison.

Si vous employez des termes comme « contrat » et « signer », vous allez aussi créer une image négative dans l'esprit de vos prospects. Un contrat est un engagement juridique que de nombreuses personnes n'imaginent pas prendre sans le conseil d'un avocat. Il leur semble dangereux de signer sans avoir lu et compris l'intégralité du document.

Évitez d'employer des termes négatifs lorsque vous parlez à des personnes dont vous souhaitez servir les intérêts. Ne leur donnez aucune raison d'hésiter à prendre la bonne décision.

Ne pas savoir quand conclure la vente

Les vendeurs mal formés dont les clients repartent sans avoir acheté un produit ou un service se disent que ceux-ci souhaitaient uniquement « regarder » ou « s'informer » pour justifier le fait qu'ils n'ont tout simplement pas su conclure la vente. Un bon vendeur, quant à lui, admettra qu'il a perdu des clients.

Demandez à votre prospect quelle est sa décision lorsqu'il donne des signes d'intérêt. Par exemple, s'il pose davantage de questions ou se comporte comme s'il avait déjà fait l'acquisition du produit, sachez saisir l'occasion. L'emploi du futur et non du conditionnel dans une phrase telle que : « Ce Van Gogh mettra merveilleusement notre salon en valeur ! » est révélateur. La volonté de connaître avec précision le mode d'emploi d'un produit ou les conditions de paiement et de livraison est également un indicateur de l'opportunité de conclure.

Ne pas savoir comment conclure la vente

Dans la plupart des cas, pour conclure la vente, il suffit de demander.

Si un prospect vous demande : « Est-ce que vous l'avez en rouge ? », ne vous contentez pas de répondre : « Je crois que nous en avons un rouge. » Cette réponse ne vous mènerait à rien.

Posez plutôt la question suivante :

> « Si j'en ai un rouge, voulez-vous l'emporter maintenant ou préférez-vous que je vous le fasse livrer ? »

Ou :

> « Laissez-moi regarder notre éventail de couleurs. À propos, souhaitez-vous que je vous l'emballe dans du papier cadeau ? »

Autrement dit, répondez par une question susceptible de conduire le prospect à prendre une décision d'achat.

Manquer de sincérité

Pour convaincre un acheteur potentiel, vous devez lui montrer que vous pensez d'abord à son propre intérêt et non au vôtre.

Ne soyez pas cupide. Ne laissez jamais l'appât du gain vous empêcher de faire pour le mieux. Si vous n'êtes pas sincèrement convaincu(e) de l'intérêt de votre offre pour votre prospect mais tentez de le persuader malgré tout, vous allez provoquer l'une des deux situations suivantes :

✔ Votre prospect se rendra compte de votre manque de sincérité, ne vous fera pas confiance et fera part à au moins onze personnes de sa mauvaise expérience avec vous, ce qui ternira votre réputation.

✔ Si vous persuadez votre prospect bien que votre offre ne lui convienne pas, vous n'êtes qu'un escroc et il fera tout ce qui est en son pouvoir pour que vous soyez sanctionné(e).

Un bon vendeur doit aimer rendre service et aider les autres à investir dans ce qui peut leur être bénéfique. L'honnêteté et l'intégrité constituent la clé d'une carrière réussie.

Ne pas prêter attention aux détails

Si vous improvisez votre présentation, passez rapidement sur les détails et ignorez des informations importantes pour votre auditoire, vous n'exploitez pas pleinement votre potentiel. Les commandes non satisfaites, les lettres comportant des coquilles et les rendez-vous manqués compromettent gravement votre crédibilité auprès de vos prospects. Si vos clients ont l'impression que vous ne faites pas de votre mieux pour eux, ils feront appel à quelqu'un d'autre – peut-être même à un autre vendeur de votre équipe. Votre amour-propre en prendrait un coup, non ?

Se laisser aller

Si vous traciez un graphique de vos activités quotidiennes pour évaluer votre productivité et l'efficacité de vos présentations, à quoi ressemblerait-il ? Êtes-vous très performant au début du mois et beaucoup moins à la fin ? La plupart des vendeurs fonctionnent par cycles. Si vous observez attentivement les vôtres, vous pourrez rapidement constater la baisse de vos performances et rectifier le tir avant qu'elle ne s'accentue. Pour remonter la pente, il faut faire beaucoup d'efforts physiques et psychiques. Pourquoi vous imposer cette épreuve alors que vous pouvez maintenir un certain équilibre ?

Ne pas garder le contact

La plupart des clients qui passent de votre produit à un autre le font parce que vos concurrents leur accordent davantage d'attention. Ils sont régulièrement sollicités par d'autres vendeurs.

Quelques prises de contact par téléphone ou courrier électronique vous suffiront à conserver votre clientèle. Pourquoi vous en priver ?

Prévoyez de passer quelques brefs appels téléphoniques pour dire simplement : « Madame Flandre, Thomas Fabre de la société ABC. Je vous appelle juste pour savoir si vous êtes toujours satisfaite de la productivité et de la rentabilité de votre nouveau télécopieur

(...) Si tout va bien, je ne vous retiens pas plus longtemps. Je voulais juste prendre de vos nouvelles et vous remercier encore une fois de votre fidélité. » Ces quelques mots ne prennent pas plus de douze secondes. Un investissement de douze secondes pour garder un client, cela vaut la peine, non ?

Chapitre 15

Dix façons d'améliorer vos techniques de vente

Dans ce chapitre
▶ Ces petits riens qui font la différence
▶ Les clients d'abord

*L*orsque vous atteindrez un certain niveau de professionnalisme, vous vendrez davantage. Vous identifierez vos meilleurs clients potentiels, vous les qualifierez rapidement, vous reconnaîtrez l'opportunité de conclure la vente et surtout vous apprécierez vraiment ce que vous faites. Voici dix façons de vous élever à ce niveau de professionnalisme.

Préparez-vous

Préparez-vous à la fois mentalement et physiquement à être convaincant. Habillez-vous de façon appropriée. Surveillez votre comportement. Chassez de votre esprit tout ce qui ne concerne pas votre présentation. Enfin, revoyez vos notes ou les informations qui pourront vous être utiles lors de votre rendez-vous avec votre prospect. Si vous êtes prêt(e), vous n'aurez pas de mauvaise surprise.

Faites bonne impression

Rares sont les vendeurs qui parviennent à obtenir la clientèle d'un prospect après lui avoir fait mauvaise impression lors de leur première prise de contact. Pour réussir, vous devez gérer correctement les premiers échanges et prendre le temps de trouver un terrain d'entente avec chacun de vos prospects.

Déterminez rapidement la pertinence de votre offre pour votre prospect

En posant quelques questions élémentaires, vous pouvez déterminer si votre offre convient ou non à votre prospect. Cette démarche indispensable vous permettra de savoir s'il est utile d'aller jusqu'à la présentation ou non. De plus, si vous cernez bien votre prospect, vous éviterez de lui faire perdre son temps avec des détails qui ne le concernent pas.

Investissez-vous pleinement dans chacune de vos présentations

Si vous êtes partisan(e) du moindre effort, vous faites preuve d'un manque de respect envers la personne qui s'intéresse à votre offre. Ne prenez pas de raccourcis. Trop de désinvolture pourrait vous faire perdre la vente.

Chacune de vos présentations doit retenir 100 % de votre attention au moment où vous la faites. Montrez à votre prospect que vous vous intéressez sincèrement à ses besoins et que vous y attachez de l'importance. Faites comme s'il jouait un rôle décisif dans votre succès et traitez-le avec le respect qui lui est dû.

Tenez compte des objections de votre prospect

Lorsque votre prospect émet une objection, ne faites pas comme si vous ne l'aviez pas entendue. Prenez-la en considération et demandez-vous d'où elle vient. Ensuite, reformulez-la dans vos propres termes : « D'après ce que je comprends, vous êtes préoccupé par la taille du coffre de ce véhicule, c'est bien cela ? » Si c'est le cas, essayez de savoir ce que le prospect a l'intention d'y mettre. Et si cet élément est important, identifiez le véhicule qui lui conviendra en vous basant sur la taille du coffre.

Confirmez toutes les informations

Les malentendus sont souvent lourds de conséquences. Les rendez-vous, les vols ou les appels téléphoniques manqués peuvent détruire en quelques minutes ce que vous avez peut-être mis des mois à bâtir. Prêtez attention aux moindres détails. Confirmez toutes les informations concernant les décisions qui ont été prises.

Demandez à votre prospect de prendre une décision

Cela ne coûte rien de demander. Si le prospect n'est pas prêt à prendre une décision, mieux vaut que vous le sachiez. Et s'il est prêt, vous devez également le savoir pour pouvoir entamer le processus de conclusion de la vente. Si vous êtes convaincu(e) de l'intérêt de votre offre pour votre prospect, n'ayez aucun scrupule à inciter celui-ci à s'engager.

L'hésitation est un signe de doute. Or, pour être convaincant, vous ne devez jamais avoir de doute.

Parlez de vos clients à votre prospect

Personne ne veut servir de cobaye. Votre prospect sera rassuré s'il sait que d'autres ont fait la même expérience que lui. Parlez-lui de clients qui ont acheté votre produit ou utilisé votre service. Il s'identifiera à eux et se sentira en terrain connu. En l'aidant à surmonter son appréhension, vous le convaincrez plus facilement, surtout si vous lui donnez l'exemple de personnes qu'il connaît.

Cherchez sans cesse à progresser

Les personnes qui réussissent le mieux ne s'arrêtent pas en si bon chemin. Il ne s'agit pas de devenir un accro du travail mais de réfléchir à de nouvelles stratégies, de nouveaux concepts et de nouvelles personnes à contacter. Si vous êtes enthousiaste, les idées germeront sans cesse dans votre esprit. Vous serez à l'affût de tous les bons plans et l'avenir vous sourira.

Soyez un produit de votre produit

Si vous croyez en ce que vous faites, vous devez en faire partie personnellement. Par exemple, si vous vendez des Renault, ne conduisez pas une Peugeot. Si vous vendez des systèmes d'alarme, votre maison doit en être équipée. Et si vous êtes dans le graphisme, vos cartes de visite doivent être créatives.

Si vous pouvez parler de votre propre expérience avec votre produit, votre service ou votre concept, il vous sera bien plus facile de convaincre vos prospects.

Chapitre 16

Dix moyens de maîtriser l'art de la vente

Dans ce chapitre

▶ Aller encore plus loin dans votre stratégie de vente

▶ Vous engager à progresser continuellement

Si vous voulez savoir comment les as de la vente ont réussi, il vous suffit de lire ce livre. Mais vous devrez le consulter régulièrement. Ne vous contentez pas d'une seule lecture. La Vente pour les Nuls est un ouvrage de référence pour les personnes qui, comme vous, souhaitent découvrir des techniques de vente efficaces et prendre de bonnes habitudes pour faire décoller leur carrière. Inutile de lui réserver un espace sur vos étagères. Gardez-le à portée de main. Ainsi, lorsque vous aurez besoin de conseils ou d'encouragements, vous n'aurez pas à chercher très loin.

Ce chapitre comporte dix préceptes que vous devrez observer au fil des ans. Ces dix étapes vous conduiront immanquablement vers la maîtrise de l'art de la vente.

Soyez avide de faire de nouvelles découvertes

Avant toute nouvelle expérience, montrez-vous positif et enthousiaste. Ce que ce livre vous apportera dépendra du temps que vous passerez à étudier et à pratiquer les techniques qui y sont décrites. Au fur et à mesure de vos découvertes, vos connaissances (et vos revenus) augmenteront.

Souvenez-vous que les maîtres de la vente ont d'abord été d'excellents élèves. Pour maîtriser l'art de la persuasion et de la vente et devenir plus productif, tenez compte des trois recommandations suivantes :

- ✔ **Identifiez votre meilleur environnement d'apprentissage**. Où et quand êtes-vous le plus à l'aise pour apprendre ? Certains aimeront parfaire leur formation au salon au milieu de leur famille tout en regardant un match de football. D'autres auront besoin de silence et d'isolement pour bien assimiler ce qu'ils lisent. Pour étudier, mémoriser et adopter les techniques de vente décrites dans ce livre, choisissez l'environnement qui vous convient le mieux.

- ✔ **Progressez à votre rythme**. Certaines personnes lisent petit à petit pour pouvoir absorber les informations au fur et à mesure qu'elles les découvrent. D'autres préfèrent lire tout un chapitre d'une traite pour avoir une vue d'ensemble et comprendre le concept exposé dans son intégralité.

- ✔ **Limitez les interruptions**. Fixez un créneau horaire pour lire tranquillement et dites à votre famille et à vos amis que vous ne serez pas disponible pendant ce créneau. Activez votre répondeur et ne décrochez pas le téléphone. Après une interruption, il faut huit à dix minutes pour retrouver le niveau de concentration antérieur à cette interruption. Mieux vaut donc rester concentré pendant trente minutes que de subir quatre ou cinq interruptions au milieu d'une heure de lecture. Si vous ne pouvez pas vous isoler suffisamment longtemps, décomposez vos séances de formation et optimisez votre temps d'apprentissage.

En analysant votre mode d'apprentissage optimal, vous pourrez travailler dans les meilleures conditions. Vous serez plus détendu(e) et vous avancerez plus vite.

Ayez des attentes réalistes

Grâce à ce livre et à la poursuite de votre formation, vous pourrez appliquer les techniques de vente courantes de façon personnalisée. Le but n'est pas de faire de tous les lecteurs de *La Vente pour les Nuls* des clones ayant tous la même méthode.

Si vous combinez les idées de ce livre avec votre propre expérience, vous donnerez à chaque situation de vente votre touche personnelle. Vous devez adapter ces conseils afin d'élaborer une présentation originale et de communiquer avec vos prospects de façon naturelle.

Ne soyez pas trop exigeant(e) avec vous-même. Ne vous attendez pas à réussir à tous les coups. Mais soyez également honnête. Si vos performances souffrent d'un manque de connaissances ou d'une mauvaise application des techniques de vente, ayez l'humilité de l'admettre.

Soyez conscient(e) de vos limites mais essayez de les repousser progressivement. Faites ce que vous avez à faire et cherchez sans cesse des moyens d'améliorer vos techniques de vente.

Soyez ouvert (e) au changement

Il est normal que vous soyez tenté(e) de retourner dans votre cocon lorsque les choses tournent mal, surtout si vous avez connu le succès grâce à vos anciennes méthodes. Le changement n'est facile pour personne. Pensez à ce que doivent subir les pauvres petites chenilles pour devenir des papillons ! Si vous avez des difficultés à évoluer, vous devrez faire beaucoup d'efforts pour appliquer les techniques décrites dans ce livre. Renoncer à vos vieilles habitudes vous coûtera davantage que d'en adopter d'autres.

Pour accepter le changement plus facilement, procédez par étape. Cela prendra du temps mais il vaut mieux ne pas essayer de tout réformer à la fois. Sinon, c'est comme si vous vouliez faire un régime et arrêter de fumer en même temps – pas facile. Pour obtenir des résultats, commencez par changer les deux éléments les plus décisifs dans l'augmentation de votre chiffre d'affaires. Travaillez sur ces deux aspects jusqu'à ce qu'ils fassent partie de votre routine, puis passez à deux autres techniques de vente.

Au cours de cette période de changement et de progression, vous éprouverez sans doute un sentiment normal d'anxiété et de confusion. Parfois, votre présentation sera maladroite. Imaginez-vous comme un diamant à l'état brut. Dès que vos techniques seront polies, vous brillerez de tous vos éclats.

Plus vous deviendrez efficace dans votre carrière, plus vous appliquerez vos techniques dans vos relations et vos décisions personnelles. Cela dit, vous n'atteindrez pas la perfection du jour au lendemain. Donnez-vous le temps d'ajuster cette nouvelle version de vous-même en impliquant vos proches dans le processus. Par exemple, si vos progrès exigent que vous travailliez plus longtemps, parlez-en à votre famille et à vos amis et demandez-leur de vous aider à atteindre le meilleur de vous-même. Soyez conscient(e) qu'ils auront peut-être autant de difficultés à s'adapter à votre changement que vous.

Si vous restez ouvert(e) et flexible, vous serez capable d'accueillir avec bienveillance les changements nécessaires à l'évolution de votre carrière.

Répétez, pratiquez et analysez vos nouvelles techniques

Après avoir assimilé certaines de vos nouvelles techniques de vente, vous devez les pratiquer. Tout d'abord, répétez-les seul jusqu'à ce que vous soyez suffisamment à l'aise pour les employer devant vos proches ou vos collègues.

Si des personnes que vous estimez vous donnent des conseils, écoutez-les. En revanche, si vous recevez des conseils de la part de personnes en qui vous n'avez aucune confiance, ne vous laissez pas influencer. Ces réactions indésirables risqueraient de vous dérouter.

Lorsque vous avez suffisamment répété, mettez vos nouvelles techniques en pratique avec vos prospects. Si ceux-ci remarquent une certaine maladresse de votre part, ne soyez pas impressionné(e). Vous débutez dans les nouveaux domaines que vous explorez et personne ne peut vous le reprocher. Toutefois, respectez les règles du débutant :

- ✔ Donnez-vous de nombreuses opportunités de parfaire vos nouvelles techniques de vente.

- ✔ Lorsque vous faites votre auto-évaluation, concentrez-vous sur les points positifs – célébrez vos succès.

- ✔ Gardez votre enthousiasme de débutant, même lorsque vous finissez par acquérir de l'expérience.

Analysez honnêtement vos performances. Soyez critique mais juste. Vous ne pourrez le faire qu'avec un certain recul. Pour évaluer votre succès, il vous faut aussi un outil. Basez-vous sur l'évolution de votre chiffre d'affaires. Ces résultats concrets vous encourageront à poursuivre votre progression.

Si vous vous heurtez sans cesse à un certain obstacle, demandez conseil à un professionnel en qui vous avez confiance. Demandez-lui d'assister à l'une de vos présentations ou bien filmez un rendez-vous et regardez ensemble la cassette pour en faire l'analyse. Vous serez surpris(e) en vous observant sur une vidéo de voir le nombre de choses que vous auriez pu faire différemment. Cet exercice vous permettra de prendre du recul par rapport à l'excitation et à l'angoisse du premier rendez-vous et d'analyser votre performance de manière plus objective. Certaines vidéos vous feront même rire lorsque vous vous verrez en train de faire quelque chose que vous aviez complètement oublié ou que vous jurez ne jamais faire.

Personnalisez vos nouvelles techniques de vente

Lorsque vous mémorisez des idées et des termes – car vous devrez parfois apprendre un concept mot pour mot – faites en sorte que votre discours reflète votre personnalité. Exercez-vous à le prononcer avec naturel. Réfléchissez à la façon dont vous allez vous comporter, vous tenir ou vous asseoir lorsque vous vous exprimerez. Utilisez votre sens de l'humour, vos connaissances précédentes et votre éloquence et votre gestuelle habituelles pour garder une certaine spontanéité.

Ne récitez surtout pas des phrases apprises par cœur comme un robot. Vous devez rester authentique. Or, vous ne pourrez pas être vous-même si vous n'avez pas intégré les concepts que vous avez appris dans votre discours et votre comportement. Vos clients ne doivent pas avoir l'impression d'assister à une présentation préenregistrée.

Soyez discipliné (e)

Si vous voulez bénéficier de la même liberté individuelle et financière que les grands professionnels, vous allez devoir vous en donner la peine. Tenez-vous à votre programme, même si cela implique que vous travailliez tard le vendredi soir pendant que tous vos collègues sont à un pot. Si vous devez vous lever plus tôt le matin ou renoncer à une pause déjeuner de deux heures pour acquérir de nouvelles techniques, faites ce sacrifice pendant quelque temps.

Soyez autodidacte et discipliné(e) et vous récolterez les fruits de vos efforts.

N'essayez pas de progresser un maximum sur une courte période de temps car vous ne pourrez pas poursuivre votre progression. Une fois vos objectifs atteints, vous vous reposerez sur vos lauriers. Or, il ne faut jamais lever le pied. Ce n'est pas parce que vous avez goûté au succès que vous pouvez vous permettre de relâcher vos efforts et de reprendre la routine qui paralysait votre carrière.

Gardez les pieds sur terre et allez jusqu'à la fin de la course. Ne vous laissez pas gagner par le doute ou l'excès de confiance. Restez productif(ve). Pour maintenir un équilibre constant, gardez la tête froide face à l'augmentation de votre chiffre d'affaires et ne vous découragez pas face à l'accumulation d'échecs. L'équilibre est la clé de la réussite.

Évaluez vos résultats

Vous aurez des difficultés à évaluer les résultats de votre apprentissage si vous ne savez pas quel était le montant de votre chiffre d'affaires avant l'acquisition de vos nouvelles techniques de vente. Bien sûr, vous aurez une impression d'ensemble mais vous ne pouvez pas vous y fier. Par exemple, si vous êtes dans une période de découragement, vous aurez le sentiment que vos accomplissements ne valent rien. Par conséquent, vous connaîtrez de moins en moins de succès et vous deviendrez irrémédiablement négatif. Si, à l'inverse, vous êtes trop optimiste, vous risquez de rejeter la responsabilité de vos propres échecs sur vos prospects. Dans ce cas, vous ne franchirez pas les étapes nécessaires à votre progression.

Lorsque vous évaluez les résultats de vos efforts, évitez de les comparer à ceux d'un autre vendeur. Même si celui-ci a reçu la même formation et lu les mêmes livres que vous, dites-vous que tout le monde apprend à sa façon. Certaines personnes apprennent très vite mais ne retiennent pas l'information très longtemps. D'autres mettent plus de temps et donnent l'impression d'être à la traîne alors qu'en réalité elles assimilent bien l'information et seront davantage récompensées de leurs efforts.

Tenez un journal de vos succès

Tenez un journal de vos succès pour évaluer vos performances. Si vous gardez une trace des situations dans lesquelles vous vous en êtes bien sorti, vous trouverez l'encouragement nécessaire lorsque vous vous sentirez abattu. Il vous suffira de lire votre journal pour revivre les expériences positives que vous avez connues. Ce sera pour vous une grande source de motivation.

Lorsque vous consultez votre journal, comparez votre façon d'agir avec celle que vous avez adoptée le jour où vous avez échoué. Les raisons de votre échec vous paraîtront alors évidentes. Vous comprendrez pourquoi vous n'êtes pas parvenu(e) à convaincre votre prospect des avantages de votre offre.

Lorsque vous essuyez un échec, vous devez ajuster vos techniques de vente. Pour y parvenir, notez vos succès et utilisez-les comme modèles. Une fois que vous aurez identifié les aspects que vous devez améliorer, vous n'aurez plus qu'à prendre les mesures nécessaires.

Ne vous contentez pas de dire : « Si seulement… » Il est normal de réfléchir à ce que vous auriez pu faire (par exemple : « Si seulement j'avais posé davantage de questions… » ou : « Si seulement j'avais répondu aux objections de mon prospect avec subtilité… »). Cela dit, vous ne devez pas vous en tenir là.

Après avoir pensé à ce qui aurait pu se passer, prenez des initiatives et agissez en fonction des leçons que vous avez tirées de vos erreurs. Une fois les aspects à améliorer identifiés, allez de l'avant. Ne dites plus :

> « Si seulement j'avais posé davantage de questions… » mais : « Étant donné que j'ai posé beaucoup de questions, je suis parvenu à conclure la vente. »

> « Si seulement j'avais pu répondre aux objections de mon prospect avec subtilité… » mais : « Étant donné que j'ai répondu aux objections de mon prospect avec subtilité, celui-ci a pu bénéficier de mon offre. »

Évaluez régulièrement vos compétences. Si vous examinez vos résultats seulement une fois par an et ne faites que des promesses en l'air, vous n'améliorerez pas vos performances. Soyez méticuleux(se) dans votre recherche de l'excellence et précis dans les étapes de votre progression.

Par exemple, il n'est pas très efficace de dire : « L'année prochaine, je veux augmenter mon chiffre d'affaires. » Pour être vraiment productif, prenez l'engagement suivant :

> « À partir du 1er janvier, je passerai deux heures de plus à prospecter et j'augmenterai mes entretiens en tête-à-tête de 20 %. Grâce à ces nouvelles mesures, je gonflerai mon chiffre d'affaires de 5 %. »

Cette décision vous donne la possibilité d'établir un planning mensuel, hebdomadaire et même quotidien de votre progression.

Tirez la leçon de chaque situation de vente

Si vous prêtez attention, vous verrez dans toute situation une opportunité de vendre. Non seulement vous serez à l'affût des situations de vente mais vous aurez un regard critique sur les techniques de vente utilisées dans la vie quotidienne. Lorsque vous êtes témoin d'une bonne stratégie, notez-la dans votre journal de succès, notamment lorsque vous avez affaire à un excellent vendeur en tant que client.

Pour apprendre des autres, vous devez être à leur écoute et analyser la situation. Si vous n'êtes pas un acteur de la vente, il vous sera plus facile de vous poser en observateur. Vous aurez suffisamment de recul pour identifier les techniques de vente utilisées ainsi que les réactions du prospect face à la stratégie du vendeur.

Un bon vendeur peut avoir recours à une technique courante et lui donner une touche personnelle. Si cette technique vous semblait inefficace, vous comprendrez en le voyant que l'apport personnel peut tout changer. C'est souvent la créativité qui distingue les grands professionnels des vendeurs médiocres. Ne vous laissez pas emprisonner dans un seul mode de pensée. Ne soyez pas rigide. Tout est possible.

Si vous êtes à l'écoute des autres, vous apprendrez aussi de leurs erreurs. Il n'est pas nécessaire que l'expérience que vous observez soit positive pour qu'elle ait un effet positif sur votre carrière. Au contraire, les erreurs sont souvent plus marquantes que les modèles d'efficacité, plus difficiles à analyser.

Prenez un engagement

Considérez chacune des techniques que vous avez découvertes dans ce livre comme un maillon de la chaîne du succès. Si certains maillons vous manquent, revoyez les chapitres correspondants. Si vous ne prenez pas la peine de consolider votre chaîne en revenant en arrière, vous ne pourrez jamais vous hisser jusqu'au sommet.

Si vous avez la chance d'être un vendeur expérimenté, vous serez probablement vous aussi sollicité(e) par les autres. N'hésitez pas à former la génération montante et à aider les vendeurs en difficulté à retrouver le chemin du succès.

Lorsque vous enseignez, vous apprenez. N'oubliez jamais cette vérité. Lorsque vous enseignez vos techniques aux autres, vous les clarifiez dans votre esprit et renforcez vos connaissances. Les enseignants sont aussi des étudiants. Si vous savez passer d'un rôle à l'autre, vous aurez sans cesse de nouvelles opportunités d'apprendre.

Votre désir d'apprendre ne peut être totalement égoïste. D'ailleurs, votre succès passe par votre volonté de satisfaire les besoins de vos clients. Même si vous voulez augmenter votre chiffre d'affaires avant tout, n'oubliez pas que vous n'atteindrez cet objectif que si vous faites passer votre clientèle en premier.

Si vos clients savent que vous vous intéressez sincèrement à eux, ils vous pardonneront certaines maladresses ou un éventuel manque de connaissances concernant votre produit. Votre intégrité et votre honnêteté les inciteront à faire en sorte que vos échanges soient mutuellement bénéfiques.

Ne négligez pas l'aspect humain de la vente car il est la clé de votre succès.

Traitez vos clients avec délicatesse et respect. Si vous appliquez cette règle, toutes les techniques que vous avez acquises amélioreront infailliblement votre aptitude à vendre.

Chapitre 17

Les dix qualités
du bon vendeur

Dans ce chapitre
▶ Adopter le profil du bon vendeur
▶ Développer vos qualités de vente

*L*es as de la persuasion et de la vente ont en commun dix quali-tés indispensables pour réussir. Lisez la liste de ces qualités et identifiez celles que vous possédez. Si vous n'en avez aucune, faites le maximum pour les acquérir et vous connaîtrez vous aussi le succès.

Besoin impérieux de faire ses preuves

Un bon vendeur a toujours une raison de vouloir réussir.

En ce qui me concerne, je voulais prouver à mes parents que j'en étais capable. J'ai quitté l'université au bout de trois mois en me disant que l'enseignement traditionnel n'était pas fait pour moi. Mes parents, qui avaient mis beaucoup d'espoir en moi, étaient très déçus mais ils ont accepté ma décision. Mon père m'a dit : « Ta mère et moi t'aimerons toujours, même si tu n'arrives jamais à rien. » Cet aveu m'a énormément motivé pour faire mes preuves et devenir le meilleur.

Intérêt sincère pour les autres

Un bon vendeur s'intéresse aux autres et souhaite leur être utile. Il sait les mettre à l'aise et les amener à se confier afin d'en savoir suffisamment sur eux pour déterminer leurs véritables besoins et ainsi mieux servir leurs intérêts.

Assurance

Un bon vendeur fait preuve d'assurance dans sa façon de marcher et de parler. Il a une certaine présence. Il se tient correctement, porte bien ses vêtements et le langage de son corps laisse entrevoir sa compétence.

Empathie

Un bon vendeur sait se mettre à la place de ses prospects pour mieux les comprendre. Avec chaleur et sincérité, il crée avec eux une relation de confiance qui lui permet de répondre efficacement à leurs besoins mais aussi à ceux de leurs amis, de leurs proches et de leurs relations.

Cohérence avec les objectifs définis

Un bon vendeur se fixe des objectifs et en garde une trace écrite. Il sait exactement ce vers quoi il tend et quand il atteindra son but. Cette vision de son avenir l'aide à rester concentré sur ses tâches les plus productives.

Aptitude à respecter un planning

Après avoir défini ses objectifs, un bon vendeur organise son temps le plus efficacement possible pour franchir chacune des étapes qui le mèneront à son but. Il utilise des systèmes de planification éprouvés et reste ouvert aux nouvelles techniques de gestion du temps.

Enthousiasme inébranlable

Un bon vendeur sait qu'il ne peut ni changer le passé ni contrôler l'avenir. Par conséquent, il vit au jour le jour en cherchant toujours des raisons de se réjouir et de s'épanouir.

Attitude positive

Un bon vendeur est toujours positif et ne connaît pas la jalousie, la médisance, la colère ni le pessimisme. Il ne laisse pas les pensées négatives lui voler son énergie ni l'éloigner de la trajectoire qu'il s'est tracée.

Priorité à l'aspect humain

Un bon vendeur aime les autres et ne fait qu'utiliser l'argent au lieu d'utiliser les autres parce qu'il aime l'argent. Il sait qu'il faut dépenser de l'argent pour en gagner et que la persuasion est une affaire de relations humaines. Il investit avec sagesse dans ce qui peut servir les intérêts des autres.

Soif d'apprendre

Un bon vendeur apprend tout au long de sa vie. Félicitations ! Vous avez cette qualité puisque vous lisez ce livre. Si vous avez fait ce choix, vous ne serez jamais à la traîne. De plus, vous réussirez tout ce que vous entreprendrez dans les domaines que vous aurez explorés !

Chapitre 18

Dix bonnes façons de conclure

* *

Dans ce chapitre

▶ Aider vos prospects à prendre une décision

▶ Conclure la vente avec brio

* *

*L*orsque vous approchez de la fin du cycle de vente, il faut savoir conclure. Les techniques suivantes ont fait leurs preuves. N'hésitez pas à vous en inspirer.

Si j'avais su...

Lorsque vous savez que votre offre peut être véritablement béné-fique à votre client potentiel, si celui-ci en convient mais hésite à prendre une décision, racontez-lui la fable suivante :

> « Nous sommes tous des employés de la société Si-j'avais-su. Cette société a failli faire l'acquisition d'un terrain dans le Languedoc, il y a quinze ans. Elle a failli acheter des actions, il y a vingt ans, et pourrait être riche aujourd'hui. Elle a failli avoir un avan-tage concurrentiel... Ne pensez-vous pas que la société Si-j'avais-su a suffisamment d'employés et que vous pourriez dire oui à quelque chose que vous voulez vraiment ? »

Le facteur productivité

Si votre produit ou votre service s'adresse aux entreprises, dites-vous que la principale préoccupation de vos clients concerne le gain ou l'économie d'argent. Si votre offre n'a pas de lien direct avec la rentabilité ou la réduction des dépenses, montrez qu'elle augmentera la satisfaction des employés et, par conséquent, leur productivité :

« Je ne vous offre pas uniquement un produit/service mais un moyen de renforcer l'enthousiasme de vos employés. Vous avez certainement remarqué que la nouveauté éveille l'intérêt. Et l'intérêt accroît l'enthousiasme, qui augmente à son tour la pro-ductivité. Quelle valeur accordez-vous à la productivité ? »

La satisfaction à long terme

Tout le monde recherche un certain niveau de confort à long terme. Nous aimons pouvoir nous dire que nous avons pris la bonne décision lorsque nous avons fait un achat ou un investisse-ment important. La satisfaction à long terme permet au prospect d'oublier l'objection financière pour se concentrer sur les avan-tages du produit ou du service :

« À chaque fois que vous avez éprouvé une réelle satisfaction, c'est parce que vous avez su dire oui. Vous avez dit oui le jour de votre mariage (optionnel : et vous avez l'air très heureux). Vous avez dit oui pour votre emploi, votre maison, votre voiture et vous ne le regrettez probablement pas. Vous voyez, ce n'est pas à moi que vous direz oui mais à tous les avantages de notre offre, dont vous souhaitez faire bénéficier votre famille. N'êtes-vous pas d'accord ? »

Le refus à soi-même

Lorsque vous avez fait une excellente présentation, si votre pros-pect refuse de prendre une décision d'achat, vous n'avez plus rien à perdre. Soyez franc(he) et direct(e). Toutefois, n'oubliez pas que vous devez faire preuve de sincérité et d'empathie en toutes cir-constances :

« Monsieur Arnaud, il y a beaucoup de vendeurs dans le monde et tous peuvent vous faire une offre dont ils savent qu'elle est dans votre intérêt. Ils ont de nombreux moyens de vous convaincre d'investir mais vous avez toujours la possibilité de dire non. Vous savez, en tant que professionnel de la société ABC, je me suis rendu compte que personne ne pouvait me dire non. Un client ne dit non qu'à lui-même et à son futur pro-duit. Comment accepter ce refus ? Si vous étiez à ma place, laisseriez-vous M. Arnaud dire non à ce qui lui fait envie ? »

La sortie feinte

Si vous avez tout fait pour convaincre un prospect qui n'est toujours pas prêt à s'engager, acceptez la défaite. Rangez vos supports visuels et dirigez-vous vers la porte. Feignez une sortie comme ce cher lieutenant Columbo. Cette tactique permet généralement d'engager la conversation à nouveau. À ce moment-là, votre prospect vous donnera peut-être une information sur laquelle vous pourrez rebondir :

« Pardonnez-moi, Monsieur Sauvage. Avant de partir, je tiens à m'excuser de ne pas avoir su remplir ma tâche auprès de vous. Si j'avais été plus performant, j'aurais pu vous convaincre des avantages de mon produit. Par ma faute, votre société et vous n'allez pas bénéficier de ces avantages et, croyez-moi, j'en suis sincèrement désolé. Monsieur Sauvage, je crois en mon produit et je gagne ma vie en aidant les autres à l'acquérir. Afin que je ne refasse pas la même erreur, pouvez-vous me dire où je me suis trompé ? »

Le consentement par défaut

Si vous êtes confronté au silence de votre prospect alors que vous cherchez différents moyens de conclure la vente, pensez au vieux proverbe suivant : « Qui ne dit mot consent. »

Le silence est pesant et la meilleure façon de réduire la tension est d'avoir recours à l'humour. De nombreuses personnes peuvent gérer la pression mais pas le rire. Par conséquent, après plusieurs secondes de silence, souriez d'une oreille à l'autre en disant : « Ma bonne vieille grand-mère disait toujours : "Qui ne dit mot consent." Vous croyez qu'elle avait raison ? »

La vraie valeur de l'investissement

Cette conclusion est particulièrement efficace pour les biens intangibles, comme les services financiers ou les polices d'assurance, et surtout les produits dont la valeur évolue dans le temps, comme l'immobilier et les actions. Votre prospect a probablement fait l'acquisition d'un produit ou d'un service dont la valeur a augmenté. Faites-le-lui remarquer :

« Madame Garcia, il me semble que pour connaître la véritable valeur d'un produit, il faut se demander combien on serait prêt à payer pour l'acquérir aujourd'hui. Par exemple, vous avez peut-être investi dans une maison, une voiture, des vêtements ou des bijoux qui vous donnent entière satisfaction. Si vous possédez ces produits depuis longtemps, seriez-vous prête à payer beaucoup plus aujourd'hui pour les avoir ? Autrement dit, ont-ils considérablement augmenté votre bien-être ou vos revenus ?

Si vous avez payé pour un conseil qui a sensiblement amélioré votre santé, ce conseil valait probablement plus que ce que vous l'avez payé. Si vous avez reçu des informations qui ont complètement changé votre vie, décuplé vos revenus ou embelli l'image que vous aviez de vous-même, la valeur de ces informations, telle qu'elle a été définie au départ, était bien au-dessous de la vérité. Il y a beaucoup de choses dans votre vie que vous auriez été prête à payer beaucoup plus cher si vous aviez su ce qu'elles allaient vous apporter.

Madame Garcia, essayez de vous projeter dans l'avenir. Dans dix ans, l'investissement que vous allez faire aujourd'hui vaudra-t-il plus ou moins que sa valeur actuelle ? »

L'anticipation de la rétractation

Lorsqu'un acheteur prend une décision importante, il peut changer d'avis par la suite. C'est la raison pour laquelle certains contrats comportent une clause de rétractation de quelques jours. Un bon vendeur tient compte de cette réalité et la gère avant de quitter son nouveau client :

« Monsieur Lassale, je pense que vous avez pris la bonne décision et que ce produit vous donnera entière satisfaction. Vous semblez à la fois enthousiaste et soulagé. Il est arrivé que certains de mes clients, aussi optimistes que vous au départ, se laissent influencer par des amis mal informés ou envieux qui ont fini par les inciter à revenir sur leur décision. Monsieur Lassale, vous seul avez tous les éléments en main. Ne laissez pas les autres décider à votre place. Si vous pensez qu'il y a un risque pour que vous changiez d'avis, dites-le-moi dès maintenant. »

Le prétexte budgétaire

Nombre de ceux qui veulent tout simplement se débarrasser d'un vendeur prétendent que le produit est trop cher par rapport à leur budget. Si cette tactique est si courante, c'est parce qu'elle fonctionne bien auprès de personnes qui sont elles aussi conscientes de l'importance de bien gérer un budget. Cela dit, un bon vendeur sait qu'un budget n'est pas gravé dans le marbre. Si votre offre est vraiment intéressante, votre client trouvera un moyen de débloquer les fonds nécessaires. Vous découvrirez alors la véritable raison de son hésitation et pourrez répondre à ses objections :

« Je comprends, Monsieur Paulin. C'est pour cette raison que je vous ai contacté en premier. Je suis tout à fait conscient de l'importance de gérer un budget avec circonspection. Le budget est un outil qui permet d'atteindre les objectifs de l'entreprise. Cela dit, cet outil ne doit pas influencer l'orientation de l'entreprise. Il doit rester flexible. En tant que responsable de ce budget, vous vous octroyez le droit de l'adapter dans l'intérêt actuel et futur de la société, n'est-ce pas ? Le système que je vous ai présenté vous donnera un avantage concurrentiel immédiat et durable. Dans ces conditions, votre budget sera-t-il flexible ou dictera-t-il votre conduite ? »

La remise en question du prospect

Certaines personnes ne prennent pas de décision d'achat parce qu'elles pensent qu'elles peuvent toujours remettre cette décision à plus tard. C'est parfois vrai, mais pas dans le cas d'une offre spéciale ou d'une série limitée.

Pour parvenir à conclure, montrez à votre prospect que vous vous demandez s'il est vraiment qualifié pour recevoir votre offre. Lorsque vous étiez enfant et vouliez jouer au foot, si l'on vous disait que vous n'étiez pas assez bon pour l'équipe, en faire partie devenait probablement votre plus cher désir. En insinuant subtilement que votre prospect n'est peut-être pas qualifié, vous l'incitez à vous prouver qu'il l'est. Cette technique fonctionne particulièrement bien avec les produits financiers ou les polices d'assurance, qui impliquent parfois que le client remplisse des critères de santé.

Index alphabétique

A
Acheteurs, 36, 134
Anticipation, 258
Apports, 135
Argent, 218
Assurance, 252

C
Cadeaux, 48, 201
Carte de visite, 44
Compliments, 123
Conclure, 169, 233, 255
Conclusion, 27, 172, 178
Concurrence, 71
Confiance, 115
Consommateur, 89
Contact, 114
Contact, 235
Costume, 9
Courrier, 83, 197
    électronique, 13, 84, 198
Créativité, 111

D
Décideur, 110, 111
Démonstration, 152
Discipline, 245

E
Echec, 50, 217, 223, 225
Empathie, 252
Enthousiasme, 253
Erreurs, 231
Estime, 115

G
Gratitude, 105

I
Internet, 14, 209, 211

J
Jargon, 59

N
Nouvelles techniques, 244

O
Objections, 26, 157
    Par écrit, 108, 199
    Par téléphone, 108

P

Planning, 252
Polémique, 124
Polyglotte, 144
Préparation, 29
Présentations, 104, 118
Prise de contact, 22, 102
Prise de note, 129
Productivité, 255
Produit, 65, 145
Prospect, 42, 43, 45, 78, 116, 124, 127, 141, 158, 166, 180
    qualification, 24
Prospection, 19
Publipostage direct, 12

Q

Qualités, 251

R

Reconnaissance, 220
Références clients, 27
Remerciements
Rendez-vous, 43, 107
Repas d'affaires, 48
Résultats, 246
Réussite, 219

S

Salutations, 104
Sécurité, 219
Sincérité, 234
Situation de vente, 248
Suivi, 193, 203, 215
Supports visuels, 151

T

Télémarketing, 11, 82
Téléphone, 103, 108, 195
Tenue, 113
Triangle, 10

Disponibles dans la collection Pour les Nuls

Pour être informé en permanence sur notre catalogue et les dernières nouveautés publiées dans cette collection, consultez notre site Internet à www.efirst.com

Pour les Nuls **Business**

Code Article	ISBN	Titre	Auteur
2-87691-644-4	65 3210 5	CV pour les Nuls (Le)	J. Kennedy, A. Dusmenil
2-87691-652-5	65 3261 8	Lettres d'accompagnement pour les Nuls (Les)	JL. Kennedy, A. Dumesnil
2-87691-651-7	65 3260 0	Entretiens de Recrutement pour les Nuls (Les)	JL. Kennedy, A. Dumesnil
2-87691-670-3	65 3280 8	Vente pour les Nuls (La)	T. Hopkins
2-87691-712-2	65 3439 0	Business Plans pour les Nuls	P. Tifany
2-87691-729-7	65 3406 1	Management pour les Nuls (Le)	B. Nelson
2-87691-770-X	65 3583 5	Le Marketing pour les Nuls	A. Hiam

Pour les Nuls **Pratique**

Code Article	ISBN	Titre	Auteur
2-87691-597-9	65 3059 6	Astrologie pour les Nuls (L')	
2-87691-610-X	65 3104 0	Maigrir pour les Nuls	J. Kirby
2-87691-604-5	65 3066 1	Asthme et allergies pour les Nuls	W. E. Berger
2-87691-615-0	65 3116 4	Sexe pour les Nuls (Le)	Dr Ruth
2-87691-616-9	65 3117 2	Relancez votre couple pour les Nuls	Dr Ruth
2-87691-617-7	65 3118 0	Santé au féminin pour les Nuls (La)	Dr P. Maraldo
2-87691-618-5	65 3119 8	Se soigner par les plantes pour les Nuls	C. Hobbs
2-87691-640-1	65 3188 3	Français correct pour les Nuls (Le)	J.-J. Julaud
2-87691-634-7	65 3180 0	Astronomie pour les Nuls (L')	S. Maran
2-87691-637-1	65 3185 9	Vin pour les Nuls (Le)	Y.-P. Cassetari
2-87691-641-X	65 3189 1	Rêves pour les Nuls (Les)	P. Pierce
2-87691-661-4	65 3279 0	Gérez votre stress pour les Nuls	Dr A. Elking
2-87691-657-6	65 3267 5	Zen ! La méditation pour les Nuls	S. Bodian
2-87691-646-0	65 3226 1	Anglais correct pour les Nuls (L')	C. Raimond
2-87691-681-9	65 3348 3	Jardinage pour les Nuls (Le)	M. MacCaskey

Avec les Nuls, apprenez à mieux vivre au quotidien !

Disponibles dans la collection Pour les Nuls

Pour être informé en permanence sur notre catalogue et les dernières nouveautés publiées dans cette collection, consultez notre site Internet à www.efirst.com

Pour les Nuls **Pratique**

Code Article	ISBN	Titre	Auteur
2-87691-683-5	65 3364 0	Cuisine pour les Nuls (La)	B. Miller, A. Le Courtois
2-87691-687-8	65 3367 3	Feng Shui pour les Nuls (Le)	D. Kennedy
2-87691-702-5	65 3428 3	Bricolage pour les Nuls (Le)	G. Hamilton
2-87691-705-X	65 3431 7	Tricot pour les Nuls (Le)	P. Allen
2-87691-769-6	65 3582 7	Sagesse et Spiritualité pour les Nuls	S. Janis
2-87691-748-3	65 3534 8	Cuisine Minceur pour les Nuls (La)	L. Fischer, C. Bach
2-87691-752-1	65 3527 2	Yoga pour les Nuls (Le)	G. Feuerstein
2-87691-767-X	65 3580 1	Méthode Pilates pour les Nuls (La)	H. Herman
2-87691-768-8	65 3581 9	Chat pour les Nuls (Un)	G. Spadafori
2-87691-801-3	65 3682 5	Chien pour les Nuls (Un)	G. Spadafori
2-87691-824-2	65 3728 6	Echecs pour les Nuls (Les)	J. Eade
2-87691-823-4	65 3727 8	Guitare pour les Nuls (La)	M. Phillips, J. Chappell
2-87691-800-5	65 3681 7	Bible pour les Nuls (La)	E. Denimal
2-87691-868-4	65 3853 2	S'arrêter de fumer pour les Nuls	Dr Brizer, Pr Dautzenberg
2-87691-802-1	65 3684 1	Psychologie pour les Nuls (La)	Dr A. Cash
2-87691-869-2	65 3854 0	Diabète pour les Nuls (Le)	Dr A. Rubin, Dr M. André
2-87691-897-8	65 3870 6	Bien s'alimenter pour les Nuls	C. A. Rinzler, C. Bach
2-87691-893-5	65 3866 4	Guérir l'anxiété pour les Nuls	Dr Ch. Eliott, Dr M. André
2-87691-915-X	65 3876 3	Grossesse pour les Nuls (La)	Dr J.Stone

Disponibles dans la collection Pour les Nuls

Pour être informé en permanence sur notre catalogue et les dernières nouveautés publiées dans cette collection, consultez notre site Internet à www.efirst.com

Pour les Nuls **Poche**

Code Article	ISBN	Titre	Auteur
2-87691-873-0	65 3862 3	Management (Le) – Poche pour les Nuls	Bob Nelson
2-87691-872-2	65 3861 5	Cuisine (La) – Poche pour les Nuls	B.Miller, A. Le Courtois
2-87691-871-4	65 3860 7	Feng Shui (Le) – Poche pour les Nuls	D. Kennedy
2-87691-870-6	65 3859 9	Maigrir – Poche pour les Nuls	J. Kirby